大学赤本シリーズ

451

椙山女学園大学

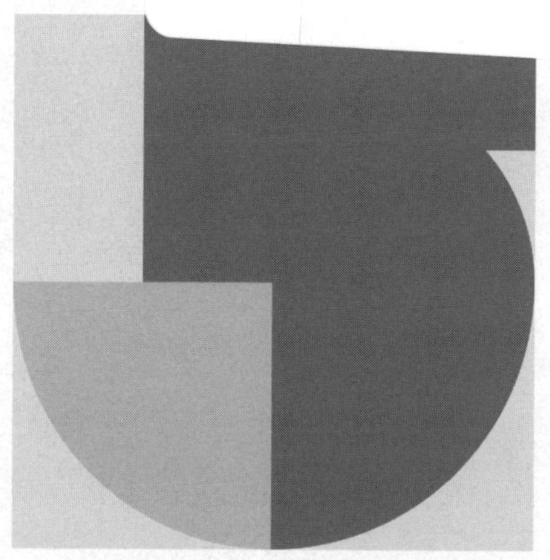

教学社

は し が き

おかげさまで，大学入試の「赤本」は，今年で創刊70周年を迎えました。

これまで，入試問題や資料をご提供いただいた大学関係者各位，掲載許可をいただいた著作権者の皆様，各科目の解答や対策の執筆にあたられた先生方，そして，赤本を使用してくださったすべての読者の皆様に，厚く御礼を申し上げます。

以下に，創刊初期の「赤本」のはしがきを引用します。これからも引き続き，受験生の目標の達成や，夢の実現を応援してまいります。

本書を活用して，入試本番では持てる力を存分に発揮されることを心より願っています。

編者しるす

＊　＊　＊

学問の塔にあこがれのまなざしをもって，それぞれの志望する大学の門をたたかんとしている受験生諸君！　人間として生まれてきた私たちは，自己の欲するままに，美しく，強く，そして何よりも人間らしく生きることをねがっている。しかし，一朝一夕にして，この純粋なのぞみが達せられることはない。私たちの行く手には，絶えずさまざまな試練がまちかまえている。この試練を克服していくところに，私たちのねがう真に人間的な世界がはじめて開かれてくるのである。

人生最初の最大の試練として，諸君の眼前に大学入試がある。この大学入試は，精神的にも身体的にも，大きな苦痛を感ぜしめるであろう。あるスポーツに熟達するには，たゆみなき，はげしい練習を積み重ねることが必要であるように，私たちは，計画的・持続的な努力を払うことによって，この試練を克服し，次の一歩を踏みだすことができる。厳しい試練を経たのちに，はじめて満足すべき成果を獲得できるのである。

本書は最近の入学試験の問題に，それぞれ解答を付し，さらに問題をふかく分析することによって，その大学独特の傾向や対策をさぐろうとした。本書を一般の参考書とあわせて使用し，まとはずれのない，効果的な受験勉強をされるよう期待したい。

（昭和35年版「赤本」はしがきより）

挑む人の、いちばんの味方

1954 年に大学入試の過去問題集を刊行してから 70 年。赤本は大学に入りたいと思う受験生を応援しつづけてきました。これからも，苦しいとき落ち込むときにそばで支える存在でいたいと思います。

そして，勉強をすること，自分で道を決めること，努力が実ること，これらの喜びを読者の皆さんが感じることができるよう，伴走をつづけます。

そもそも赤本とは…

受験生のための大学入試の過去問題集！

70年の歴史を誇る赤本は，500点を超える刊行点数で全都道府県の370大学以上を網羅しており，過去問の代名詞として受験生の必須アイテムとなっています。

なぜ受験に過去問が必要なのか？

大学入試は大学によって問題形式や頻出分野が大きく異なるからです。

赤本の掲載内容

傾向と対策

これまでの出題内容から，問題の「**傾向**」を分析し，来年度の入試に向けて具体的な「**対策**」の方法を紹介しています。

問題編・解答編

- 年度ごとに問題とその解答を掲載しています。
- 「**問題編**」ではその年度の試験概要を確認したうえで，実際に出題された過去問に取り組むことができます。
- 「**解答編**」には高校・予備校の先生方による解答が載っています。

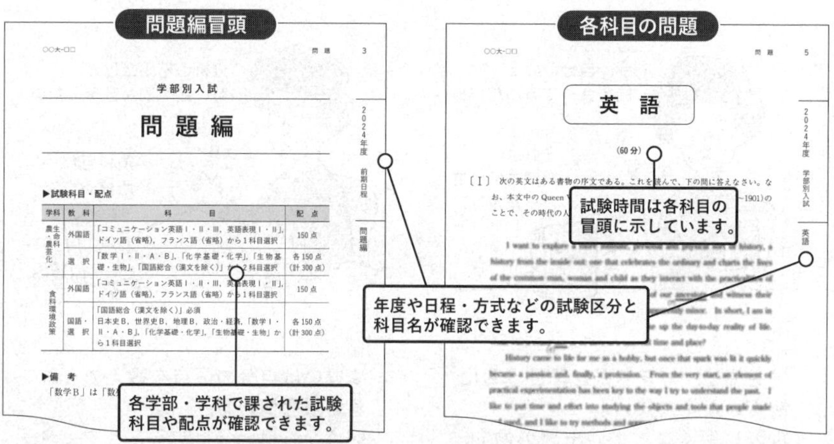

他にも，大学の基本情報や，先輩受験生の合格体験記，在学生からのメッセージなどが載っていることがあります。

掲載内容について

著作権上の理由やその他編集上の都合により問題や解答の一部を割愛している場合があります。
なお，指定校推薦入試，社会人入試，編入学試験，帰国生入試などの特別入試，英語以外の外国語科目，商業・工業科目は，原則として掲載しておりません。また試験科目は変更される場合がありますので，あらかじめご了承ください。

受験勉強は

過去問に始まり，

STEP 1

なにはともあれ

まずは解いてみる

しずかに…
今，自分の心と
向き合ってるんだから
ムーン
それは
問題を解いて
からだホン!

過去問は，**できるだけ早いうちに解く**のがオススメ！
実際に解くことで，**出題の傾向，問題のレベル，今の自分の実力**がつかめます。

STEP 2

じっくり具体的に

弱点を分析する

分析の結果だけど
英・数・国が苦手みたい
スリー
必須科目だホン
頑張るホン

間違いは自分の弱点を教えてくれる**貴重な情報源**。
弱点から自己分析することで，**今の自分に足りない力や苦手な分野**が見えてくるはず！

合格者があかす赤本の使い方

傾向と対策を熟読
（Fさん／国立大合格）

大学の出題傾向を調べるために，赤本に載っている「傾向と対策」を熟読しました。

繰り返し解く
（Tさん／国立大合格）

１周目は問題のレベル確認，２周目は苦手や頻出分野の確認に，３周目は合格点を目指して，と過去問は繰り返し解くことが大切です。

過去問に終わる。

STEP 3

志望校にあわせて

苦手分野の重点対策

明日からはみんなで頑張るよ！
参考書も！ 問題集も！
よろしくね！
呼んだ？
なにを!?
どこから!?
グッ
グッ

参考書や問題集を活用して，苦手分野の**重点対策**をしていきます。**過去問を指針**に，合格へ向けた具体的な学習計画を立てましょう！

STEP 1 ▶ 2 ▶ 3

サイクルが大事！

実践を繰り返す

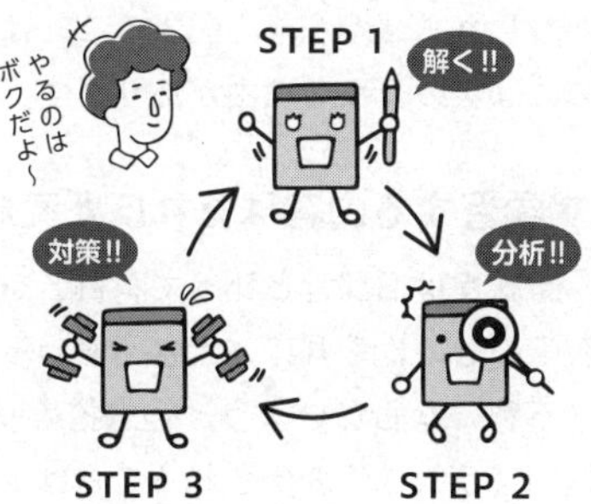

STEP 1～3を繰り返し，実力アップにつなげましょう！
出題形式に慣れることや，**時間配分を考えること**も大切です。

目標点を決める

（Yさん／私立大合格）

赤本によっては合格者最低点が載っているので，それを見て目標点を決めるのもよいです。

時間配分を確認

（Kさん／私立大学合格）

赤本は時間配分や解く順番を決めるために使いました。

添削してもらう

（Sさん／私立大学合格）

記述式の問題は先生に添削してもらうことで自分の弱点に気づけると思います。

新課程入試 Q&A

2022年度から新しい学習指導要領（新課程）での授業が始まり，2025年度の入試は，新課程に基づいて行われる最初の入試となります。ここでは，赤本での新課程入試の対策について，よくある疑問にお答えします。

Q1. 赤本は新課程入試の対策に使えますか？

A. もちろん使えます！

旧課程入試の過去問が新課程入試の対策に役に立つのか疑問に思う人もいるかもしれませんが，心配することはありません。旧課程入試の過去問が役立つのには次のような理由があります。

● 学習する内容はそれほど変わらない

新課程は旧課程と比べて科目名を中心とした変更はありますが，学習する内容そのものはそれほど大きく変わっていません。また，多くの大学で，既卒生が不利にならないよう「経過措置」がとられます（Q３参照）。したがって，出題内容が大きく変更されることは少ないとみられます。

● 大学ごとに出題の特徴がある

これまでに課程が変わったときも，各大学の出題の特徴は大きく変わらないことがほとんどでした。入試問題は各大学のアドミッション・ポリシーに沿って出題されており，過去問にはその特徴がよく表れています。過去問を研究してその大学に特有の傾向をつかめば，最適な対策をとることができます。

出題の特徴の例	・英作文問題の出題の有無 ・論述問題の出題（字数制限の有無や長さ） ・計算過程の記述の有無

新課程入試の対策も，赤本で過去問に取り組むところから始めましょう。

Q2. 赤本を使う上での注意点はありますか？

A. 志望大学の入試科目を確認しましょう。

過去問を解く前に，過去の出題科目（問題編冒頭の表）と 2025 年度の募集要項とを比べて，課される内容に変更がないかを確認しましょう。ポイントは以下のとおりです。科目名が変わっていても，実際は旧課程の内容とほとんど同様のものもあります。

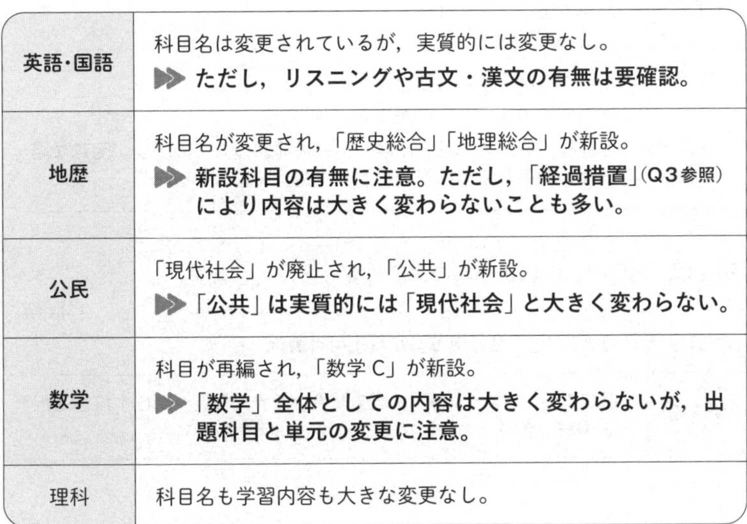

英語・国語	科目名は変更されているが，実質的には変更なし。 ▶▶ **ただし，リスニングや古文・漢文の有無は要確認。**
地歴	科目名が変更され，「歴史総合」「地理総合」が新設。 ▶▶ **新設科目の有無に注意。ただし，「経過措置」(Q３参照) により内容は大きく変わらないことも多い。**
公民	「現代社会」が廃止され，「公共」が新設。 ▶▶ **「公共」は実質的には「現代社会」と大きく変わらない。**
数学	科目が再編され，「数学 C」が新設。 ▶▶ **「数学」全体としての内容は大きく変わらないが，出題科目と単元の変更に注意。**
理科	科目名も学習内容も大きな変更なし。

数学については，科目名だけでなく，どの単元が含まれているかも確認が必要です。例えば，出題科目が次のように変わったとします。

旧課程	「数学Ⅰ・数学Ⅱ・数学 A・数学 B（数列・ベクトル）」
新課程	「数学Ⅰ・数学Ⅱ・数学 A・**数学 B（数列）・数学 C（ベクトル）**」

この場合，新課程では「数学C」が増えていますが，単元は「ベクトル」のみのため，実質的には旧課程とほぼ同じであり，過去問をそのまま役立てることができます。

Q3.「経過措置」とは何ですか？

A. 既卒の旧課程履修者への対応です。

多くの大学では，既卒の旧課程履修者が不利にならないように，出題において「経過措置」が実施されます。措置の有無や内容は大学によって異なるので，募集要項や大学のウェブサイトなどで確認しておきましょう。

○旧課程履修者への経過措置の例

- 旧課程履修者にも配慮した出題を行う。
- 新・旧課程の共通の範囲から出題する。
- 新課程と旧課程の共通の内容を出題し，共通範囲のみでの出題が困難な場合は，旧課程の範囲からの問題を用意し，選択解答とする。

例えば，地歴の出題科目が次のように変わったとします。

旧課程	「日本史 B」「世界史 B」から１科目選択
新課程	**「歴史総合，日本史探究」「歴史総合，世界史探究」から１科目選択**※ ※旧課程履修者に不利益が生じることのないように配慮する。

「歴史総合」は新課程で新設された科目で，旧課程履修者には見慣れないものですが，上記のような経過措置がとられた場合，新課程入試でも旧課程と同様の学習内容で受験することができます。

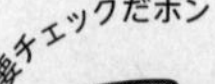

新課程の情報は WEB もチェック！
より詳しい解説が赤本ウェブサイトで見られます。
https://akahon.net/shinkatei/

科目名が変更される教科・科目

	旧課程	新課程
国語	国語総合 国語表現 現代文A 現代文B 古典A 古典B	現代の国語 言語文化 論理国語 文学国語 国語表現 古典探究
地歴	日本史A 日本史B 世界史A 世界史B 地理A 地理B	歴史総合 日本史探究 世界史探究 地理総合 地理探究
公民	現代社会 倫理 政治・経済	公共 倫理 政治・経済
数学	数学Ⅰ 数学Ⅱ 数学Ⅲ 数学A 数学B 数学活用	数学Ⅰ 数学Ⅱ 数学Ⅲ 数学A 数学B 数学C
外国語	コミュニケーション英語基礎 コミュニケーション英語Ⅰ コミュニケーション英語Ⅱ コミュニケーション英語Ⅲ 英語表現Ⅰ 英語表現Ⅱ 英語会話	英語コミュニケーションⅠ 英語コミュニケーションⅡ 英語コミュニケーションⅢ 論理・表現Ⅰ 論理・表現Ⅱ 論理・表現Ⅲ
情報	社会と情報 情報の科学	情報Ⅰ 情報Ⅱ

目　次

掲載内容についてのお断り

- 一般入試Aのうち，代表的な1日程を掲載しています。
- 総合型選抜・学校推薦型選抜および一般入試Bについては掲載していません。

基本情報

学部・学科の構成

大 学

●生活科学部
管理栄養学科
生活環境デザイン学科

●外国語学部
英語英米学科
国際教養学科

●人間関係学部
人間共生学科
心理学科

●情報社会学部
情報デザイン学科
現代社会学科

●現代マネジメント学部

現代マネジメント学科

●教育学部

子ども発達学科（保育・初等教育専修，初等中等教育専修）

●看護学部

看護学科

大学院

生活科学研究科 / 人間関係学研究科 / 現代マネジメント研究科 / 教育学研究科

募集要項（出願書類）の入手方法

募集要項は大学ホームページの入試情報ページからダウンロードしてください。

資料請求先・問い合わせ先

椙山女学園大学　入学センター
〒464-8662　名古屋市千種区星が丘元町17-3
TEL　0120-244-887（入学相談フリーダイヤル）
ホームページ　https://www.sugiyama-u.ac.jp
入試情報ページ
https://www.sugiyama-u.ac.jp/univ/admissions/index.html
E-mail　happy@sugiyama-u.ac.jp

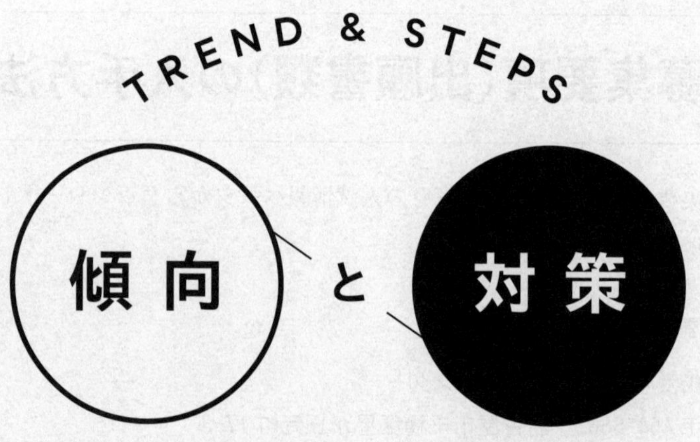

科目ごとに問題の「傾向」を分析し，具体的にどのような「対策」をすればよいか紹介しています。まずは出題内容をまとめた分析表を見て，試験の概要を把握しましょう。

注　意

「傾向と対策」で示している，出題科目・出題範囲・試験時間等については，2024 年度までに実施された入試の内容に基づいています。2025 年度入試の選抜方法については，各大学が発表する学生募集要項を必ずご確認ください。

英　語

年　度	番号	項　目	内　容
2024 ●	〔1〕	文法・語彙	空所補充
	〔2〕	文法・語彙	語句整序
	〔3〕	会 話 文	空所補充
	〔4〕	会 話 文, 読 解	空所補充，同意表現，内容説明，内容真偽
	〔5〕	読 解	空所補充，同意表現，内容説明，内容真偽
	〔6〕	読 解	空所補充，同意表現，内容説明，内容真偽，主題
2023 ●	〔1〕	文法・語彙	空所補充
	〔2〕	文法・語彙	語句整序
	〔3〕	会 話 文	空所補充
	〔4〕	会 話 文, 読 解	内容説明，同意表現，空所補充，内容真偽
	〔5〕	読 解	空所補充，同意表現，内容説明，内容真偽，主題
	〔6〕	読 解	空所補充，同意表現，内容説明，内容真偽，主題

（注）●印は全問，◐印は一部マークシート方式採用であることを表す。

傾向　読解問題の時間配分に注意！

01　出題形式は？

例年，全問マークシート方式となっている。文法・語彙が2題，会話文が2題，読解が2題で，計6題という構成になっている。試験時間は60分（2023年度は2科目120分）。

02　出題内容はどうか？

読解問題の英文のテーマは多岐にわたり，2024年度は「アメリカのアイスクリーム会社ベン＆ジェリーズについて」「未来のエネルギー・地熱発電について」といった内容であった。これまでにも，キャリア選択のアドバイス，スーパーカミオカンデの研究などの今日的な話題が多く取り上げられている。設問は，空所補充，同意表現，内容説明，内容真偽，主題で，英問英答形式の出題が多い。文法・語彙問題は空所補充と語句整序の２題で，標準レベルである。また，例年〔４〕には，グラフ，広告サイト，ポスター等の読解が含まれる。2024 年度は広告チラシであった。会話文問題には，空所補充のみの問題と，同意表現や内容説明などを含む総合問題が出題されている。

03 難易度は？

英文自体は標準的であるが，選択肢中に判断に迷うものがあり，注意が必要である。また，試験時間を考えると問題の分量が多いので，できる問題から着手していくなど，時間配分に留意しなければならない。

01 読解力

読解問題では，全文にわたる内容把握を問う設問が多いので，読解力の養成を主眼とした対策と，新聞などで今日的な話題について日本語で知っておくことが必要である。英文は分量があるので，先に設問に目を通して，キーワードをみつけるなどポイントを決めてから取りかかるのがよいだろう。空所補充の問題は前後にある英文との関係から判断するとよい。〔４〕の会話文も比較的長めであり，会話の内容や流れをきちんと理解する力が必要である。基本的な会話表現に慣れるためにも，少し長めの会話文の問題にあたっておくとよいだろう。

02 語彙力

語彙力の武器ともいえるのが単語・熟語力である。市販の単語集（教学社『風呂で覚える英単語』など）や熟語集を1冊マスターしておきたい。

03 文法力

文法問題は標準レベルの出題なので，基本事項を中心に復習し，余裕があればハイレベルの問題にあたってみるとよい。

日本史

年　度	番号	内　容		形　式
2024 ●	〔1〕	古代～近世の外交	✓史料	選　択
	〔2〕	原始～近世の総合問題	✓史料	選　択
	〔3〕	原始～現代の総合問題		選　択
	〔4〕	近現代の総合問題	✓史料	選択・配列
2023 ●	〔1〕	古代～現代の災害・疾病	✓史料	選　択
	〔2〕	原始～近世の総合問題	✓史料	選択・配列
	〔3〕	原始～現代の総合問題		選　択
	〔4〕	近現代の総合問題	✓史料	選択・配列

（注）●印は全問，◑印は一部マークシート方式採用であることを表す。

傾向　正文・誤文選択問題が中心

01 出題形式は？

大問４題，解答個数37個という形式が続いている。全問マークシート方式。正文・誤文選択問題が中心で，人物などの語句選択，年代順の配列法の出題もみられる。試験時間は60分（2023年度は２科目120分）。

なお，2025年度は出題科目が「歴史総合（日本史），日本史探究」となる予定である（本書編集時点）。

02 出題内容はどうか？

通史的な小問集合形式で出題されることが多い。**時代別**では，原始・古代～近現代からバランスよく出題されている。**分野別**でみても，政治・経済・外交・社会・文化などの各分野から偏りのない出題になっている。政治史は政権・政策を軸としたものが多い。教科書に沿った基本的な内容が中心であるが，正文・誤文選択問題では正確な理解を求められる問題もあり，単に歴史用語を暗記するだけの学習では不十分である。

また，例年，史料問題がみられ，2023・2024年度は史料文を読解する問題が〔1〕〔2〕〔4〕で出題された。2024年度は『経世秘策』「鹿子木荘園」「国家総動員法」など，基本的な史料が中心であり，初見の場合でもキーワードから史料の内容を特定しやすいものが多かった。

03 難易度は？

正文・誤文選択問題の分量が多く，正誤判定に迷うこともあるため，試験時間からするとやや手こずるかもしれない。語句選択問題をはじめとする基本問題での取りこぼしをなくすことが最も重要である。その上で消去法を活用するなどして難しい問題にも積極的に挑戦していきたい。

対策

01 細かく丁寧な学習を

重要基本事項の説明を中心として，教科書を注意深く何度も読み直し，しっかり理解しよう。その際，脚注や史料・図版・写真・表などの関連説明部分を見落とすことのないようにしたい。こうした詳細な部分から出題されている難問もみられるからである。特に，史料については，適切な史料文を選択する問題や史料文中の空所補充などが出題されることもあるので，教科書掲載の基本史料にあたることは必須である。

02 用語集を役立てよう

語句選択問題は6つの選択肢の中から選ぶ形式が多いので，用語には強くなっておきたい。全教科書の歴史用語を収めて解説した『日本史用語集』（山川出版社）や，教科書に沿って学習を進められる『日本史探究

書きこみ教科書 詳説日本史』（山川出版社）が，対策に最適であろう。また，年代・地名の強化には，図説集などの年表・歴史地図をつねに併用して確認するようにすると効果的である。

03 実戦訓練

正文・誤文選択問題が中心なので，慎重に解答する必要がある。本書で過去の出題を研究するのはもちろんのこと，問題集で消去法を用いた実戦的な対応に慣れておくのも効果的である。出題形式や内容に近い問題集として，『日本史基礎問題精講』（旺文社）および正誤判定形式が中心の『大学入試 全レベル問題集 日本史（歴史総合，日本史探究）2 共通テストレベル三訂版』（旺文社）が挙げられる。

世界史

年度	内容	形式
2024 ●	戦争に関する世界の歴史	選択・配列
2023 ●	世界の宗教・思想にまつわる歴史	選択・配列

（注）●印は全問，◑印は一部マークシート方式採用であることを表す。

正文選択問題が多い

01 出題形式は？

全問マークシート方式。大問数は1題で，解答個数は26個。選択法で，正文選択の問題が大半を占める。少ないながらも，適切な語句を選択する問題もある。また，出来事の年代順を問う配列法も出題されている。試験時間は60分（2023年度は2科目120分）。

なお，2025年度は出題科目が「歴史総合（世界史），世界史探究」となる予定である（本書編集時点）。

02 出題内容はどうか？

地域別では，多地域融合の出題がほとんどで各地域・国家から幅広く問われ，アジア地域と欧米地域がほぼ半分ずつとなっている。欧米地域は西ヨーロッパを中心としつつも，ロシア，東欧，南北アメリカ，北欧と，出題の幅は広い。アジア地域は中国史だけでなく，東南アジア，インド・パキスタン，中東・イスラーム世界からも出題される。また，日本に関連した小問も散見される。

時代別では，2023 年度は世界史上の宗教・思想，2024 年度は世界史上の戦争というテーマのもとで，さまざまな角度から問いが設けられていた。ただし，時代的な偏りが生じないよう，古代から現代までが満遍なく扱われている。

分野別では，例年，政治史・外交史が多い。しかし，2023 年度のように，テーマによっては文化史の出題が大半を占めることもある。

03 難易度は？

教科書学習で対応可能な標準レベルの出題である。ただし，正文選択は，文章が比較的長く手間取ることもあり，標準ないしやや難レベルといえる。

対 策

01 教科書中心の学習

ほとんどは教科書レベルの知識で対応できる。教科書学習では，重要語句とその前後の文章のつながりに注目しながら読むようにしたい。正文選択問題では，細かい知識を要求されることもあるので，教科書の本文のみならず，脚注や図表・地図・写真の解説なども精読しておくと，解答のヒントになる知識を得られる。また，配列法も出題されているので，歴史事項の流れを把握することも大切である。

教科書の記述ではなかなか理解できない場合は，いわゆる「通史本」と呼ばれる参考書を参照するのもひとつの手である。『ものがたり世界史』シリーズ（Gakken），『大学入試 ストーリーでわかる世界史探究』シリーズ（KADOKAWA）などが読みやすくてよい。

02 用語集の活用

正文選択問題の傾向から考えると，基本事項に加えてその周辺のやや細かい知識も身につけておくと有利だろう。教科書学習をある程度終えたら，『世界史用語集』（山川出版社），『大学受験必携 世界史用語集』（東京書籍）などを利用して知識を補強したい。

03 文化史対策も忘れずに

教科書を中心とした学習では政治・経済・外交史に偏りがちになる。しかし，2023年度のように，宗教・思想・学問といった文化史がテーマとなることもあるので，その対策を怠らないようにしたい。あわせて芸術もテーマとなりやすいので，資料集や図説を活用して，絵画や彫刻作品を視覚的に記憶することに努めたい。また，文化史は時代背景を考えながら把握するようにしよう。文化史が苦手な人は『タテヨコ 世界史総整理 文化史』（旺文社）のような文化史に特化した参考書を利用するのもよい。

04 正文判定の実戦力を養う

問題全体の7～8割が正文選択問題で占められているので，そのための実力を養うことが大切である。正文選択を主とする問題集を利用して，「正文の根拠は何か」を意識して問題を解こう。正文選択の問題は共通テストでよく出題されるので，共通テスト対策用の問題集を選び，正文選択問題のみ解くとよいだろう。そして，本書で過去問に取り組んで，入試傾向に慣れておこう。

数　学

年　度	番号	項　目	内　容
2024 ●	〔1〕	小問3問	(1)因数分解　(2)式の値　(3)平均・分散
	〔2〕	2次関数	2次関数の最大・最小
	〔3〕	図形の性質	チェバの定理
	〔4〕ⅠA	場合の数 図形と計量	通貨の組合せ 三角比，三角形の面積，立体の体積
	〔4〕ⅡB	微・積分法 図形と計量， ベクトル	定積分の値，3次関数の最大値 2点間の距離，2平面のなす角
2023 ●	〔1〕	小問4問	(1)平方数　(2)因数分解　(3)集合　(4)データの分析
	〔2〕	2次関数	2次関数の最大・最小
	〔3〕	図形と計量	正四面体に関する計量
	〔4〕ⅠA	確　率 図形の性質	いろいろな数の確率 三角形と線分の比
	〔4〕ⅡB	小問2問 微・積分法	(1)真数の決定　(2)交点のベクトル 3次関数，極値，囲まれた部分の面積

（注）●印は全問，◐印は一部マークシート方式採用であることを表す。
〔4〕はⅠA，ⅡBいずれか一方を選択。

出題範囲の変更

2025年度入試より，数学は新教育課程での実施となります。詳細については，大学から発表される募集要項等で必ずご確認ください（以下は本書編集時点の情報）。

2024年度（旧教育課程）	2025年度（新教育課程）
数学Ⅰ・Ⅱ・A・B ※「数学Ⅰ・A（場合の数と確率・図形の性質）」と「数学Ⅱ・B（数列・ベクトル）」のどちらかを選択し解答。「数学Ⅰ」の範囲から数の理論に関連する出題の可能性あり。	数学Ⅰ・Ⅱ・A・B・C ※「数学Ⅰ・A（場合の数と確率・図形の性質）」と「数学Ⅱ・B（数列）・C（ベクトル）」のどちらかを選択し解答。

基本・定型問題を確実に 2次関数，三角比，確率を徹底的に

01 出題形式は？

大問4題の出題で，2024年度までは〔4〕が選択問題となっていた。全問マークシート方式で，1～0の数字，符号（−，±），または解答群から選択肢をマークする。問題冊子に計算用紙が含まれており，計算や下書きには十分なスペースを使える。試験時間は60分（2023年度は2科目120分）。

02 出題内容はどうか？

例年，全分野から満遍なく出題されている。中でも2次関数と三角比，確率は頻出であり，要注意である。

03 難易度は？

時間の割に分量が多い。基本的な数的・図形的能力を問うような出題が目立つ反面，時間のかかる問題も含まれている。問題によって難易度に大きな差があるので，難易度を見極めることも大切である。易しいものから着実に解いていくなど，時間配分にも注意しよう。

対策

01 基本問題・定型問題は確実に

基本問題・定型問題は確実に解けるようにしておきたい。教科書の内容を確実にするため，『チャート式 解法と演習 数学』（黄チャート），『チャート式 基礎からの数学』（青チャート）（いずれも数研出版）などの標準的な問題集を1冊こなしておこう。どちらもバランスの取れた参考書だが，黄チャートの方が問題がやさしめで，解説も丁寧である。特に，苦手と感じた分野については，教科書に戻って繰り返し復習しておくとよいだろう。

02 工夫された問題への対策も必要

意表をつくような工夫された問題が出題されることもあるので，数学が得意な受験生や余裕のある受験生は，こうした問題にも対応できるようにしておきたい。難度が高めのマーク対策問題集に採用されていることが多いので，この種の問題集で慣れておくとよいだろう。

03 図形・グラフとしての理解を

数式で与えられた問題文から，正確に図形・グラフを描くことによって短時間で処理できる問題もある。普段から，問題を視覚化する練習を積んでおこう。

化　学

年　度	番号	項　目	内　容
2024 ●	〔1〕	構　造	単体，成分元素の検出，イオン，電子配置，周期表
	〔2〕	構　造	相対質量，原子量，物質量，定比例の法則，倍数比例の法則　⊘計算
	〔3〕	変　化	ブレンステッド・ローリーの定義，pH，電離度，電離平衡，指示薬，塩の種類，塩の電離　⊘計算
	〔4〕	変　化	酸化数，酸化還元反応，酸化力，電池，金属の精錬　⊘計算
2023 ●	〔1〕	構造・状態	状態変化，原子の構造，分子の結合と極性
	〔2〕	変　化	化学反応式を利用した計算問題，塩の名称と水溶液の液性　⊘計算
	〔3〕	変　化	シュウ酸による中和滴定と実験操作　⊘計算
	〔4〕	変　化	酸化数，酸化還元滴定，金属のイオン化傾向　⊘計算

（注）●印は全問，◐印は一部マークシート方式採用であることを表す。

傾向　教科書を中心とした基本的な問題　時間の割には問題量が多い

01　出題形式は？

計算問題も含め全問マークシート方式で，計算問題は複数の数値の中から正しいものを選ぶ形式である。試験時間は60分（2023年度は2科目120分）で，大問数は4題となっている。試験時間に対して問題は多めである。

02　出題内容はどうか？

出題範囲は「化学基礎」である。

〔1〕は「物質の構成」が，〔2〕～〔4〕は「物質の変化」を中心に出題さ

れているが，2024 年度は〔3〕で電離平衡の問題が出題された。計算問題は毎年出題されている。特に，反応の量的関係が頻出である。

03 難易度は？

基礎・基本を中心とした出題であるが，問題数が多く，手際よく解く練習が必要である。

対策

01 物質の構成

原子や分子の構造や化学結合について教科書をしっかりと読み，語句の意味を理解するだけでなく身近な物質と関連づけて考察できるようになっておこう。また，混合物の分離など基本的な実験操作に関しても身につけておく必要がある。

02 物質の変化

化学反応式が物質量，溶液の濃度，酸と塩基，酸化還元反応に関連する計算問題でよく出題されている。教科書の例題レベルの出題も多いので，しっかりと教科書の問題を見直すとともに過去問の演習を通じて対策をしておく必要がある。

03 問題演習

教科書傍用問題集など，基本事項がしっかり押さえられているものを使えば十分である。また，実験操作の仕方や過程，結果を理解できるよう問題文をしっかりと読む練習も重ねておこう。

生　物

年　度	番号	項　目	内　容	
2024 ●	〔1〕	細　胞, 代　謝	生物の多様性と共通性，基本構造	
	〔2〕	遺伝情報	体細胞分裂と遺伝情報のしくみ	⊘計算
	〔3〕	体内環境	生物の体内環境とその維持	
	〔4〕	生　態	世界や日本のバイオーム	
	〔5〕	生　態	生態系のバランスと保全	
2023 ●	〔1〕	細　胞	細胞のつくり，体細胞分裂	⊘計算
	〔2〕	体内環境	体内環境の維持	⊘計算
	〔3〕	体内環境	免疫	
	〔4〕	生　態	植生の遷移，生態系内における物質循環	

（注）●印は全問，◑印は一部マークシート方式採用であることを表す。

計算問題，実験・図表の考察問題がカギ！
確実な知識と論理的な思考力が求められる

01 出題形式は？

大問数は4，5題で，解答個数は45個程度である。解答はすべてマークシート方式。空所補充などで用語・名称などを選択する問題や正誤問題のほか，計算問題，実験・図表に関する考察問題が比較的多く出題されている。試験時間は60分（2023年度は2科目120分）である。

02 出題内容はどうか？

出題範囲は「生物基礎」である。出題の特徴としては，図表の読み取りや実験に関する考察問題の比率が高いことが挙げられる。2024年度は少なかったが，計算問題もよく出題されている。図表からのデータの読み取り問題を含め，数値を扱う問題には十分な対策をたてておきたい。

03 難易度は？

各分野の代表的な内容からの標準レベルの出題である。実験考察問題も，教科書や参考書に載っている定番のものが多いので，教科書や標準的な問題集で十分に学習してきた受験生にとっては解きやすいだろう。しかし，問題量と試験時間を考えると，高得点を取るのは容易ではない。できるだけすばやく空所補充や用語などの知識問題を解き，計算問題，実験に関する考察問題など，時間を要する問題に余裕をもってじっくり取り組めるよう，時間配分にも注意したい。

01 まずは基本を身につけよう

教科書を活用して，基本事項を理解・整理することから始めよう。自分でまとめのノートなどをつくって内容の整理をするのもよい。教科書の学習では，単に用語を暗記するのではなく，その意味を正しく理解することを心がけよう。教科書の説明だけでは理解が不足する場合は，用語集や資料集などを使って補足しておくことが大切である。

02 問題集・資料集の活用

出題は各分野の代表的なものが多いので，サブノート形式の問題集で学習するとよい。解いた問題は丁寧に復習し，関連する内容を教科書や資料集などできちんと確認して，理解を深めていくようにしよう。また，グラフや図表に関する出題が多いので，教科書や資料集に載っている代表的な図や実験結果については，特徴や読み取れる内容を自分で説明できるようにしておこう。

03 計算問題

計算問題は決して難問に取り組む必要はない。教科書の章末問題や標準的な問題集の例題などで解き方のポイントになる点をきちんと押さえ，標準レベルの問題をしっかりこなしておこう。最初は模範解答の解き方をまねることから始め，最終的には自力で解答を導けるようになるまで何度も練習しよう。

国　語

年　度	番号	種　類	類　別	内　容	出　典
2024 ●	〔1〕	現代文	評　論	書き取り，語意，内容説明，空所補充，慣用表現，内容真偽	「言語存在論」野間秀樹
	〔2〕	古　文	日　記	文法，敬語，口語訳，内容説明，内容真偽，文学史	「讃岐典侍日記」
		現代文	評　論	語意，内容説明，主旨	「傍らにあること」池上哲司
2023 ●	〔1〕	現代文	評　論	書き取り，空所補充，内容説明，慣用表現，語意，内容真偽	「科学者とは何か」村上陽一郎
	〔2〕	古　文	物　語	口語訳，内容説明，文法，文学史	「たなばたのほんぢ」
		現代文	評　論	書き取り，内容説明，内容真偽，空所補充，語意，読み	「AI 時代の働き方と法」　大内伸哉

（注）●印は全問，◑印は一部マークシート方式採用であることを表す。
〔2〕:「古文」か「現代文」のいずれかを選択。

文章読解力が問われる設問
語意・文学史などの知識問題にも注意

01　出題形式は？

全問マークシート方式による選択式。〔1〕の現代文は必須で，〔2〕は古文または現代文のいずれかを選択する。試験時間は 60 分（2023 年度は 2 科目 120 分）。

02　出題内容はどうか？

現代文：出題される文章は評論が多く，分野は文化・文明，哲学，言語，社会に関するものが多い。設問は，空所補充や内容説明，内容真偽など読解問題を中心として，書き取りや語意，慣用表現などの知識問題も出題されている。

古　文：中古・中世の作品から出題されることが多い。設問は，口語訳，内容説明，文法，人物指摘，文学史など基本的な問題が中心であるが，文法問題は，迷わされる選択肢が含まれているものもある。和歌が含まれる文章が出題されたときは和歌の内容や修辞について問われることが多い。また文学史の問題は，詳細な知識を問われることもあり，注意を要する。

03 難易度は？

現代文は内容・量ともに標準的で，設問も良問である。古文も教科書レベルの内容で，設問は基本的なものばかりだが，読解問題も出題されているので，現代文との時間配分に気をつけよう。全体的には平易である。時間配分は，1題あたり見直しを含めて30分となる。漢字や文学史などの知識問題はスピーディーに解いて，読解問題に十分な時間をかけたい。

対策

01 現代文

理路整然とした文章が出題されるので，語意を押さえ文脈を丁寧に追う力を身につけること。『高校生のための現代思想ベーシック　ちくま評論入門』（筑摩書房）などの解説つきアンソロジーでさまざまな分野の評論を読み慣れておくとよい。評論中心の問題演習によって，内容把握力を養っておくことも必要であろう。空所補充，内容説明の設問が多いが，丁寧な読み取りができれば心配はいらない。本文中から解答の根拠を探しながら落ち着いて取り組みたい。漢字は出題数が多く，重要度が高いので侮れない。常識レベルが多いが，同音異義語や対義語など，細かい使い分けも出題されているので，演習ノートなどを使用して，何度も復習しておく必要がある。

02 古 文

基本古語と基本文法のマスターに徹すること。口語訳の設問が中心なので，単語力が大変重要になる。主語を押さえて，内容を正しくつかむ習慣を確実に身につければ，どの設問もそれほど難しくは感じないはず。文法は，受験生が間違えやすい助動詞の識別問題がよく出題されている。繰り返し練習しておこう。和歌についても，「百人一首」を復習するなどして，掛詞などの代表的な修辞をチェックしておきたい。また，文学史も必出である。主要作品と作者名を結びつけられるように，一問一答式の問題集などを使って押さえておこう。国語便覧などで中古・中世の主要作品の成立年代もチェックしておきたい。

2024年度

問題と解答

一般入試A（2月3日実施分）

問題編

▶一般入試A（3教科型）

<table>
<tr><th colspan="2">学部・学科</th><th>教　科</th><th colspan="2">科　　目</th><th>配　点</th></tr>
<tr><td rowspan="8">生活科</td><td rowspan="4">管理栄養</td><td>数　学</td><td>数学Ⅰ・Ⅱ・A・B（数学Ⅰ・Aと数学Ⅱ・Bはどちらか選択可能）</td><td rowspan="4">数学または理科1科目を含む3科目を選択</td><td rowspan="4">300点（各100点）</td></tr>
<tr><td>理　科</td><td>化学基礎，生物基礎から1科目</td></tr>
<tr><td>外国語</td><td>コミュニケーション英語Ⅰ・Ⅱ</td></tr>
<tr><td>国　語</td><td>国語総合，現代文B，古典B（漢文は含まず，現代文と古文はどちらか選択可能）</td></tr>
<tr><td rowspan="4">生活環境デザイン</td><td>外国語</td><td>コミュニケーション英語Ⅰ・Ⅱ</td><td rowspan="4">3科目を選択</td><td rowspan="4">300点（各100点）</td></tr>
<tr><td>地理歴史または理科</td><td>日本史B，世界史B，化学基礎，生物基礎から1科目</td></tr>
<tr><td>数　学</td><td>数学Ⅰ・Ⅱ・A・B（数学Ⅰ・Aと数学Ⅱ・Bはどちらか選択可能）</td></tr>
<tr><td>国　語</td><td>国語総合，現代文B，古典B（漢文は含まず，現代文と古文はどちらか選択可能）</td></tr>
</table>

学部	教科	科目	選択	配点
外国語	外国語	コミュニケーション英語Ⅰ・Ⅱ	必須	300点（各100点）
	地理歴史または理科	日本史B，世界史B，化学基礎，生物基礎から１科目	２科目を選択	
	数学	数学Ⅰ・Ⅱ・A・B（数学Ⅰ・Aと数学Ⅱ・Bはどちらか選択可能）		
	国語	国語総合，現代文B，古典B（漢文は含まず，現代文と古文はどちらか選択可能）		
人間関係・情報社会・現代マネジメント	外国語	コミュニケーション英語Ⅰ・Ⅱ	３科目を選択	300点（各100点）
	地理歴史または理科	日本史B，世界史B，化学基礎，生物基礎から１科目		
	数学	数学Ⅰ・Ⅱ・A・B（数学Ⅰ・Aと数学Ⅱ・Bはどちらか選択可能）		
	国語	国語総合，現代文B，古典B（漢文は含まず，現代文と古文はどちらか選択可能）		
教育	外国語	コミュニケーション英語Ⅰ・Ⅱ	必須	300点（各100点）
	地理歴史または理科	日本史B，世界史B，化学基礎，生物基礎から１科目	２科目を選択	
	数学	数学Ⅰ・Ⅱ・A・B（数学Ⅰ・Aと数学Ⅱ・Bはどちらか選択可能）		
	国語	国語総合，現代文B，古典B（漢文は含まず，現代文と古文はどちらか選択可能）		
看護	外国語	コミュニケーション英語Ⅰ・Ⅱ	必須	300点（各100点）
	数学	数学Ⅰ・Ⅱ・A・B（数学Ⅰ・Aと数学Ⅱ・Bはどちらか選択可能）	２科目を選択	
	理科	化学基礎，生物基礎から１科目		
	国語	国語総合，現代文B，古典B（漢文は含まず，現代文と古文はどちらか選択可能）		

▶一般入試A（2教科型）

学部・学科		教科	科目		配点
生活科	管理栄養	数学	数学Ⅰ・Ⅱ・A・B（数学Ⅰ・Aと数学Ⅱ・Bはどちらか選択可能）	数学または理科1科目を含む2科目を選択	200点（各100点）
		理科	化学基礎，生物基礎から1科目		
		外国語	コミュニケーション英語Ⅰ・Ⅱ		
		国語	国語総合，現代文B，古典B（漢文は含まず，現代文と古文はどちらか選択可能）		
	生活環境デザイン	外国語	コミュニケーション英語Ⅰ・Ⅱ	2科目を選択	200点（各100点）
		地理歴史または理科	日本史B，世界史B，化学基礎，生物基礎から1科目		
		数学	数学Ⅰ・Ⅱ・A・B（数学Ⅰ・Aと数学Ⅱ・Bはどちらか選択可能）		
		国語	国語総合，現代文B，古典B（漢文は含まず，現代文と古文はどちらか選択可能）		
外国語		外国語	コミュニケーション英語Ⅰ・Ⅱ	必須	200点（各100点）
		地理歴史または理科	日本史B，世界史B，化学基礎，生物基礎から1科目	1科目を選択	
		数学	数学Ⅰ・Ⅱ・A・B（数学Ⅰ・Aと数学Ⅱ・Bはどちらか選択可能）		
		国語	国語総合，現代文B，古典B（漢文は含まず，現代文と古文はどちらか選択可能）		

学部	教科	科目	選択	配点
人間関係・情報社会・現代マネジメント	外国語	コミュニケーション英語Ⅰ・Ⅱ	2科目を選択	200点（各100点）
	地理歴史または理科	日本史B，世界史B，化学基礎，生物基礎から1科目		
	数学	数学Ⅰ・Ⅱ・A・B（数学Ⅰ・Aと数学Ⅱ・Bはどちらか選択可能）		
	国語	国語総合，現代文B，古典B（漢文は含まず，現代文と古文はどちらか選択可能）		
教育	外国語	コミュニケーション英語Ⅰ・Ⅱ	必須	200点（各100点）
	地理歴史または理科	日本史B，世界史B，化学基礎，生物基礎から1科目	1科目を選択	
	数学	数学Ⅰ・Ⅱ・A・B（数学Ⅰ・Aと数学Ⅱ・Bはどちらか選択可能）		
	国語	国語総合，現代文B，古典B（漢文は含まず，現代文と古文はどちらか選択可能）		
看護	外国語	コミュニケーション英語Ⅰ・Ⅱ	必須	200点（各100点）
	数学	数学Ⅰ・Ⅱ・A・B（数学Ⅰ・Aと数学Ⅱ・Bはどちらか選択可能）	1科目を選択	
	理科	化学基礎，生物基礎から1科目		
	国語	国語総合，現代文B，古典B（漢文は含まず，現代文と古文はどちらか選択可能）		

▶一般入試A（共通テスト併用型）

<table>
<tr><th colspan="2">学部・学科</th><th>教　科</th><th colspan="2">科　　目</th><th>配　点</th></tr>
<tr><td rowspan="10">生活科</td><td rowspan="5">管理栄養</td><td>数　学</td><td>数学Ⅰ・Ⅱ・A・B（数学Ⅰ・Aと数学Ⅱ・Bはどちらか選択可能）</td><td rowspan="2">必　須：数学または理科のうち１科目（両方選択可）</td><td rowspan="5">300点（各100点）</td></tr>
<tr><td>理　科</td><td>化学基礎，生物基礎から１科目</td></tr>
<tr><td>外国語</td><td colspan="2">コミュニケーション英語Ⅰ・Ⅱ</td></tr>
<tr><td>国　語</td><td colspan="2">国語総合，現代文B，古典B（漢文は含まず，現代文と古文はどちらか選択可能）</td></tr>
<tr><td>共　通テスト</td><td colspan="2">「国語」「数学」「理科」「外国語」（英語はリスニングを課す）</td></tr>
<tr><td rowspan="5">生活環境デザイン</td><td>外国語</td><td colspan="2">コミュニケーション英語Ⅰ・Ⅱ</td><td rowspan="5">300点（各100点）</td></tr>
<tr><td>地　理歴　史または理　科</td><td colspan="2">日本史B，世界史B，化学基礎，生物基礎から１科目</td></tr>
<tr><td>数　学</td><td colspan="2">数学Ⅰ・Ⅱ・A・B（数学Ⅰ・Aと数学Ⅱ・Bはどちらか選択可能）</td></tr>
<tr><td>国　語</td><td colspan="2">国語総合，現代文B，古典B（漢文は含まず，現代文と古文はどちらか選択可能）</td></tr>
<tr><td>共　通テスト</td><td colspan="2">「国語」「地理歴史」「公民」「数学」「理科」「外国語」（英語はリスニングを課す）</td></tr>
<tr><td colspan="2" rowspan="5">外　国　語</td><td>外国語</td><td>コミュニケーション英語Ⅰ・Ⅱ</td><td>必　須</td><td rowspan="5">300点（各100点）</td></tr>
<tr><td>地　理歴　史または理　科</td><td colspan="2">日本史B，世界史B，化学基礎，生物基礎から１科目</td></tr>
<tr><td>数　学</td><td colspan="2">数学Ⅰ・Ⅱ・A・B（数学Ⅰ・Aと数学Ⅱ・Bはどちらか選択可能）</td></tr>
<tr><td>国　語</td><td colspan="2">国語総合，現代文B，古典B（漢文は含まず，現代文と古文はどちらか選択可能）</td></tr>
<tr><td>共　通テスト</td><td colspan="2">「国語」「地理歴史」「公民」「数学」「理科」「外国語」（英語はリスニングを課す）</td></tr>
</table>

学部	教科	科目		配点
人間関係・情報社会・現代マネジメント	外国語	コミュニケーション英語Ⅰ・Ⅱ		300点（各100点）
	地理歴史または理科	日本史B，世界史B，化学基礎，生物基礎から１科目		
	数　学	数学Ⅰ・Ⅱ・A・B（数学Ⅰ・Aと数学Ⅱ・Bはどちらか選択可能）		
	国　語	国語総合，現代文B，古典B（漢文は含まず，現代文と古文はどちらか選択可能）		
	共通テスト	「国語」「地理歴史」「公民」「数学」「理科」「外国語」（英語はリスニングを課す）		
教　育	外国語	コミュニケーション英語Ⅰ・Ⅱ	必　須	
	地理歴史または理科	日本史B，世界史B，化学基礎，生物基礎から１科目		300点（各100点）
	数　学	数学Ⅰ・Ⅱ・A・B（数学Ⅰ・Aと数学Ⅱ・Bはどちらか選択可能）		
	国　語	国語総合，現代文B，古典B（漢文は含まず，現代文と古文はどちらか選択可能）		
	共通テスト	「国語」「地理歴史」「公民」「数学」「理科」「外国語」（英語はリスニングを課す）		
看　護	外国語	コミュニケーション英語Ⅰ・Ⅱ	必　須	
	数　学	数学Ⅰ・Ⅱ・A・B（数学Ⅰ・Aと数学Ⅱ・Bはどちらか選択可能）		300点（各100点）
	理　科	化学基礎，生物基礎から１科目		
	国　語	国語総合，現代文B，古典B（漢文は含まず，現代文と古文はどちらか選択可能）		
	共通テスト	「国語」「数学」「理科」「外国語」（英語はリスニングを課す）		

▶備　考

• 試験日自由選択制。

〔大学個別試験〕

• 国語は，一部の問題で現代文と古文のどちらかを選択。

- 数学は，一部の問題で「数学Ⅰ・A（場合の数と確率・図形の性質）」か「数学Ⅱ・B（数列・ベクトル）」のどちらかを選択。なお，「数学Ⅰ」の範囲から数の理論に関連する出題の可能性がある。
- 外国語は，リスニングを課さない。

▶一般入試Ａ（共通テスト併用型）

• 一般入試Ａ（共通テスト併用型）の得点について

３教科 300 点満点で判定

判定条件

①〔１科目目〕

大学個別試験の高得点の１教科１科目を選択

※必須科目など受験科目の指定がある場合はその科目を採用する。

②〔２科目目〕

大学入学共通テストの対象となる出題教科のうち高得点の１教科１科目を選択

③【３科目目】

３科目目は，大学個別試験と大学入学共通テストのうち上記①，②の次に高得点の１教科１科目を選択

※上記①，②，③の得点を合計して共通テスト併用型の得点とする。

※大学個別試験と大学入学共通テストは同じ教科を使用することができる。

※大学入学共通テストの「国語」は近代以降の文章，古典（古文・漢文）全てを利用する。

※大学入学共通テストにおいて，「理科」基礎を付した科目を採用した場合は２科目を用いて１科目となる。

※大学入学共通テストの「地理歴史」「公民」は，「世界史Ａ」「世界史Ｂ」「日本史Ａ」「日本史Ｂ」「地理Ａ」「地理Ｂ」「現代社会」「倫理」「政治・経済」「倫理，政治・経済」の中から高得点の１科目のみ採用する。

※大学個別試験で使用する得点は，中央値補正法で得点調整をした後の得点を使用する。

※共通テスト併用型の出願は，一般入試Ａ（２教科型，３教科型）を出願した者のみが出願できる。

英語

（60分）

第1問 次の文中の空欄（　　）に入れるのに最も適切なものを、①～④の中からそれぞれ一つ選べ。

[1] I will get a B for English (　　) best.

① at

② to

③ off

④ on

[2] Kate has two siblings: one of them is in Canada, and (　　) is in Australia.

① an other

② another

③ other

④ the other

[3] The company's latest tablet computer has outsold (　　) of the competition.

① which

② what

③ those

④ whose

[4] I usually take the train, but yesterday I (　　) here by bicycle.

① took

② came

③ brought

④ went

[5] I'm sorry I can't, I am planning to go to ( ) tomorrow.

① shopping

② home

③ Kyoto

④ library

第2問 問6～問10において、それぞれ下の語句を並べかえて空所を補い、文を完成させよ。解答は [6] ～ [10] に入るものを①～⑤の中からそれぞれ一つ選べ。

問6 Would ＿＿＿ ＿＿＿ [6] ＿＿＿ ＿＿＿ the beginning, please?

① repeating

② that

③ you

④ from

⑤ mind

問7 What ＿＿＿ ＿＿＿ [7] ＿＿＿ ＿＿＿ an old song.

① me

② you

③ of

④ said

⑤ reminds

問8 People are often tired when ＿＿＿ ＿＿＿ [8] ＿＿＿ ＿＿＿ a nap on the train.

① and

② from

③ returning

④ take

⑤ work or school

問 9　A houseboat is a boat ＿＿＿＿ ＿＿＿＿ [9] ＿＿＿＿ ＿＿＿＿ to live on.

① designed

② for

③ is

④ that

⑤ people

問10　Other than that, ＿＿＿＿ ＿＿＿＿ [10] ＿＿＿＿ ＿＿＿＿ continue.

① reason

② I

③ no

④ see

⑤ to

第3問 次の会話文 11 ～ 15 を完成させるのに最も適切なものを、①～④の中からそれぞれ一つ選べ。

11 A: Can you help me with my homework?

B: ______________________

① I'm not really a big fan of them.

② Sure, just give me a few minutes.

③ Yes, I can help you with the housework.

④ Are you sure she can help me?

12 A: Is this the way to the city centre?

B: ______________________

① Do you think we lost?

② I think you got turned around.

③ Would you believe in it?

④ I believe I knew the answer.

13 A: ______________________

B: I guess I like to hang out at home.

① Do you often have guests at your house?

② Which relatives visit your home on holidays?

③ Do you enjoy DIY projects on weekends?

④ What do you like to do in your free time?

14 A: Do you prefer tea or coffee in the morning?

B: ______________________

A: Actually, I feel the same way.

① Either one is fine by me.

② No, thank you. I'm full.

③ Green tea is healthy.

④ Hmm, hot or cold?

[15] A: Are you going to take that class we talked about?

B: I haven't quite decided yet.

A: ______________________

① Well, you better make up your mind soon.

② There's no sense crying over spilt milk!

③ You should spend more time in the library.

④ OK, I'll see you in class when you decide.

第4問　設問 [16] ～ [20] の答えとして最も適切なものを、①～④の中からそれぞれ一つ選べ。

Questions [16] ～ [18] refer to the following conversation.

Sister: Hey, bro! Mom's fiftieth birthday is coming up soon, and we need to start thinking about a present.

Brother: Yeah, you're right. What do you think we should get her?

Sister: Well, I was thinking maybe we could get her a new watch or a piece of jewelry.

Brother: Hmm, I don't think that's a good idea. She has so many already.

Sister: But she loves jewelry!

Brother: I was thinking more along the lines of a practical gift, like a kitchen appliance or a new coffee maker. She always complains about her old one.

Sister: No, that's not personal enough. It's her fiftieth birthday, and we should get her something that she'll really enjoy and appreciate.

Brother: I know, but we don't have to get her something so expensive. We can just get her something she needs.

Sister: I understand what you're saying, but we need to make her feel special on her birthday. I think a piece of jewelry, or a nice watch would do just that.

Brother: OK, I see your point. What if we compromise and get her a practical gift along with a small piece of jewelry? That way, we can show her we care about her needs and also give her something special.

Sister: That's a great idea! We could get her a coffee maker and a new necklace. I'm sure she would love that.

Brother: Yeah, and we could even (1)throw in a nice card and a bouquet of flowers.

Sister: That sounds perfect! When are you free to go shopping?

Brother: Actually, I'm kind of busy for the next few weeks. I thought maybe you could do the shopping.

Sister: Come on, I'm busy, too. Just make some time!

Brother: All right, all right, how does Friday sound?

Sister: I have my part-time job, but I can meet you after work. What time does the mall close?

Brother: I think it closes at 9:00. Can you get there by 8:00?

Sister: Hmm, that may be cutting it close, but I'll try.

Brother: OK. Let's meet in the food court.

Sister: Sounds good. [16] And hey, don't forget your wallet this time!

Brother: Ha ha. I won't.

[16] What might the sister say for [16] ?

① I'm starving.

② I'll see you then.

③ What will you buy?

④ When's your job finish?

[17] What does (1)throw in probably mean here?

① inquire

② investigate

③ inspect

④ include

18 Why does the sister want to buy their mother a piece of jewelry?

① She thinks their mother needs one.
② Their mother already has a lot of jewelry.
③ It is one of her favorite things.
④ Jewelry is inexpensive and easy to find.

Questions [19] and [20] refer to the following coupon.

ZEN KEN
YOGA STUDIO & MEDITATION CENTER

A new yoga studio and meditation retreat has just opened on beautiful Maui. With amazing views of the ocean and mountains, the studio provides the perfect environment for relaxing yoga and meditation sessions. The studio, located at world famous Kapalua Beach, offers classes for all levels, from beginners to advanced practitioners, and has experienced instructors who can guide you through your practice. In addition to the regular classes, the studio also offers yoga and meditation retreats, allowing you to immerse yourself in your practice while exploring the natural beauty of Maui.

- **Get 50% off your first month of unlimited yoga and meditation classes with this coupon.**
- **Get a free meditation class with the purchase of any yoga class with this coupon.**
- **Get 10% off any yoga or meditation retreat with this coupon.**
- **Get a complimentary aromatherapy session with the purchase of a 5-class pack with this coupon.**

THIS COUPON CAN ONLY BE USED ONE TIME BY ONE CUSTOMER/CLIENT

JOIN NOW

[19] Who might this new yoga studio and meditation center/retreat appeal to?

① someone that enjoys doing outdoor sports while vacationing

② a person that wants to visit Maui and get a yoga license

③ someone that likes to see beautiful scenery while exercising

④ a person that enjoys doing meditation in a mountaintop studio

20 Which of the following is true about this coupon?

① You will only pay 80% for a yoga retreat when you use this coupon.

② If you pay for five classes, you will receive two free aromatherapy sessions.

③ You will receive a 50% discount if you pay for a family membership.

④ If you pay for a yoga class, you will receive one free meditation class.

第5問 次の英文を読み、設問に答えよ。

Ben & Jerry's is a well-known American ice cream company that was founded in 1978 by two childhood friends, Ben Cohen and Jerry Greenfield. What makes this company (1)stand out is not just their delicious ice cream, but also their approach to helping social causes.

From the very start, Ben & Jerry's has used their platform to help promote social change. In 1985, the company created the Ben & Jerry's Foundation and decided that it would dedicate 7.5% of the company's pre-tax profits to community projects in its area. This was followed by the "Cowmobile" in 1986. The Cowmobile was a mobile home that was converted into a traveling ice cream shop. It was designed to help the company (2)spread its message of peace and love, as well as to distribute free ice cream. The Cowmobile was also used to draw attention to various social and environmental causes that the company supported by traveling throughout the United States making stops at educational events and peaceful demonstrations. Though it was destroyed by fire in 1986, a new one was built, and there have been many Cowmobiles used over the years.

Another campaign to support world peace led to the creation of the "Peace Pop" flavor. This ice cream was launched in 1988. It was created as part of the company's efforts to promote peace during the Cold War era. The flavor consisted of cherry ice cream with small, chocolate peace signs mixed in.

Ben & Jerry's has continued to be involved in a variety of social issues. These range from its refusal to use GMO ingredients to support for marriage equality. In 2009, the company renamed its "Chubby Hubby" flavor to "Hubby Hubby" to celebrate same sex marriage becoming legal in Vermont.

[21] of LGBTQ+ issues, Ben & Jerry's has also spoken out about climate change. The company decided to use ingredients in a sustainable and ethical manner, and it uses environmentally-friendly practices in its ice cream production facilities. It has also used printed messages on its ice cream containers to inform and educate consumers about the importance of (3)taking action on climate change.

Another important issue that Ben & Jerry's has been involved in is racial justice. The company has shown support for the Black Lives Matter movement and has used its ice cream flavors to bring attention to racial inequality. In 2016, it launched the "Empower Mint" flavor, a play on the word "empowerment," which encouraged people to vote in political elections.

[22], Ben & Jerry's is a company that truly believes in the power of business to create positive change in the world. It has shown that it is possible to be both socially responsible and successful in business. By taking a stand on important issues, it has inspired others to take action and use their own platforms to help society.

In 2000, Ben and Jerry decided to sell their business to Unilever, a large multinational consumer goods company based in the Netherlands and the United Kingdom. Despite the sale, Ben & Jerry's ice cream remains an independent brand within Unilever, and although the company often clashes with its parent company, it continues to operate with its original commitment to social causes and sustainable business practices.

問1 文中の空欄 [21] ～ [22] に入れるのに最も適切なものを、①～④の中からそれぞれ一つ選べ。

[21] ① With their knowledge

② Besides their support

③ With their discouragement

④ Despite their demonstration

22 ① Infrequently

② In time

③ Together

④ Overall

問2 設問 23 ～ 30 の答えとして最も適切なものを、①～④の中からそれぞれ一つ選べ。

23 What does (1)stand out mean here?

① get up

② suggestive

③ get by

④ famous

24 What does (2)spread mean here?

① relax

② send

③ hide

④ change

25 What does (3)taking action on mean here?

① doing something about

② eating ethical foods for

③ recycling information for

④ saving more money on

26 According to the passage, when did Ben & Jerry's start promoting social

causes?

① when Ben and Jerry were children

② as soon as the company began selling ice cream

③ in the 1990s, after Ben & Jerry's sold ice cream internationally

④ after Ben & Jerry's was sold to a very large company

[27] According to the passage, which is true about the Cowmobile?

① It was a mobile home that became an ice cream shop in Vermont.

② The original Cowmobile is still being used as a mobile ice cream shop.

③ It was often used by Ben and Jerry to take them to music concerts.

④ The first Cowmobile no longer exists, but the company built many more.

[28] According to the passage, which sentence best describes the Ben & Jerry's Peace Pop?

① It was created at the end of the Cold War in the 1990s.

② Its flavor was chocolate mint with cherry peace signs mixed in.

③ The company made the Peace Pop for the Soviet Union market.

④ The Peace Pop promoted the company's anti-war beliefs.

[29] According to the passage, what has Ben & Jerry's done to support the environment?

① It printed messages about climate change on their ice cream shops and factories.

② It made the Hubby Hubby flavor to bring more attention to climate change.

③ It used messages on ice cream containers to teach people about climate change.

④ It decided to sell GMO products which can help lower the Earth's temperature.

[30] According to the passage, which is <u>not</u> mentioned about Ben & Jerry's?

① It tries to educate people about racial issues in the United States.

② It has been both socially responsible and successful as a company.

③ It sometimes introduces new flavors when it wants to bring attention to social problems.

④ It became the largest ice cream company owned by the Unilever Corporation.

第6問 次の英文を読み、設問に答えよ。

The question of future energy production is one that is taxing the minds of scientists and engineers around the world. There is only (1)a finite supply of fossil fuels, and burning them to produce electricity is destroying the environment, so alternatives are needed. Wind, solar, and water can all help, but there are problems with costs and efficiency. In Germany, a different solution is being (2)explored.

Geothermal energy is produced by (3)harnessing the natural heat of the Earth. The core of the Earth is incredibly hot, about 5,200 degrees Celsius, and this heat filters through to the surface of the planet. Directly beneath our feet is a limitless supply of potential energy, which is, according to one German politician, Robert Habeck, "available throughout the whole year, does not depend on the weather, is crisis-proof and almost nondepletable."

Electricity production has run on the same scientific principles since the days of steam engines: water is heated, and as it boils it turns to steam. This steam is used to turn the blades of turbines. The movement (mechanical energy) is then converted to electrical energy and sent to our homes and businesses. Traditionally, the process began with coal or natural gas being burned to heat the water, but the process is the same even if the source of the heat is solar power, nuclear fission, or geothermal.

In Germany, the hope is that heat pumps will be able to provide homes with cheap, clean, reliable electricity all year round. A heat pump is a series of pipes buried in the ground underneath a building. Water is passed through the pipes, and as it goes deeper into the ground, the water is heated by the natural heat of the planet. [31], no fuel is needed. This electricity can then be used to power the home or office. What is more, energy produced can be stored and used later, for seasonally-dependent changes such as heating in winter, or air conditioning in summer.

It takes time and money to change the electric grid over to this kind of technology. In Germany, they are achieving this by encouraging heat pumps to be used in all new buildings. At the moment, 30% of new buildings have heat pumps, but the hope is that this will become 100%. Eventually, all but the oldest buildings will be powered by geothermal energy. Other countries are also exploring this possibility, including New Zealand and Kenya. In Iceland, already more than 90% of its heating energy comes from geothermal production. In the U.S., it is believed that geothermal energy could reduce heating bills by as much as 70%.

However, it may not be a solution for everyone. Some countries are geologically dormant, meaning temperatures below the surface can be somewhat cooler. To heat water sufficiently to produce electricity, it would be necessary to dig even deeper and this makes everything much more expensive. [32], in countries like Japan with high tectonic activity, geothermal energy can be problematic. Even a minor earthquake can damage water pipes, and as they are in the ground underneath the house, it is almost impossible to reach them to make repairs.

[33], geothermal energy is one of the most promising possibilities to replace costly and damaging electricity production using fossil fuels.

問1 文中の空欄 [31] ～ [33] に入れるのに最も適切なものを、①～④の中からそれぞれ一つ選べ。

[31] ① Energetically
② Unfortunately
③ Essentially

④ Unrealistically

32 ① Remarkably
② Truthfully
③ Fortunately
④ Conversely

33 ① Moreover
② Nevertheless
③ As a result
④ Thus

問2　設問 34 ～ 40 の答えとして最も適切なものを、①～④の中からそれぞれ一つ選べ。

34 What does (1)a finite mean here?
① a stationary
② a permanent
③ a limited
④ an overflowing

35 What does (2)explored mean here?
① donated
② defined
③ discovered
④ discussed

36 What does (3)harnessing mean here?
① controlling
② riding
③ matching

④ lowering

37 According to the passage, why is geothermal energy a good idea?

① because it can use the sun and the Earth to get energy

② because geothermal energy is cleaner than solar and wind energy

③ because it uses the Earth's core to help heat buildings

④ because geothermal energy is free for people in Europe

38 According to the passage, which is true about heat pumps in Germany?

① The natural heat of the Earth heats water in pipes that are above the ground.

② Currently, almost a third of all new buildings are using heat pumps.

③ The government hopes that even the oldest buildings will use heat pumps.

④ In the future, solar and wind power will be used together with heat pumps.

39 According to the passage, which is <u>not</u> true?

① Most of Iceland's heating energy today is geothermal.

② Using geothermal energy in Japan would be very difficult.

③ All of New Zealand's energy is geothermal.

④ If the U.S. changed to geothermal, it would reduce heating costs.

40 Which would be the best title for this passage?

① In Search of the Next Energy Source

② The Hope for More Fossil Fuel Production

③ Germany's New Laws for Free Energy

④ The Trouble with Geothermal in Japan

日本史

（60分）

第1問　各時代の外交について述べた問1～問6に答えよ。なお、史料については、一部省略したり、書き改めたりしたところもある。

問1　ヤマト政権の時代の外交について述べた次の①～④のうちから、適切でないものを一つ選べ。［ 1 ］

①『宋書』倭国伝には、倭の五王が中国の南朝に朝貢して倭王と認められたことが記されている。

② 6世紀には新羅から渡来した五経博士により、医・易・暦などや儒教が伝えられた。

③ 6世紀中頃には、蘇我氏が渡来人と結んで朝廷の財政権を握り、政治機構の整備や仏教の受容を積極的に進めた。

④ 朝鮮半島や中国との盛んな交渉の中で、須恵器の生産、機織り、金属工芸、土木などの諸技術が渡来人によって伝えられた。

問2　平城京・平安京の時代の外交について述べた次の①～④のうちから、適切でないものを一つ選べ。［ 2 ］

① 日本からの遣唐使は、8世紀にほぼ20年に一度の割合で派遣されたといわれている。

② 渤海の都城跡からは和同開珎が発見され、日本でも日本海沿岸で渤海系の遺物が出土するなど交流の痕跡が知られており、渤海と日本の間では親密な使節の往来が行われた。

③ 8世紀末には新羅からの使節の来日がなくなるが、9世紀前半には新羅の商人が貿易のために来航するようになった。

④ 中国では、960年に建国した宋（北宋）が日本と正式な国交を開いた。

問3　院政期・鎌倉時代・室町時代の外交について述べた次の①～④のうちから、適切でないものを一つ選べ。[3]

① 11世紀後半以降、日本と高麗・宋のあいだで商船の往来が活発になり、大陸からは宋銭・陶磁器・香料・薬品・書籍などが輸入された。

② 元のフビライは鎌倉幕府との交渉や日本への攻撃に高麗を利用した。そして、高麗は元に積極的に協力した。

③ 朝鮮は日朝貿易のために、富山浦・乃而浦・塩浦の3港を開き、これらの3港と首都の漢城に日本の使節の接待と貿易のための倭館を置いた。

④ 足利義満は1401（応永8）年に第1回遣明船を派遣し、明と国交を開いた。この貿易は朝貢貿易であった。

問4　江戸時代初期のアジア地域との交流について述べた次の①～④のうちから、最も適切なものを一つ選べ。[4]

① 1609（慶長14）年に、対馬藩主の宗氏が朝鮮との間に己酉約条を結んだ。しかし、幕府はその功績者である宗氏に朝鮮外交上の特権的な地位を認めることはなかった。

② 朝鮮から通信使と呼ばれる使節が来日した。来日の主な名目は新将軍就任の慶賀であった。徳川家光は、完成した日光東照宮に、諸大名が参詣するだけでなく、海外からの使節による参詣も望み、朝鮮通信使にもこれに応じさせた。

③ 琉球王国は薩摩藩と対等な関係を持ち続け、盛んに交易をおこなった。薩摩藩は琉球産の黒砂糖を輸入し、農作物を輸出した。そして、琉球王国を独立した王国として認めた上で、薩摩藩・琉球王国・中国（明）の三者の間で朝貢貿易をおこなった。

④ 蝦夷地に勢力を持っていた松前氏は幕府から独立してアイヌと交易をおこなっていた。しかし、1669（寛文9）年にアイヌ集団がシャクシャインを中心に松前藩と対立したときに、松前藩は幕府の力を借りてこれを鎮圧し、アイヌの支配に幕府が関与することとなった。

問5　江戸時代後期の日本とロシアの関係について述べた次の①～④のうちから、最も適切なものを一つ選べ。[5]

① 水野忠邦が老中であった時代に、国後島のアイヌによる蜂起が起こり、アイヌとロシアの連携の可能性が危惧された。そうした中、ロシア使節ラクスマンが根

室に来港し、ロシア人漂流民の釈放と通商を求めた。

② ロシア人が択捉島のアイヌ人と交流をおこなっていたことを受け、幕府は近藤重蔵・最上徳内らに択捉島を探査させた。その後、東蝦夷地を永久の直轄地とし、居住のアイヌ人を和人とした。

③ 19世紀のはじめにロシア使節レザノフが、ラクスマンの持ち帰った入港許可証を持って長崎に来航したが、幕府はレザノフを殺害したため、ロシア船は長崎や対馬を攻撃した。異国との銃撃戦は未曾有のことであったため、幕府の衝撃は大きかった。

④ 幕府は蝦夷地をすべて直轄にして松前奉行の支配のもとにおき、東北諸藩をその警護にあたらせた。さらに間宮林蔵に千島列島とその対岸を探査させた。そののち、ロシアとの関係はゴローウニン事件を機にさらに悪化し、幕府は間宮に樺太の探査もおこなわせた。

問6　以下は本多利明『経世秘策』の一部である。その内容について述べた次の①～④のうちから、最も適切なものを一つ選べ。 6

「都て大造なる国務も、威儀、城郭も、我国の力のみを以てすれば、国民疲れて大業なしがたし。外国の力を合てするを以て、其事如何なる大業にても成就せずと云ことなし。……日本は海国なれば、渡海・運送・交易は、固(もと)より国君の天職最第一の国務なれば、万国へ船舶を遣りて、国用の要用たる産物、及び金銀銅を抜き取て日本へ入れ、国力を厚くすべきは海国具足の仕方なり。自国の力を以て治る計りにては、国力次第に弱り、其弱り皆農民に当り、農民連年耗減するは自然の勢ひなり。」

① 1637（寛永14）年に島原の乱を鎮圧した後、幕府はポルトガル船の来港を禁止し、オランダ人との自由な交流も禁じようとする中、本多はそうした政策の問題点を指摘した。

② 18世紀に入り、地方に住む人々の困窮が問題化する中で、各藩がそれぞれの地域の経済を安定させるためにも、本多は藩ごとに諸外国と交易を行うことを推奨した。

③ 18世紀末から表面化した幕藩体制の動揺という現実の中で、本多は西洋諸国との交易をおこない、富国政策の必要性を説いた。

④ 19世紀に入り、日本の鎖国体制が危機的状況に陥る中で、日本の国力の安定化と軍事力を増強するためにも、本多は産業の国営化と貿易による重商主義をとなえた。

第2問 原始・古代～近世に関する次の問1～問10に答えよ。なお、史料については、一部省略したり、書き改めたりしたところもある。

問1 縄文時代の社会について述べた次の①～④のうちから、適切でないものを一つ選べ。 7

① 縄文文化は約1万3000年前から、弥生時代が始まる約2500年前頃までの期間にわたった文化である。

② 表面に器面を平らにするため縄を転がしてつけた縄文と呼ばれる文様を持つ土器が、植物性食物などを煮るために用いられた。

③ 狩猟には弓矢が使用され、ニホンシカやイノシシが対象となった。また、入江で網を使用した漁法も盛んにおこなわれていた。

④ 食料の獲得が困難で人々の生活は安定せず、移動的な生活が中心であり、住居も竪穴住居に住んでいた。

問2 飛鳥文化の特徴について述べた次の①～④のうちから、適切でないものを一つ選べ。 8

① 7世紀前半に蘇我氏や王族により広められた儒教中心の文化を飛鳥文化という。この時代には渡来人の活躍もあって、日本に儒教の精神が根付いた。

② 飛鳥文化には百済の僧観勒が伝えた暦法や、高句麗の僧曇徴が伝えた彩色・紙・墨の技法などの影響がみられる。

③ 飛鳥文化の建築物や美術作品には法隆寺金堂・飛鳥寺釈迦如来像・中宮寺半跏思惟像・法隆寺玉虫厨子などがある。

④ 飛鳥文化は当時の西アジア・インド・ギリシアともつながる特徴を持った文化である。

問3 古代の政治や文化について述べた次の①～④のうちから、適切でないものを一つ選べ。 9

① 遣隋使は、『隋書』にみえる600年に続けて607年にも派遣された。この交流は中国皇帝に臣属しない形式をとっていた。

② 壬申の乱の後、大友皇子は政権を握り中央集権的国家体制の形成を進めた。

③ 桓武天皇は班田収授を励行させるために班田の期間を延ばし、公出挙の利息も減らしたが効果はなく、9世紀には班田が長くおこなわれない地域が増加した。

④ 9世紀後半から10世紀になると文化が国風化した。その象徴的な特徴は草書体を簡略化した平がなや漢字の一部をとった片かなが発達した点にある。

問4 荘園の寄進に関する以下の史料を読み、内容として**適切でない**ものを次の①〜④のうちから一つ選べ。 10

鹿子木(かのこぎ)の事

一 当寺の相承は、開発領主沙弥寿妙(じゅみょう)嫡々相伝の次第なり。

一 寿妙の末流高方(たかかた)の時、権威を借らむがために、実政(さねまさ)卿を以て領家と号し、年貢四百石を以て割き分ち、高方は庄家領掌進退の預所職となる。

一 実政の末流願西(がんさい)微力の間、国衙の乱妨を防がず、この故に願西、領家の得分二百石を以て、高陽院(かやのいん)内親王に寄進す。……これ則ち本家の始めなり。

（東寺百合文書）

① この文書は東寺に伝えられているが、開発領主の権利は東寺にあるとされている。

② 寄進を受けた荘園の領主は領家と呼ばれる。この領家が更に有力な貴族や皇族に重ねて寄進したとき、上級の領主は本家と呼ばれた。

③ この文書では本家は藤原実政である。

④ 領家・本家のうち、実質的な支配権を持つ者を本所と呼ぶ。

問5 院政期について述べた次の①〜④のうちから、**適切でない**ものを一つ選べ。

11

① 院政期には興福寺や延暦寺が多くの荘園を所有して下級僧侶を僧兵とし、神木や神輿を先頭に立て朝廷に強訴して要求を通そうとした。

② 院庁からくだされる文書の院庁下文や院の命令を伝える院宣が国政一般に効力を持つようになり、約100年あまり続いたのが院政と呼ばれる。

③　上皇の周囲には院近臣と呼ばれる一団が形成され、上皇から荘園や収益の豊かな国を与えられた。

④　奥州藤原氏は金や銀などの産物の富で京都文化を移入し、琉球との交易によって独自の文化を育てた。

問6　鎌倉時代の社会状況について述べた次の①～④のうちから、適切でないものを一つ選べ。 12

①　13世紀初め、フビライ＝ハンは中央アジアから北ロシアまでを征服し、広大なユーラシア大陸の東西にまたがる大帝国を建設した。

②　13世紀中頃以降、日本では農業が発展し畿内や西日本一帯では麦を裏作とする二毛作が普及していった。

③　鉄製の農具や牛馬を利用した農耕も広がり、多収穫米である大唐米も輸入され、肥料には草を刈って田に敷き込む刈敷や、草木を焼いて灰にしたものを利用した耕作がおこなわれた。

④　鍛冶・鋳物師・紺屋などの手工業者は、農村内に住んで商品をつくり、各地を巡った。荘園・公領の中心地や交通の要地、寺社の門前などには、生産された物資を売買する定期市が開かれた。

問7　室町時代について述べた次の①～④のうちから、適切でないものを一つ選べ。 13

①　足利義満は京都に伝統的な寝殿造風と禅宗様を折衷した金閣を建てた。この時代の文化を東山文化と呼ぶ。

②　日朝貿易では特に木綿が大量に輸入され、人々の生活様式に大きな影響を与えた。

③　琉球は明や日本などと国交を結び、海外貿易を盛んにおこなった。琉球船は、ジャワ島・スマトラ島・インドシナ半島などにまで行動範囲を広げ、東アジア諸国間の中継貿易に活躍した。

④　幕府が衰退し始めた頃、近畿地方を中心に土一揆が発生し、土倉・酒屋などを襲い、債務破棄・売却地の取戻しが展開された。

問8～問10については、次の会話文を読んで答えなさい。

ユイ：アズサさん、ちょっと助けてよ。

アズサ：どうしたんですか？

ユイ：日本史の授業で課題が出されたんだよ。それぞれの時代や社会における支配身分と被支配身分の関係について調べているんだけれど、ちょうど今は江戸時代初期のあたりに取りかかっているんだよね。

アズサ：ユイさん大変ですね……。でも、農業に関することでしたら、少しお手伝いできるかもしれません。間違っていることもあるかもしれませんが。

ユイ：ううん、大丈夫。アズサさん、助かる！

アズサ：当時農業に従事していた人たちは「村」と呼ばれる小社会を形成していたんですよね。

ユイ：そう、(ア)村は百姓の家屋敷から構成される集落を中心に、田畑の耕地、入会地を含む林野の三つから構成されているんだよね。

アズサ：そして村は、〔　A　〕や組頭、百姓代という「村方三役」を中心とする本百姓によって運営されていたんです。だけど、(イ)幕府や諸大名は年貢を効率的に取り立てるために、村の自治は認めず、村を積極的に管理したんです。

ユイ：その年貢の負担のことだけれど、年貢率については、(ウ)その年の収穫に応じて決める検見法と、一定期間は同じ率を続ける定免法とがあったんだよね。

アズサ：年貢のほかにも、山野河海の利用や農業以外の副業にかかる「小物成」や、村高を基準に賦課される「高掛物」など、いろいろあったんです。

ユイ：ほんと、彼らの負担は大きかったんだよね。

アズサ：そして幕府は年貢や諸役の徴収を確実にしようとして、1643（寛永20）年にB田畑永代売買の禁止令を出して、1673（延宝元）年には分割相続による田畑の細分化を防ぐために分地制限令を出したのです。

ユイ：だけど、(エ)百姓の生活をある程度保護しなければいけないから、幕府はたばこ・木綿・菜種などの商品作物を自由に栽培することを奨励したんだよね。

アズサ：うーん、やっぱり農業の歴史は奥が深いです……。

問８　上の会話文の傍線部（ア）～（エ）のうち、説明が誤っているものが二つある。その二つの組み合わせとして最も適切なものを、次の①～⑥のうちから一つ選べ。

14

①　ア、イ　　②　ア、ウ　　③　ア、エ

④　イ、ウ　　⑤　イ、エ　　⑥　ウ、エ

問９　空欄〔　Ａ　〕に入れるのに最も適切な語を、次の①～⑥のうちから一つ選べ。
15

① 惣百姓　② 名主　③ 惣領
④ 網子　⑤ 本家　⑥ 夫役

問10　以下に示す史料は、傍線部Ｂ「田畑永代売買の禁止令」である。この史料内の空欄に入る内容（現代語訳したもの）はどれが最も適切であるか。次の①～④のうちから一つ選べ。16

一　＿＿＿は田地を買取り、弥宜く成り、身体成らざる者は田畠を沽却せしめ、猶々身上成るべからざるの間、向後田畠売買停止たるべき事。

① 体力があって働き盛りの農民
② 小作人に働かせている土地所有者
③ 暮し向きの良い農民
④ その農地のある国の領主

第3問 次の問1～問11の文章を読んで、〔　〕内に入れるのに最も適切な語句を、①～⑥の語群のうちからそれぞれ一つ選べ。

問1　紀元前4世紀には、西日本を中心に〔　　〕を基礎とする弥生文化が成立した。 17

① 水稲農耕　② 狩猟　③ 木の実採取
④ 漁労　⑤ 野菜栽培　⑥ 麦栽培

問2　律令国家の確立に伴い、中国にならって国史編纂事業がおこなわれ、『〔　　〕』などが作られた。 18

① 常陸国風土記　② 懐風藻　③ 万葉集
④ 日本書紀　⑤ 出雲国風土記　⑥ 古今和歌集

問3　弘仁・貞観文化では、文章経国思想が広まり、宮廷では漢文学が発展した。〔　　〕天皇は唐風を重んじ、平安宮の殿舎に唐風の名称をつけた。 19

① 桓武　② 嵯峨　③ 光仁
④ 陽成　⑤ 宇多　⑥ 醍醐

問4　〔　　〕は1392（明徳3）年、南朝側と交渉して南北朝合体を実現し、天皇は北朝の後小松天皇一人となった。 20

① 足利尊氏　② 足利直義　③ 足利義満
④ 足利義詮　⑤ 足利義量　⑥ 足利義政

問5　鉱山業においては、中世の終わりから近世の初めに、海外から技術が伝えられ、それにより江戸時代に各地で鉱山の開発が進められた。なかでも〔　　〕は、世界でも有数の産出量に達した。その主な鉱山として、石見・生野・院内などがある。 21

① 金　② 銀　③ 銅
④ 錫　⑤ 鉄　⑥ ニッケル

問6　江戸時代の初期に社会秩序が安定していく中、戦乱を待望する牢人や、秩序におさまらない「かぶき者」の対策が政治的課題となった。1651（慶安4）年に由井正雪の乱（慶安の変）が起こると、幕府は〔　　〕をおこない、牢人の増加を防ぐ一方、江戸に住む牢人やかぶき者の取り締まりを強化した。 22

① 殉死の禁止の徹底　② 殉死の禁止の撤廃
③ 大名の末期養子の禁止の徹底　④ 大名の末期養子の禁止の緩和
⑤ 一国一城令の再発布　⑥ 一国一城令の見直し

問7 江戸幕府が設けた「天文方」とは編暦をおこなう役職で、最初に任じられたのは、暦の誤差を修正して日本独自の暦となる貞享暦を作った〔　　〕であった。 23

① 渋川春海　② 貝原益軒　③ 宮崎安貞
④ 伊能忠敬　⑤ 高橋至時　⑥ 新井白石

問8 江戸幕府は、豊臣政権を継承して陸上交通の整備をおこなった。特に、江戸・大坂・京都を結ぶ東海道や、中山道、〔　　〕道中、日光道中、奥州道中の五街道は、江戸を起点とする幹線道路として幕府の直轄下に置かれた。 24

① 伊勢　② 北国　③ 甲州
④ 中国　⑤ 長崎　⑥ 紀州

問9 1945（昭和20）年12月には〔　　〕が制定され、労働者の団結権、団体交渉権、争議権が保障された。 25

① 労働関係調整法　② 労働基準法　③ 労働契約法
④ 最低賃金法　⑤ 労働組合法　⑥ 男女雇用機会均等法

問10 〔　　〕内閣は、「(核兵器を) もたず、つくらず、もち込ませず」の非核三原則を掲げた。 26

① 池田勇人　② 佐藤栄作　③ 石橋湛山
④ 田中角栄　⑤ 鈴木善幸　⑥ 三木武夫

問11 1997（平成9）年に開催された気候変動枠組条約締約国会議で〔　　〕議定書が採択され、先進国の温室効果ガス排出削減目標が定められた。 27

① 広島　② 名古屋　③ 東京
④ 長崎　⑤ 大阪　⑥ 京都

第4問　近代・現代に関する次の問1～問10に答えよ。

問1　公武合体と尊攘運動のころの出来事について述べた次の①～④のうちから、最も適切なものを一つ選べ。 28

① 江戸幕府13代将軍徳川家定のもとで将軍継嗣問題がおき、一橋派と南紀派が対立したが、越前藩主松平慶永・薩摩藩主島津斉彬らの推す徳川慶福が跡継ぎに決定した。

② 桜田門外の変の後、幕政の中心となった井伊直弼は、朝廷と幕府の融和を図る公武合体の政策をとった。

③ 幕府が第1次長州征討に向かうころ、貿易の妨げとなる攘夷派に攻撃する機会をねらっていたイギリス・フランス・アメリカ・オランダの四国は、連合艦隊を編成して、下関の砲台を攻撃した。

④ 薩摩藩は、薩英戦争の経験をふまえ、イギリスから距離をとる政策に転じ、西郷隆盛ら革新派が藩政を掌握した。

問2　明治初期の外交・対外関係について述べた次の①～④のうちから、最も適切なものを一つ選べ。 29

① 1871（明治4）年に、江戸幕府から引き継いだ各国との不平等条約改正のため岩倉使節団が派遣され、初めに交渉したアメリカとの関係で改正交渉に成功した。

② 1871（明治4）年に、清国と日清修好条規を結び、相互に開港のうえ、領事裁判権を認め合うことを定めた。

③ 1872（明治5）年、政府が、琉球王国に関し琉球藩をおいて政府直属とし、藩王を尚泰とした措置については、清国も反対をすることはなかった。

④ 1873（明治6）年、西郷隆盛や大久保利通らは征韓論をとなえ、朝鮮を開国させるための強硬策をとろうとしたが、板垣退助らの反対により挫折した。

問3　近代産業の発展について述べた次の①～④のうちから、最も適切なものを一つ選べ。 30

① 1880年代前半のいわゆる松方財政の展開により、一時はインフレと不況が深刻となったが、貿易が輸出超過に転じたり、銀本位制の確立により物価も安定したりしたため、産業界は活気づいた。

② 政府は軍備拡張のため鉄鋼の国産化を目指して、1897（明治30）年に、民営の

八幡製鉄所を設立した。

③　1900（明治33）年の治安維持法の制定により、労働者の団結権・ストライキ権が制限され労働運動は取り締まりを受けた。

④　1897（明治30）年に、アメリカにおける労働運動の影響を受けた高野房太郎や片山潜らは、労働組合期成会を結成し、労働運動の指揮に乗り出した。

問4　第一次世界大戦の頃の出来事について述べた次の①～④のうちから、最も適切なものを一つ選べ。 31

①　大正天皇が即位したころ、滝川幸辰は『憲法講話』を刊行し、天皇機関説や政党内閣論をとなえたことで、国民の政治的関心が高まった。

②　20世紀初頭、ドイツ・オーストリア・イタリア間の三国同盟と、イギリス・フランス・ロシア間の三国協商との間の対立が生じていたが、日本は協約締結国であったドイツ・イタリアとの関係上、三国同盟側に立つこととなった。

③　1915（大正4）年1月、日本は袁世凱政府に対し、二十一カ条の要求をおこない、同年5月には最後通牒も発したが、これに対し中国国民は反発することなく、袁世凱政府も要求の大部分を承認した。

④　アメリカは日本の中国進出を警戒し、第一次世界大戦に参戦するにあたり、1917（大正6）年、特派大使石井菊次郎と国務長官ランシングとの間で、中国の領土保全・門戸開放と、日本が中国に特殊利益を持つことを認める公文が交換された。

問5　満州事変に関する出来事について述べた次のア～エについて、古いものから順に正しくならべたものを、下の①～④のうちから一つ選べ。 32

ア　斎藤実内閣は日満議定書を取りかわし満州国を承認した。

イ　関東軍は、奉天郊外の柳条湖で南満州鉄道の線路を爆破した。

ウ　国際連盟の臨時総会で、リットン調査団の報告をもとに、日本が満州国の承認を撤回することを求める勧告案が採択された後、日本は国際連盟からの脱退を通告した。

エ　関東軍は満州の主要地域を占領し、清朝最後の皇帝であった溥儀を執政として、満州国の建国を宣言させた。

① イ → エ → ア → ウ

② イ → ア → ウ → エ

③ エ → ア → ウ → イ

④ ア → ウ → エ → イ

問６　下の史料を参考にして、国家総動員法について述べた次の①〜④のうちから、最も適切なものを一つ選べ。 33

> 第一条　本法ニ於テ国家総動員トハ戦時（戦争ニ準ズベキ事変ノ場合ヲ含ム以下之ニ同ジ）ニ際シ国防目的達成ノ為、国ノ全力ヲ最モ有効ニ発揮セシムル様、人的及物的資源ヲ統制運用スルヲ謂フ
>
> 第四条　政府ハ戦時ニ際シ国家総動員上必要アルトキハ、勅令ノ定ムル所ニ依リ、帝国臣民ヲ徴用シテ総動員業務ニ従事セシムルコトヲ得、但シ兵役法ノ適用ヲ妨ゲズ
>
> 第八条　政府ハ戦時ニ際シ国家総動員上必要アルトキハ、勅令ノ定ムル所ニ依リ、総動員物資ノ生産、修理、配給、譲渡其ノ他ノ処分、使用、消費、所持及移動ニ関シ必要ナル命令ヲ為スコトヲ得
>
> 第二十条　政府ハ戦時ニ際シ国家総動員上必要アルトキハ、勅令ノ定ムル所ニ依リ、新聞紙其ノ他ノ出版物ノ掲載ニ付制限又ハ禁止ヲ為スコトヲ得
> （以下、第二項略）

① 政府は、戦争遂行に必要な命令を議会の承認を得て勅令という形で発令できることとなった。

② この法律のもとで認められる国家総動員とは、宣戦布告のなされた戦争の場合におこなわれるものに限られる。

③ 政府は、戦争遂行に必要な物資や労働力を動員することができ、人的物的資源をすべて統制することが可能となった。

④ 国家総動員法によっても、表現の保護の観点から、出版物の掲載については制限することは認められなかった。

問7　横浜に関して述べた次の①〜④のうちから、最も適切なものを一つ選べ。 34

①　1859（安政6）年から横浜（神奈川）、長崎、函館で貿易が開始されたが、横浜の輸出入額は長崎に次いで多かった。

②　1870（明治3）年に日本で最初の日刊紙である横浜毎日新聞が創刊された。

③　新橋・横浜間に鉄道が敷設されたのは、大正時代のことである。

④　産業革命のころ、横浜正金銀行は、貿易金融の中心的な存在として、日本銀行からの融資を受けることなく、貿易の金融に当たった。

問8　世界恐慌後の出来事について述べた次の①〜④のうちから、最も適切なものを一つ選べ。 35

①　1931（昭和6）年に成立した犬養毅内閣の高橋是清蔵相は、ただちに金輸出再禁止をおこない、円の金兌換を開始した。

②　軍需と保護政策に支えられて、繊維工業が発展し、1933（昭和8）年には繊維工業の生産額は金属・機械・化学工業をあわせた生産額を上回った。

③　八幡製鉄所と財閥系製鉄会社の大合同がおこなわれて、国策会社日本製鉄会社が誕生した。

④　自動車工業や化学工業では、日産や日窒などの新興財閥が台頭し、国内のシェアを広めていったが、満州・朝鮮へは進出することはなかった。

問9　冷戦期の出来事について述べた次の①〜④のうちから、最も適切なものを一つ選べ。 36

①　1949（昭和24）年、アメリカと西欧諸国の共同防衛組織であるワルシャワ条約機構が結成された。

②　1949（昭和24）年に、シャウプを団長とするチームが来日し勧告をおこない、これに基づく税制改革で、直接税中心主義や累進所得税制が採用された。

③　朝鮮戦争がはじまると、在日アメリカ軍が朝鮮に動員されたあとの軍事的な空白を埋めるために、GHQの指令で自衛隊が新設された。

④　1948（昭和23）年には、GHQの命令による政令201号で国家公務員法が改正され、官公庁労働者は争議権を回復した。

問10　バブル経済の頃の出来事について述べた次の①〜④のうちから、最も適切なものを一つ選べ。 37

① 1985（昭和60）年の５カ国蔵相・中央銀行総裁会議（G5）で、ドル安の是正が合意されると（プラザ合意）、円高が加速し、輸出産業を中心に不況が深刻化した。

② 円高の進行に伴い、欧米やアジアに生産拠点を移す日本企業が増加し、日本国内の生産の空洞化が進行した。

③ 中曽根康弘内閣は、日本電信電話公社・日本専売公社・日本郵政公社の民営化を断行した。

④ 大型間接税として、宮沢喜一内閣のもとで消費税が導入され、1989（平成元）年から実施された。

世界史

（60分）

問1　前5世紀前半のペルシア戦争に関連する次の①～④の文章のうちから、最も適切なものを一つ選べ。 1

① アケメネス朝ペルシアは、イオニア地方のギリシア人植民市の反乱をきっかけとして大規模な遠征軍をおくり、ペルシア戦争が始まった。

② ギリシアはアテネの僭主クレイステネスの指揮する重装歩兵隊の活躍などにより、ペルシア軍を打ち破った。

③ テミストクレスはアテネを中心とするギリシアの連合艦隊を統率し、マラトンの戦いでペルシア海軍を撃破した。

④ ダレイオス（ダリウス）3世はイッソスの戦いなどでアレクサンドロス大王に勝利して、その帝国統治を崩壊させた。

問2　前5世紀後半のペロポネソス戦争に関連する次の①～④の文章のうちから、最も適切なものを一つ選べ。 2

① アテネを盟主とするデロス同盟とスパルタを盟主とするペロポネソス同盟との対立はギリシアを二分するペロポネソス戦争へと発展した。

② 民会や陶片追放の制度を備えて民主政の黄金期にあったアテネはペロポネソス戦争に勝利をおさめた。

③ ペロポネソス戦争の時期、ペリクレスはスパルタの政治を指導し、リュクルゴス制の厳格化などに努めた。

④ ソクラテスは『歴史』を著し、ペロポネソス戦争について原因や経過を詳細に描き出した。

問3　前3世紀半ばから前2世紀半ばにかけて起こったポエニ戦争に関連する次の①～④の文章のうちから、最も適切なものを一つ選べ。 3

① 北アフリカのギリシア人植民都市カルタゴはシチリアをめぐってローマと対立し、ポエニ戦争が始まった。

② カルタゴの将軍ハンニバルはイタリア半島に侵入し、ローマは一時危機におちいった。

③ ローマの将軍スキピオはザマの戦いでクレオパトラの軍勢を破り、これによりカルタゴはすべての海外領土を失った。

④ ポエニ戦争でローマの勝利に大きく貢献したカエサルは、ポンペイウスやクラッススとともに三頭政治を始めた。

問4 14世紀から15世紀に及んだ百年戦争に関連する次の①～④の文章のうちから、最も適切なものを一つ選べ。 4

① イングランド王エドワード3世はフランス王位継承権を主張して、フランス王フランソワ1世との間で戦争となった。

② 百年戦争の時期、フランスではジャックリーの乱、イングランドではラダイト運動のような大規模な農民一揆が生じた。

③ ジャンヌ＝ダルクはオルレアンの包囲を破ってイギリス軍を大敗させた。

④ 百年戦争後、イングランドはバラ戦争に突入し、その内戦はエリザベス1世によるテューダー朝創始まで続いた。

問5 15世紀のフス戦争においてフス派の拠点となった地方名を次の①～④のうちから一つ選べ。 5

① トルキスタン

② フランドル

③ ベーメン（ボヘミア）

④ ラインラント

問6 15世紀末からのイタリア戦争に関連する次の①～④の文章のうちから、最も適切なものを一つ選べ。 6

① ブルボン朝のフランスが小国家の割拠していたイタリア半島に侵攻して、イタリア戦争が始まった。

② フランク王カール5世は西ヨーロッパの広大な地域を支配下におき、教皇からローマ皇帝の冠を授けられた。

③ イタリア戦争の時期、オスマン帝国は神聖ローマ帝国に迫り、ローマを包囲するまでに至った。

④　イタリア戦争による混乱という現実を前にして、フィレンツェのマキァヴェリは『君主論』を著した。

問7　17世紀の三十年戦争に関連する次の①～④の文章のうちから、最も適切なものを一つ選べ。 7

①　フランスの新教徒ユグノーがカトリックの支配に反抗したことから、ほぼ全ヨーロッパを巻き込む三十年戦争が始まった。

②　新教側のデンマーク国王グスタフ＝アドルフは神聖ローマ帝国に侵攻し、ヴァレンシュタインの指揮する旧教軍と衝突した。

③　オランダのスピノザは三十年戦争の災禍を見て『戦争と平和の法』を著し、後の国際法の成立に大きな影響を与えた。

④　ウェストファリア条約により三十年戦争が終結し、ヨーロッパでは主権国家体制が確立された。

問8　17世紀後半、イギリスとオランダは対立していたが、これに関連する次の①～④の文章のうちから、最も適切なものを一つ選べ。 8

①　16世紀末からアジア地域に進出したオランダは、ジャワ島のバタヴィアに東インド会社の拠点をおいた。

②　イギリスはモルッカ諸島のアンボイナでオランダ商館を襲撃して、香辛料貿易の実権を握った。

③　オランダはイギリスの経済的覇権に対抗するために航海法を定め、これにより英蘭戦争が始まった。

④　権利章典（権利の章典）を制定して王政復古を実現したチャールズ２世は、海外では北米のニューアムステルダムを攻撃しイギリス領とした。

問9　18世紀初頭、北方戦争によりスウェーデンを破り、新首都ペテルブルクを建設したロシア皇帝の名前を次の①～④のうちから一つ選べ。 9

①　アレクサンドル１世

②　イヴァン４世

③　エカチェリーナ２世

④　ピョートル１世（大帝）

問10　18世紀半ばの七年戦争に関連する次の①～④の文章のうちから、最も適切なものを一つ選べ。 10

① オーストリアのマリア＝テレジアはシュレジエン地方を奪回するためにイギリスと結び、プロイセンとの間で戦争となった。

② 七年戦争の時期、イギリスとフランスは植民地でも対立し、インドではファショダ事件も起こった。

③ 七年戦争を戦い、「君主は国家第一の下僕」と称したプロイセンのフリードリヒ２世は啓蒙専制君主の典型とされる。

④ 七年戦争後、イギリスが北米に広大な植民地を獲得すると、ピルグリム＝ファーザーズの入植なども起こった。

問11　フランス革命の後にはナポレオン＝ボナパルトが頭角をあらわし、ナポレオン１世としてフランス皇帝に即位した。ナポレオン時代のヨーロッパの情勢と戦争について述べた次の①～④の文章のうちから、最も適切なものを一つ選べ。 11

① イギリスなどの国は第３回対仏大同盟を結成したが、ネルソンの率いるイギリス海軍はトラファルガーの海戦で敗れた。

② エジプトに遠征したナポレオンの軍隊は、同地で碑文の刻み込まれたロゼッタ＝ストーン（ロゼッタ石）を発見した。

③ ナポレオンはオーストリア・ロシアの連合軍をアウステルリッツの戦い（三帝会戦）で破り、ロンバルディア同盟を結んだ。

④ ナポレオンはロシアに遠征を行ったが失敗に終わり、これをきっかけとして生じたテルミドール９日のクーデタで権力を失い処刑された。

問12　19世紀の半ばに起こったクリミア戦争について述べた次の①～④の文章のうちから、最も適切なものを一つ選べ。 12

① 国民投票を経て皇帝となったフランスのナポレオン３世は、クリミア戦争に介入してロシアを支援した。

② クリミア戦争以前からロシアは南下政策を進めていたが、1853年にギリシア正教徒の保護を口実としてオスマン帝国と開戦した。

③ クリミア戦争では従軍看護師のナイティンゲールの活躍が刺激となり、のちにスイスのデュナンの発案で第１インターナショナルが結成された。

④ クリミア戦争の敗北で改革を迫られたロシアのアレクサンドル２世は、農奴に

人格的自由を認めるなどタンジマートと呼ばれる改革を行った。

問13　プロイセン＝フランス（普仏）戦争について述べた次の①～④の文章のうちから、最も適切なものを一つ選べ。［13］

①　この戦争に勝利したプロイセンのヴィルヘルム2世は、ヴェルサイユでドイツ皇帝の地位に就いた。

②　この戦争と同時期に、ヴィットーリオ＝エマヌエーレ2世の率いるイタリア王国は両シチリア王国を占領して国家統一を実現した。

③　プロイセンの首相として鉄血政策を推し進めたカヴールは、この戦争でドイツ帝国が成立した後も宰相を務めた。

④　この戦争に敗れたフランスでは、講和条約に反対する民衆が革命的な自治政府であるパリ＝コミューンを樹立した。

問14　第一次世界大戦について述べた次の①～④の文章のうちから、最も適切なものを一つ選べ。［14］

①　大戦前にドイツ・オーストリア・イタリアは三国協商を結んでいたが、対立するイギリス・フランス・ロシアはそれぞれが同盟を結んだ結果として三国同盟が成立した。

②　大戦中、イギリスはバルフォア宣言によってアラブ人にオスマン帝国からの独立を約束する一方で、ユダヤ人にはフサイン・マクマホン協定でパレスティナ復帰運動を支援する姿勢を示した。

③　アメリカ大統領のウィルソンは、大戦中に秘密外交の廃止やヨーロッパ諸国民の民族自決などを基礎とした十四カ条（十四カ条の平和原則）を示した。

④　大戦末期のドイツでは、血の日曜日事件をきっかけとして革命運動が全国に広がると、皇帝がオランダに亡命して共和政に移行するドイツ革命が起こった。

問15　第二次世界大戦における次の出来事について、生起順に正しく配列されたものを次の①～④のうちから一つ選べ。［15］

a．フランスのドイツに対する降伏

b．アメリカ軍の日本・沖縄への上陸

c．日本のアメリカ・パールハーバー（真珠湾）への攻撃

d．ドイツ軍のスターリングラードにおけるソ連軍に対する敗北

① c→a→d→b
② c→a→b→d
③ a→c→d→b
④ a→c→b→d

問16　ベトナム共和国はベトナム戦争においてアメリカから支援を受けたが、同国の初代大統領の名前を次の①～④のうちから一つ選べ。［16］

① スカルノ
② ホー＝チ＝ミン
③ シハヌーク
④ ゴ＝ディン＝ジエム

問17　前漢の武帝と匈奴の対立について述べた次の①～④の文章のうちから、最も適切なものを一つ選べ。［17］

① 武帝は匈奴と戦う以外に、東北の衛氏朝鮮を滅ぼして朝鮮北部に楽浪などの4郡をおき、南方では南越を滅ぼしてベトナム北部までを支配下に入れた。
② 前漢の張騫はタラス河畔の戦いで匈奴に敗北した。
③ 匈奴は単于と呼ばれる統率者のもとで強力な遊牧国家をつくっていたが、前3世紀末に即位した冒頓単于が鮮卑に敗れたことにより一時衰退した。
④ 武帝即位時の西域地方は匈奴の一部族であるエフタルが支配していた。

問18　6世紀末に中国を統一した隋は、さらに高句麗にまで遠征した。隋と高句麗について述べた次の①～④の文章のうちから、最も適切なものを一つ選べ。［18］

① 隋の文帝（楊堅）は都を洛陽に定め、南朝の宋を倒して、南北に分裂していた中国を統一した。
② 隋の煬帝は高句麗遠征を成功させ、結果として隋の治世は約100年に及んだ。
③ 中国東北地方の南部におこった高句麗は、4世紀初めに南下して楽浪郡を滅ぼし、朝鮮半島北部を支配した。
④ 隋は征服地に猛安・謀克をおき、実際の統治はその地の有力者にまかせる羈縻政策をとった。

問19　13世紀に当時中国の大部分を支配していたモンゴルの元は、2回にわたり日本に侵攻した。当時の元や日本について述べた次の①～④の文章のうちから、最も適切なものを一つ選べ。 19

① モンゴル高原東北部のモンゴル部族の中で勢力をのばしたテムジンは、1206年のクリルタイでハン位につき、モンゴル系・トルコ系の諸部族を統一して元を建国した。

② 日本では12世紀末に源頼朝が鎌倉に政権を築いて鎌倉幕府をたてた。

③ フビライは日本のほか、ベトナム・ビルマ・イラン・エジプトにも遠征軍をおくった。

④ 元の時代には海上交易が発達し、銅銭や陶磁器などの交易によって慶州などの港市が繁栄した。

問20　豊臣秀吉による朝鮮への侵攻に対し、水軍を率いて戦った朝鮮の武将の名前を次の①～④のうちから一つ選べ。 20

① 李舜臣

② 李成桂

③ 阮福暎

④ 安重根

問21　清は1840～42年のアヘン戦争でイギリスに敗れ、1856～60年のアロー戦争ではイギリス・フランス連合軍に敗れた。この時期の清の外交や対外関係について述べた次の①～④の文章のうちから、最も適切なものを一つ選べ。 21

① 早くからアヘンの吸引や輸入を禁止していた清は、その密貿易の実情を重視し、1839年、李鴻章を広州に派遣して取り締まりにあたらせた。

② アヘン戦争に敗れた清は天津条約を結び、香港島の割譲、上海・寧波・福州・厦門・広州の5港の開港、公行の廃止、賠償金の支払いなどを認めた。

③ アロー戦争で南京を占領したイギリス・フランス連合軍は、清の文化を代表する円明園の離宮で略奪・破壊を行い、同園は廃墟となった。

④ ロシアは1860年に、アロー戦争の仲介の見返りとして清と北京条約を結んで沿海州を獲得した。

問22　1937年に勃発した日中戦争やその後の第二次世界大戦・太平洋戦争について述べ

た次の①～④の文章のうちから、最も適切なものを一つ選べ。 22

① 日本の軍部は1937年7月の柳条湖事件をきっかけに、中国に対する軍事行動を拡大した。

② 中国はアメリカ・イギリス・ソ連の援助をうけ、政府を南京から武漢、さらに奥地の成都に移して抗戦を続けた。

③ 1940年、日本は南京に汪兆銘を首班とする親日政権を設立させた。

④ 日本は「大東亜共栄圏」をとなえ、占領下のオーストラリアでは親日政権を設立させ、フィリピンでは親日組織をつくらせた。

問23 東地中海に進出したオスマン帝国について述べた次の①～④の文章のうちから、最も適切なものを一つ選べ。 23

① ティムールはアナトリアに攻め入って1402年のアンカラ（アンゴラ）の戦いでオスマン軍を破り、メフメト2世を捕虜とした。

② バヤジット1世は1453年にコンスタンティノープルをおとしいれ、ビザンツ帝国を滅ぼした。

③ スレイマン1世は1538年にプレヴェザの海戦でスペイン・ヴェネツィアの連合艦隊を撃破した。

④ セリム1世は1571年にレパントの海戦でスペインなどの連合艦隊を破った。

問24 イギリス東インド会社は戦争を通じてインドにおける支配を広げたが、それについて述べた次の①～④の文章のうちから、最も適切なものを一つ選べ。 24

① イギリス東インド会社は、ジャワ戦争（1757年）においてフランスを撃破した。

② インド南部において東インド会社は、マラーター（マラータ）同盟との4次にわたる戦争（1767～99年）に勝利をおさめた。

③ 東インド会社はインド西部では3次にわたるマイソール王国との戦争（1775～1818年）に勝利した。

④ 東インド会社はインド西北部では2次にわたるシク王国との戦争（1845～49年）に勝利した。

問25 しばしば対立したインドとパキスタンについて述べた次の①～④の文章のうちから、最も適切なものを一つ選べ。 25

① 第二次世界大戦後、イギリスからの独立が予定されていたインドでは、パキス

タンの分離・独立を求める全インド＝ムスリム連盟のジンナーと、統一インドを主張するガンディーらが対立した。

② インド連邦は初代首相ガンディーのもとで、1950年にカーストによる差別の禁止など社会の近代化をめざす憲法を発布し、共和国となった。

③ インドはパキスタンとのあいだでコソヴォ地方の帰属をめぐって衝突をくりかえした。

④ 1971年には言語などの違いからスリランカがパキスタンから独立した。

問26　4次にわたって発生した中東戦争について述べた次の①～④の文章のうちから、最も適切なものを一つ選べ。 26

① 1948年に建国を宣言したイスラエルは、イラン・トルコなどアラブ7カ国からなるアラブ連盟と第1次中東戦争を起こした。

② スエズ運河国有化を宣言したエジプトに対し、イギリス・フランス・イスラエルは第2次中東戦争を起こした。

③ 1967年の第3次中東戦争においてイスラエルはエジプト・シリアなどに敗れ、シナイ半島などを失った。

④ 1973年にエジプト・シリアとイスラエルのあいだで第4次中東戦争が起こると、サウジアラビアなどアラブ石油輸出国機構（OAPEC）は、エジプト・シリアを支援する諸国に対して原油輸出の停止や制限の処置をとった。

数　学

（60 分）

数値の解答は，解答欄の数字または符号をマークしてください。答えが分数になるときは既約分数で答えてください。分数の符号は分子につけてください。平方根や比の場合は最も簡単な形にしてください。

（例）

$\dfrac{\boxed{1}\,\boxed{2}}{\boxed{3}\,\boxed{4}}$ に $\dfrac{-3}{10}$ と答えたいときは右のようにします。

解答番号	1	2	3	4	5	6	7	8	9	0	−	±
1	①	②	③	④	⑤	⑥	⑦	⑧	⑨	⓪	●	⊕
2	①	②	●	④	⑤	⑥	⑦	⑧	⑨	⓪	⊖	⊕
3	●	②	③	④	⑤	⑥	⑦	⑧	⑨	⓪	⊖	⊕
4	①	②	③	④	⑤	⑥	⑦	⑧	⑨	●	⊖	⊕

なお，$\boxed{1}$ などが 2 度以上現れる場合，2 度目以降は $\boxed{\mathit{1}}$ のように表記します。

第1問

(1)　$(a-2b)^2+4(a-2b)c-(a-2b)+8c-6$ を因数分解すると，

$$(a-\boxed{1}\,b+\boxed{2})(a-\boxed{3}\,b+\boxed{4}\,c-\boxed{5})$$

である。

(2)　$x=\dfrac{3-\sqrt{5}}{4}$, $y=\dfrac{3+\sqrt{5}}{4}$ のとき，x^3+y^3 の値は $\dfrac{\boxed{6}}{\boxed{7}}$ であり，$x-y$ の値は

$\dfrac{\boxed{8}\sqrt{\boxed{9}}}{\boxed{10}}$ である。

(3)　A さんと B さんは共に 5 回の小テストを受けた。その結果は次のようになった。

A さん	16	7	10	12	15
B さん	x	y	14	12	9

A さんの結果の平均値は $\boxed{11}\,\boxed{12}$ で，分散は $\boxed{13}\,\boxed{14}.\boxed{15}$ である。

B さんの結果の平均値と分散も A さんと同じであるとすると，$x=\boxed{16}\,\boxed{17}$,

$y=$ [18] である。

第2問

$a>1$ で，$y=-2x^2+4(a-1)x-a^2-2$ のグラフを C_1 とする。このとき，次の問に答えよ。ただし，[24]，[25]，[26]，[27] に入れるのに最も適切なものを，解答群の①～⑧のうちからそれぞれ一つ選べ。①～⑧は繰り返し用いてよい。

(1)　C_1 の頂点の座標は $(a-$ [19] $, a^2-$ [20] $a)$ であり，この頂点が直線 $y=2x$ 上にあるとき，$a=$ [21] $+\sqrt{\text{[22]}}$ である。

(2)　$-2\leqq x\leqq 1$ において，y の最大値と最小値を調べる。$1<a\leqq$ [23] のとき，最大値は [24]，最小値は [25] である。[23] $<a$ のとき，最大値は [26]，最小値は [27] である。また，最大値から最小値を引いた値が10になるのは，$a=$ [28] [29] $+\sqrt{\text{[30]}}$ である。

(3)　b, c を定数として，$y=-2x^2+bx+c$ のグラフを C_2 とする。C_2 のグラフを x 軸方向に -2，y 軸方向に $+5$ 平行移動すると，C_2 のグラフは C_1 のグラフとぴったり重なる。$a>1$ であることから，b と c の取り得る値の範囲は，$b>$ [31]，$c<$ [32] [33] [34] である。

<解答群>

① $a-1$　② $-a^2-2$　③ a^2-2a　④ a^2-4a

⑤ $-a^2-8a-2$　⑥ $-a^2-4a$　⑦ $-a^2+4a-8$　⑧ $-a^2+8a-18$

第3問

三角形 ABC の各辺 BC, CA, AB 上に点 A_1, B_1, C_1 を取り，線分 AA_1, BB_1, CC_1 が1点Oで交わったとする。各辺 BC, CA, AB の中点を D, E, F とする。各辺上で中点に対する A_1, B_1, C_1 の対称点を A_2, B_2, C_2 とする。また，各辺 BC, CA, AB の長さを a, b, c とする。

$\boxed{35}$，$\boxed{36}$，$\boxed{38}$，$\boxed{39}$，$\boxed{41}$，$\boxed{43}$，$\boxed{44}$，$\boxed{45}$，$\boxed{46}$ は，当てはまるものを下の解答群①～⓪のうちからそれぞれ一つ選べ。なお，①～⓪は繰り返し用いてよい。

(1)　$\boxed{35}$ の定理より，

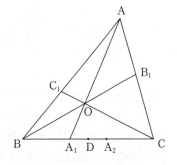

$$\frac{BA_1}{A_1C}\cdot\frac{CB_1}{\boxed{36}}\cdot\frac{AC_1}{C_1B}=\boxed{37}$$

$BA_1=A_2C,\ A_1C=\boxed{38}$ となることから，

$$\frac{A_2C}{BA_2}\cdot\frac{B_2A}{\boxed{39}}\cdot\frac{C_2B}{AC_2}=\boxed{40}$$

したがって，

$$\frac{BA_2}{A_2C}\cdot\frac{CB_2}{\boxed{41}}\cdot\frac{AC_2}{C_2B}=\boxed{42}$$

チェバの定理の逆によって，線分 AA_2, BB_2, CC_2 は1点で交わる。

(2)

$$\frac{BA_1}{A_1C}=\frac{\triangle ABA_1\text{の面積}}{\triangle AA_1C\text{の面積}}=\frac{\boxed{43}\sin\angle BAA_1}{\boxed{44}\sin\angle\boxed{45}}$$

したがって，$\dfrac{\sin\angle BAA_1}{\sin\angle\boxed{45}}\times\dfrac{\sin\angle CBB_1}{\sin\angle\boxed{46}}\times\dfrac{\sin\angle ACC_1}{\sin\angle C_1CB}=\boxed{47}$

が成り立つ。

<解答群>

① B_1A　② CB_2　③ B_2A　④ BA_2　⑤ B_1BA

⑥ A_1AC　⑦ メネラウス　⑧ チェバ　⑨ b　⓪ c

第4問【数学Ⅰ・数学A】（後の【数学Ⅱ・数学B】とのどちらか一方を選択しなさい。）

問1　あるゲームの中では3本指のロボットたちが，1円，3円，9円，27円，81円という通貨を使っている。お金を支払う際には，これらの通貨の自由な組合せで支払うことができる。例えば5円支払うのに，3円を1枚と1円を2枚でも良いし，1円を5枚でも構わない。お釣りなしに5円支払う方法は他にないので，必要な通貨の枚数は3枚か5枚の2通り，通貨の組合せの数も2通りになる。

(1)　40円をお釣りなしで支払うのに必要な通貨の数は［48］枚以上［49］［50］枚以下である。

(2)　支払う通貨の中の1枚を，その$\frac{1}{3}$の金額の通貨3枚と置き換えると，全体の枚数は2枚増えることになる。40円をお釣りなしで支払うのに必要な通貨の枚数は［51］［52］通りある。また200円をお釣りなしで支払うのに必要な通貨の枚数は［53］［54］通りある。

(3)　各通貨の最大枚数を6枚に制限した場合，40円をお釣りなしで支払うのに必要な通貨の組合せの数は［55］通りある。同様にして，各通貨の最大枚数を3枚に制限した場合，200円をお釣りなしで支払うのに必要な通貨の組合せの数は［56］通りある。

問2　一辺の長さが3の正方形ABCDの辺AB, CDの中点を結んだ線分上の三等分点の真上に点P, Qがあるとする。点Aから点Pを見るときの仰角は30°であり，点Dから点Qを見るときの仰角も30°であった。ただし，正方形ABCDは水平面上にあるものとする。また点P, Qは上記の三等分点を通り水平面と垂直な直線上にあるものとする。

(1)　点Pと正方形の距離は，$\dfrac{\sqrt{\boxed{57}\boxed{58}}}{\boxed{59}}$である。

(2)　$\cos\angle APB = \dfrac{\boxed{60}\boxed{61}}{\boxed{62}\boxed{63}}$である。

(3)　△APB の面積は，$\dfrac{\boxed{64}\sqrt{\boxed{65}}}{\boxed{66}}$である。

(4)　点 A, B, C, D, P, Q を頂点とする図のような立体の体積は，$\dfrac{\boxed{67}\sqrt{\boxed{68}\boxed{69}}}{\boxed{70}\boxed{71}}$ である。

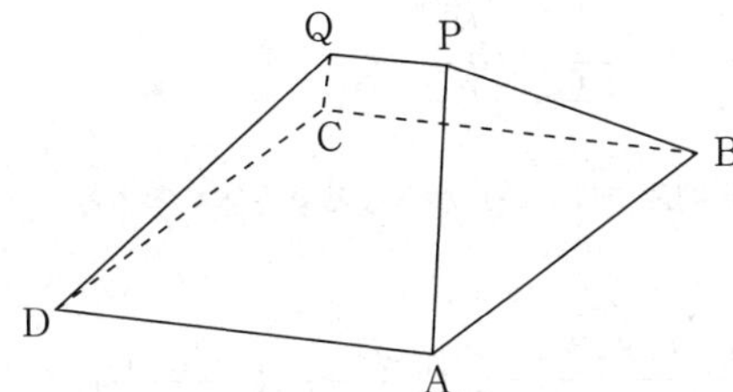

第 4 問【数学Ⅱ・数学B】（前の【数学Ⅰ・数学A】とのどちらか一方を選択しなさい。）

問 1　$0 \leqq \alpha \leqq \beta$ をみたす定数 α, β と，2 次関数 $f(x)=x^2-(\alpha+\beta)x+\alpha\beta$ について，

$$\int_{-1}^{1} f(x)dx=1 \quad \cdots \quad ①$$

が成立しているものとする。

(1)　式①より，$\alpha\beta=\dfrac{\boxed{48}}{\boxed{49}}$である。

次に，定積分 $F(\alpha)=\int_{0}^{\alpha} f(x)dx$ を考える。

(2)　$F(\alpha)=\dfrac{\boxed{50}\boxed{51}}{\boxed{52}}\alpha^3+\dfrac{\boxed{53}}{\boxed{54}\boxed{55}}\alpha$ である。

(3)　$0 \leqq \alpha \leqq \beta,\ \alpha\beta = \dfrac{\boxed{48}}{\boxed{49}}$ であることから，α の取り得る値の範囲は，

$$0 < \alpha \leqq \frac{\sqrt{\boxed{56}}}{\boxed{57}}$$

である。

(4)　$F(\alpha)$ の最大値は，$\alpha = \dfrac{\sqrt{\boxed{58}}}{\boxed{59}}$ のとき，$\dfrac{\sqrt{\boxed{60}}}{\boxed{61}\,\boxed{62}\,\boxed{63}}$ である。

問2　8個の頂点が $(\pm 1, \pm 1, \pm 1)$（複号同順ではない）からなる立方体を考える。3点 A, B, C を次のようにとる。

$$\mathrm{A}\left(0, \frac{\sqrt{5}-1}{2}, \frac{\sqrt{5}+1}{2}\right),\ \mathrm{B}\left(0, \frac{1-\sqrt{5}}{2}, \frac{\sqrt{5}+1}{2}\right),\ \mathrm{C}\left(\frac{\sqrt{5}+1}{2}, 0, \frac{\sqrt{5}-1}{2}\right)$$

立方体の2つの頂点を D(1, 1, 1), E(1, −1, 1) とする。

(1)　2点 A と D の距離は $\sqrt{\boxed{64}} - \boxed{65}$ である。また，2点 B と D の距離は $\boxed{66}$ である。さらに，$\cos\angle\mathrm{DAB} = \dfrac{\boxed{67} - \sqrt{\boxed{68}}}{\boxed{69}}$ である。

(2)　$\cos\angle\mathrm{DCE} = \dfrac{\boxed{70} - \sqrt{\boxed{71}}}{\boxed{72}}$

(3)　3点 A, B, D を通る平面と立方体の上面 $(z=1)$ とのなす角を α とすると，$\tan\alpha = \dfrac{\boxed{73}\,\boxed{74} + \sqrt{\boxed{75}}}{\boxed{76}}$ である。3点 C, D, E を通る平面と立方体の前面 $(x=1)$ とのなす角を β とすると，$\tan\beta = \dfrac{\boxed{77} + \sqrt{\boxed{78}}}{\boxed{79}}$ である。

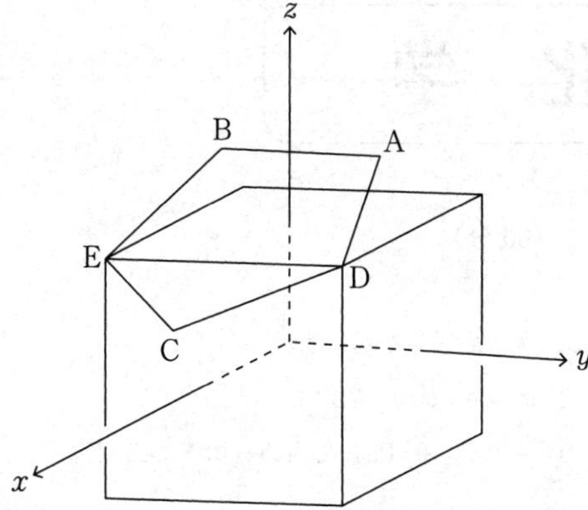
z
B
A
E
D
C
y
x

化　学

（60分）

必要があれば，次の原子量を用いよ。

H：1.00　O：16.0　Fe：56.0　Cu：63.5

1molの気体が標準状態（0℃，1.013×10^5 Pa）で占める体積：22.4L

第1問　物質の構成に関する，以下の問1～問3に答えよ。

問1　次の記述（a），（b）中の［1］～［3］に当てはまる最も適切なものを，それぞれの解答群のうちから一つずつ選べ。

（a）次の物質（ア）～（カ）のうち，単体は［1］個ある。

（ア）コバルト　（イ）ドライアイス　（ウ）ダイヤモンド
（エ）オゾン　（オ）アルゴン　（カ）窒素

［1］の解答群

① 1　② 2　③ 3
④ 4　⑤ 5　⑥ 6

（b）食塩には成分元素としてナトリウムNaと塩素Clが含まれている。実験により各元素の存在を確認する場合，Naの存在は［2］ことから確認できる。また，Clの存在は［3］ことから確認できる。

［2］，［3］の解答群

① 水溶液を白金線の先に付け，炎の中に入れると，その炎が黄色になる
② 水溶液を白金線の先に付け，炎の中に入れると，その炎が赤色になる
③ 水溶液に硝酸銀水溶液を加えると，白色沈殿が生じる

④　粉末に濃硫酸を加えて加熱すると発生する気体を石灰水に通すと，溶液が白くにごる

⑤　粉末に濃硫酸を加えて加熱すると発生する気体を硫酸銅(Ⅱ)の粉末にふきつけると，青色になる

問2　次の原子（ア）～（ケ）について，以下の記述 (a)，(b) 中の [4] ～ [6] に当てはまる最も適切なものを，それぞれの解答群のうちから一つずつ選べ。

（ア）硫黄　（イ）塩素　（ウ）酸素
（エ）カリウム　（オ）マグネシウム　（カ）ナトリウム
（キ）アルミニウム　（ク）リチウム　（ケ）カルシウム

(a) 原子（ア）～（ケ）のうち，最も電子親和力が大きいものは [4] である。

[4] の解答群

①（ア）　②（イ）　③（ウ）
④（エ）　⑤（オ）　⑥（カ）
⑦（キ）　⑧（ク）　⑨（ケ）

(b) 原子（ア）～（ケ）がイオンになったものについて，（オ）のイオンと同じ電子配置をもつイオンは（オ）を含めて [5] 個あり，（エ）のイオンと同じ電子配置をもつイオンの中で最もイオン半径が大きいものは，（エ）も含めて考えると，[6] のイオンである。ただし，原子がイオンになるときは，原子番号が最も近い希ガス（貴ガス）と同じ電子配置をとるものとする。

[5] の解答群

①　1　②　2　③　3
④　4　⑤　5　⑥　6
⑦　7　⑧　8　⑨　9

[6] の解答群

①（ア）　②（イ）　③（ウ）

④ （エ）　⑤ （オ）　⑥ （カ）
⑦ （キ）　⑧ （ク）　⑨ （ケ）

問3　次の表は，原子（ア）～（ケ）の電子配置をまとめたもので，各電子殻に含まれる電子の個数を記したものである。なお，表に記されていない電子殻には電子は配置されていない。以下の記述（a），（b）中の 7 ～ 10 に当てはまる最も適切なものを，それぞれの解答群のうちから一つずつ選べ。ただし，同じものを何度使用してもよい。

	K殻	L殻	M殻	N殻
（ア）	2	0	0	0
（イ）	2	4	0	0
（ウ）	2	8	0	0
（エ）	2	8	4	0
（オ）	2	8	6	0
（カ）	2	8	8	2
（キ）	2	8	9	2
（ク）	2	8	14	2
（ケ）	2	8	15	2

(a) 原子（ア）～（ケ）のうち，原子番号が最も大きいものの原子番号は 7 であり，(第一)イオン化エネルギーが最も大きいものは 8 である。

7 の解答群
① 15　② 16　③ 18
④ 26　⑤ 27　⑥ 29

8 の解答群
① （ア）　② （イ）　③ （ウ）
④ （エ）　⑤ （オ）　⑥ （カ）
⑦ （キ）　⑧ （ク）　⑨ （ケ）

(b) 原子（ア）～（ケ）のうち，金属元素であるものは 9 個あり，遷移元素であるものは[10]個ある。

[9], [10]の解答群

① 1　② 2　③ 3
④ 4　⑤ 5　⑥ 6
⑦ 7　⑧ 8　⑨ 9

第2問　原子量と化学反応式に関する，以下の問1，問2に答えよ。

問1　次の記述（a），（b）中の[11]～[15]に当てはまる最も適切なものを，それぞれの解答群のうちから一つずつ選べ。ただし，同じものを何度使用してもよい。

（a）原子1個の質量はきわめて小さいので，原子の質量は炭素原子 ^{12}C の質量を12と定め，これを基準とした相対質量で表して比較される。各原子の相対質量は，その原子の[11]に近い値となり，また各元素の原子量はその元素の[12]の相対質量の平均値となる。したがって，^{12}C 原子1個の質量が 1.99×10^{-23} g のとき，原子の相対質量と[11]が等しい値であると仮定すると，天然で最も質量の大きいウラン原子 ^{238}U 1個の質量は[13] g と見積もることができる。

[11], [12]の解答群

① 原子番号　② 原子核中の陽子の数
③ 原子核中の中性子の数　④ 原子がもつ電子の数
⑤ 質量数　⑥ 同位体
⑦ 同素体　⑧ 原子価

[13]の解答群

① 2.66×10^{-23}　② 3.82×10^{-23}　③ 3.95×10^{-23}
④ 5.81×10^{-23}　⑤ 1.04×10^{-22}　⑥ 2.66×10^{-22}
⑦ 3.82×10^{-22}　⑧ 3.95×10^{-22}　⑨ 5.81×10^{-22}

(b) ^{35}Cl の相対質量を a，^{37}Cl の相対質量を b としたとき，Cl の原子量は [14] と表される。ただし，Cl の原子には ^{35}Cl と ^{37}Cl しか存在せず，その存在比は $^{35}Cl : ^{37}Cl = 3 : 1$ とする。また，塩素分子の分子量は [15] と表される。

[14]，[15] の解答群

① $\frac{3a+b}{4}$　② $\frac{a+3b}{4}$　③ $\frac{6a+b}{4}$

④ $\frac{a+6b}{4}$　⑤ $\frac{3a+b}{2}$　⑥ $\frac{a+3b}{2}$

⑦ $a+b$　⑧ $3a+b$　⑨ $a+3b$

問2　金属 M（原子量 64.0）の酸化物 M_2O と MO をそれぞれ水素と反応させると金属 M の単体が得られる。この実験の結果を，次の表1と表2に示す。

表1

反応した M_2O の質量〔g〕	0.500	1.00	1.50	2.00
得られた M の質量〔g〕	0.444	0.889	1.33	1.78

表2

反応した MO の質量〔g〕	0.500	1.00	1.50	2.00
得られた M の質量〔g〕	0.400	0.800	1.20	1.60

次の記述（a），（b）中の [16] ～ [20] に当てはまる最も適切なものを，それぞれの解答群のうちから一つずつ選べ。ただし，同じものを何度使用してもよい。

(a) 実験の結果より，MO 中の M と O の質量比（M の質量：O の質量）は [16] であり，M と O の物質量比（M の物質量：O の物質量）は [17] である。また，M_2O と MO を比較したとき，同じ質量の M と結合している O の質量比（M_2O の O：MO の O）は [18] である。

[16] ～ [18] の解答群

① 5：1	② 4：1	③ 2：1
④ 5：4	⑤ 1：1	⑥ 4：5
⑦ 1：2	⑧ 1：4	⑨ 1：5

(b) M_2O と MO を質量比 1：1 で混合した粉末 2.00 g がある。この混合粉末中の M_2O の物質量は [19] mol であり，この混合粉末を水素と完全に反応させたとき，生成する水の質量は [20] g である。ただし，水素はそれぞれの金属 M の酸化物としか反応しないものとする。

[19] の解答群

① 1.94×10^{-3}	② 2.00×10^{-3}	③ 4.94×10^{-3}
④ 6.94×10^{-3}	⑤ 1.00×10^{-2}	⑥ 4.94×10^{-2}
⑦ 1.40×10^{-2}	⑧ 1.60×10^{-2}	⑨ 1.80×10^{-2}

[20] の解答群

① 0.112	② 0.125	③ 0.200
④ 0.225	⑤ 0.312	⑥ 0.350
⑦ 0.450	⑧ 0.624	⑨ 0.700

第3問 酸と塩基に関する，以下の問1～問3に答えよ。ただし，水溶液の温度はすべて25℃で一定であるものとする。

問1 次の記述 (a)，(b) 中の 21 ， 22 に当てはまる最も適切なものを，それぞれの解答群のうちから一つずつ選べ。

(a) 次の反応（ア）～（オ）のうち，下線を引いた物質もしくはイオンがブレンステッド・ローリーの定義における酸として作用しているものをすべて選ぶと 21 個である。

（ア）$HSO_4^- + \underline{H_2O} \rightleftarrows SO_4^{2-} + H_3O^+$

（イ）$\underline{HCO_3^-} + OH^- \longrightarrow CO_3^{2-} + H_2O$

（ウ）$\underline{CO_3^{2-}} + H_3O^+ \rightleftarrows HCO_3^- + H_2O$

（エ）$\underline{Ba(OH)_2} + 2HCl \longrightarrow BaCl_2 + 2H_2O$

（オ）$\underline{HNO_3} + KHCO_3 \longrightarrow KNO_3 + H_2O + CO_2$

21 の解答群

① 1　　② 2　　③ 3
④ 4　　⑤ 5　　⑥ 0

(b) 酸と塩基に関する次の記述（ア）～（エ）のうち，正しいものの組み合わせは 22 である。

（ア） 塩酸と酢酸水溶液にそれぞれ亜鉛板を加えると，ともに水素が発生する。
（イ） 硫酸と硫酸水素カリウムは，水酸化カリウムに対してともに酸としてはたらく。
（ウ） 同じ体積の 0.100 mol/L の硫酸水溶液と 0.100 mol/L の塩酸を，完全に中和させるために必要な水酸化カルシウムの物質量は等しい。
（エ） 0.100 mol/L の酢酸水溶液と 0.200 mol/L の酢酸水溶液の酢酸の電離度は等しい。

22 の解答群

① （ア）と（イ）　　② （ア）と（ウ）　　③ （ア）と（エ）
④ （イ）と（ウ）　　⑤ （イ）と（エ）　　⑥ （ウ）と（エ）

問2　次の記述（a）〜（c）中の［23］〜［27］に当てはまる最も適切なものを，それぞれの解答群のうちから一つずつ選べ。ただし，同じものを何度使用してもよい。

（a）pH = 5 の塩酸を 1000 倍に薄めると pH は約［23］になる。

［23］の解答群

① 2　② 3　③ 4　④ 6　⑤ 7　⑥ 8

（b）モル濃度 c〔mol/L〕の H_2X 水溶液において，H_2X の第 1 段階目の電離は完全に進行する。

$$H_2X \longrightarrow H^+ + HX^-$$

一方，第 2 段階目の電離は一部しか起こらない。

$$HX^- \rightleftarrows H^+ + X^{2-}$$

第 2 段階目で HX^- が電離する割合（電離度）を α とすると，この水溶液中の X^{2-} のモル濃度 $[X^{2-}]$ を表す式は［24］であり，水素イオンのモル濃度 $[H^+]$ を表す式は［25］である。

［24］，［25］の解答群

① $2c$　② $c\alpha$　③ $2c\alpha$

④ $c(1-\alpha)$　⑤ $c(1+\alpha)$　⑥ $c(1+2\alpha)$

（c）水溶液の pH に応じて色が変わる試薬を指示薬といい，代表的なものにブロモチモールブルーやメチルオレンジがある。ブロモチモールブルーは中性付近では［26］であり，メチルオレンジは中性付近では［27］である。

［26］，［27］の解答群

① 赤色　② 黄色　③ 紫色

④ 緑色　⑤ 青色　⑥ 無色

問3 次の記述 (a), (b) 中の [28] ～ [30] に当てはまる最も適切なものを，それぞれの解答群のうちから一つずつ選べ。ただし，同じものを何度使用してもよい。

(a) 次の塩（ア）～（ケ）のうち，正塩は [28] 個あり，酸性塩は [29] 個ある。

（ア）硫酸ナトリウム　（イ）塩化アンモニウム　（ウ）炭酸水素ナトリウム
（エ）シュウ酸カリウム　（オ）塩化銅(Ⅱ)　（カ）炭酸ナトリウム
（キ）硫酸水素ナトリウム　（ク）硝酸アンモニウム　（ケ）塩化水酸化銅(Ⅱ)

[28]，[29] の解答群

① 1　② 2　③ 3
④ 4　⑤ 5　⑥ 6
⑦ 7　⑧ 8

(b) 酢酸ナトリウム水溶液中では，次のような変化でイオンや分子が生じている。

$CH_3COONa \longrightarrow CH_3COO^- + Na^+$

$CH_3COO^- + H_2O \rightleftarrows CH_3COOH + OH^-$

$H_2O \rightleftarrows H^+ + OH^-$

次の関係式（ア）～（カ）のうち，酢酸ナトリウム水溶液中で成り立つ式として正しいものの組み合わせは [30] である。

（ア）$[H^+] = [OH^-]$
（イ）$[H^+] > [OH^-]$
（ウ）$[H^+] < [OH^-]$
（エ）$[CH_3COO^-] > [Na^+]$
（オ）$[CH_3COO^-] + [CH_3COOH] = [Na^+]$
（カ）$[CH_3COOH] = [OH^-]$

[30] の解答群

① （ア）と（エ）　② （ア）と（オ）　③ （ア）と（カ）

④　（イ）と（エ）　⑤　（イ）と（オ）　⑥　（イ）と（カ）
⑦　（ウ）と（エ）　⑧　（ウ）と（オ）　⑨　（ウ）と（カ）

第4問　酸化還元反応に関する，以下の問1～問3に答えよ。

問1　酸化と還元に関する次の記述（a），（b）中の 31 ～ 33 に当てはまる最も適切なものを，それぞれの解答群のうちから一つずつ選べ。

（a）次の物質（ア）～（オ）のうち，下線部の原子の酸化数が同じものは 31 である。

（ア）$\underline{S}_8$　（イ）$H_2\underline{O}_2$　（ウ）$H_2\underline{S}$
（エ）$K\underline{H}CO_3$　（オ）$Ca\underline{Cl}_2$

31 の解答群
①　（ア）と（イ）　②　（ア）と（ウ）　③　（ア）と（エ）
④　（ア）と（オ）　⑤　（イ）と（ウ）　⑥　（イ）と（エ）
⑦　（イ）と（オ）　⑧　（ウ）と（エ）　⑨　（ウ）と（オ）

（b）銅に濃硝酸を加えると酸化還元反応により二酸化窒素が生じる。この反応は次の化学反応式で表される。なお，式中の a ～ e は化学反応式の係数である。

$$a\,Cu + b\,HNO_3 \longrightarrow c\,Cu(NO_3)_2 + d\,NO_2 + e\,H_2O$$

これらの係数のうち b の値は 32 である。ただし，係数が必要でない場合には，その係数が1であるものとする。濃硝酸を加えて12.7 gの銅をすべて溶かしたとき，発生する二酸化窒素は標準状態に換算すると 33 Lである。ただし，二酸化窒素は反応溶液に溶解せず，すべて気体として発生するものとする。

32 の解答群
①　1　②　2　③　3
④　4　⑤　5　⑥　6
⑦　7　⑧　8　⑨　9

33 の解答群

① 0.112 ② 0.224 ③ 0.448
④ 0.896 ⑤ 1.12 ⑥ 2.24
⑦ 4.48 ⑧ 8.96 ⑨ 11.2

問 2 酸化剤と還元剤に関する次の記述 (a), (b) 中の 34 ～ 36 に当てはまる最も適切なものを，それぞれの解答群のうちから一つずつ選べ。ただし，同じものを何度使用してもよい。

(a) 次の反応（ア）～（ケ）のうち，酸化還元反応でないものは 34 個あり，下線部の物質が還元剤としてはたらくものは 35 個ある。

（ア）$\underline{CO_2} + 2KOH \longrightarrow K_2CO_3 + H_2O$
（イ）$\underline{CO_2} + C \longrightarrow 2CO$
（ウ）$\underline{SO_2} + 2H_2S \longrightarrow 3S + 2H_2O$
（エ）$\underline{SO_2} + 2NaOH \longrightarrow Na_2SO_3 + H_2O$
（オ）$\underline{SO_2} + H_2O_2 \longrightarrow H_2SO_4$
（カ）$\underline{H_2O_2} + 2KI \longrightarrow I_2 + 2KOH$
（キ）$2\underline{H_2O} + 2Na \longrightarrow 2NaOH + H_2$
（ク）$\underline{SiO_2} + Na_2CO_3 \longrightarrow Na_2SiO_3 + CO_2$
（ケ）$\underline{SiO_2} + 2C \longrightarrow Si + 2CO$

34 ， 35 の解答群

① 1 ② 2 ③ 3
④ 4 ⑤ 5 ⑥ 6
⑦ 7 ⑧ 8

(b) 次の反応（ア）～（ウ）から，ヨウ素，塩素，臭素の酸化剤としての強さの順は，強いものから順に 36 であることがわかる。

（ア）$2KI + Cl_2 \longrightarrow I_2 + 2KCl$

（イ）$2KBr + Cl_2 \longrightarrow Br_2 + 2KCl$

（ウ）$2KI + Br_2 \longrightarrow I_2 + 2KBr$

36 の解答群

① $I_2 > Cl_2 > Br_2$　② $I_2 > Br_2 > Cl_2$　③ $Cl_2 > I_2 > Br_2$

④ $Cl_2 > Br_2 > I_2$　⑤ $Br_2 > I_2 > Cl_2$　⑥ $Br_2 > Cl_2 > I_2$

問 3　酸化還元反応の利用に関する次の記述（a）～（c）中の 37 ～ 40 に当てはまる最も適切なものを，それぞれの解答群のうちから一つずつ選べ。

(a) 電池から電流を取り出すことを放電という。放電し続けると起電力が低下し充電によって回復できないような電池を一次電池という。例えば，37 は一次電池である。また，水素などの燃料と酸素などの酸化剤を外部から供給し，電気エネルギーを取り出す装置を燃料電池という。水素と酸素を反応させる燃料電池では放電するとき水が生じるが，このとき水素は負極で 38 している。

37 の解答群

① マンガン乾電池　② 鉛蓄電池

③ ニッケル・カドミウム電池　④ リチウムイオン電池

38 の解答群

① 還元され H の酸化数が増加　② 還元され H の酸化数が減少

③ 酸化され H の酸化数が増加　④ 酸化され H の酸化数が減少

(b) 金属の製錬と利用に関する次の記述（ア）～（エ）のうち，下線部が**誤っているもの**の組み合わせは 39 である。

（ア）　ナトリウムやカルシウムは天然に<u>単体として産出する</u>。

（イ）　アルミニウムは，ボーキサイトを精製して得られる酸化アルミニウムを電気を利用して<u>還元する</u>ことで得られる。

（ウ）　鉄のさびは，湿った空気中で酸素などによって鉄が<u>酸化される</u>ことで生じる。

(エ) 鉄の鋼板の表面をスズでめっきしたものをブリキといい，スズは鉄よりイオン化傾向が大きいので，鉄の腐食を防ぐことができる。

39 の解答群

① (ア) と (イ)　② (ア) と (ウ)　③ (ア) と (エ)
④ (イ) と (ウ)　⑤ (イ) と (エ)　⑥ (ウ) と (エ)

(c) 鉄は，鉄鉱石中に含まれるFe_2O_3などを溶鉱炉（高炉）などで製錬することで得られる。このとき溶鉱炉から得られる鉄は銑鉄と呼ばれ，炭素を約4％含み硬くてもろい。炭素を4.00％含む銑鉄10.0 kgを得るために必要なFe_2O_3は 40 kgである。ただし，銑鉄には鉄と炭素のみが含まれるものとする。

40 の解答群

① 9.60　② 13.7　③ 16.0
④ 19.2　⑤ 27.4　⑥ 32.0
⑦ 54.8　⑧ 64.0　⑨ 74.0

生　物

（60分）

第1問　生物の多様性と共通性に関する，以下の問1～問3に答えよ。

問1　図1の写真A～Eは，愛知県西三河地域の河川中流に生息している水生生物である。これらの生物に関する，以下の(1)～(4)に答えよ。

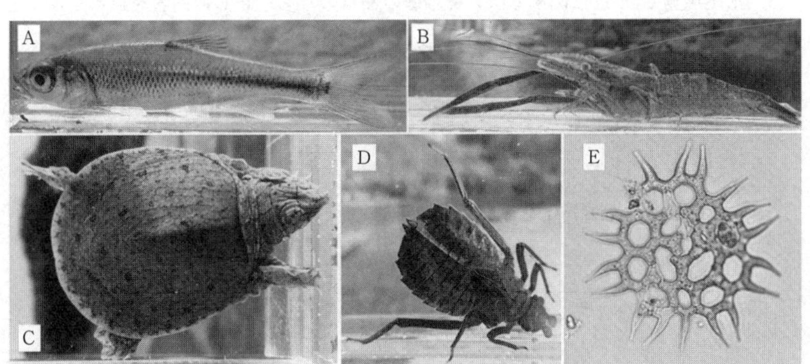

図1　愛知県西三河地域の河川中流に生息している水生生物。A カワムツ（魚類），B テナガエビ（甲殻類），C スッポン（は虫類），D コオニヤンマ（昆虫類），E クンショウモ（原生生物）。

(1) 水生生物A～Eに関する次のx～zの文章のうち，正しい内容を過不足なく選んだものを，以下の①～⑦のうちから一つ選べ。［1］

x　すべて真核生物である。
y　すべてエラを持つ。
z　すべて体を構成するタンパク質は，アミノ酸から構成されている。

① x　② y　③ z　④ x，y
⑤ x，z　⑥ y，z　⑦ x，y，z

(2) 水生生物AとBに関する次のx～zの文章のうち，正しい内容を過不足なく選んだものを，以下の①～⑦のうちから一つ選べ。 2

x　どちらも変温動物である。
y　どちらも多細胞生物である。
z　どちらも代謝で同化を行う。

① x　② y　③ z　④ x，y
⑤ x，z　⑥ y，z　⑦ x，y，z

(3) 水生生物CとDに関する次のx～zの文章のうち，正しい内容を過不足なく選んだものを，以下の①～⑦のうちから一つ選べ。 3

x　どちらも節足動物である。
y　どちらも外骨格を持つ。
z　どちらも代謝で異化を行う。

① x　② y　③ z　④ x，y
⑤ x，z　⑥ y，z　⑦ x，y，z

(4) 図2は，図1のA～Eの生物が共通の祖先から，長い時間をかけて分かれてきたようすを示した系統樹である。分岐1ではEとそれ以外，分岐2ではA・CとB・D，分岐3ではAとCが分かれた。これら三つの分岐を説明する条件として，最も適切なものを，以下の①～⑧のうちから一つ選べ。 4

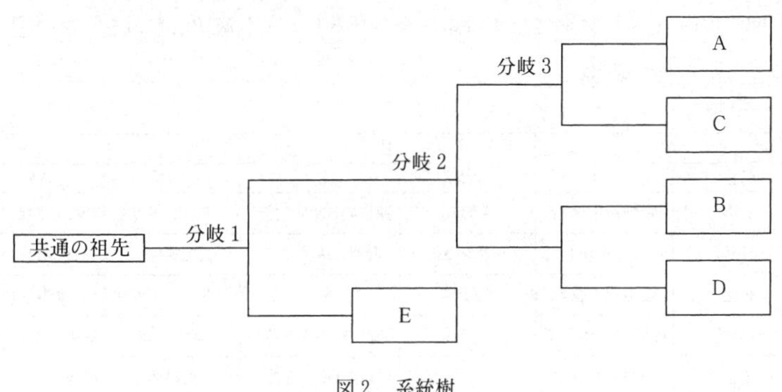

図 2　系統樹

	分岐 1		分岐 2		分岐 3	
	ABCD	E	AC	BD	A	C
①	呼吸する	呼吸しない	卵を産まない	卵を産む	変温動物	恒温動物
②	細胞壁を持たない	細胞壁を持つ	卵を産まない	卵を産む	開放血管系	閉鎖血管系
③	呼吸する	呼吸しない	背骨を持つ	背骨を持たない	肺を持たない	肺を持つ
④	細胞壁を持たない	細胞壁を持つ	背骨を持つ	背骨を持たない	四肢がない	四肢がある
⑤	呼吸する	呼吸しない	背骨を持つ	背骨を持たない	変温動物	恒温動物
⑥	細胞壁を持たない	細胞壁を持つ	背骨を持つ	背骨を持たない	開放血管系	閉鎖血管系
⑦	呼吸する	呼吸しない	卵を産まない	卵を産む	肺を持たない	肺を持つ
⑧	細胞壁を持たない	細胞壁を持つ	卵を産まない	卵を産む	四肢がない	四肢がある

問 2　次の図 3 は，光学顕微鏡で観察した植物細胞の模式図である。このことに関連して，以下の (1) ～ (4) に答えよ。

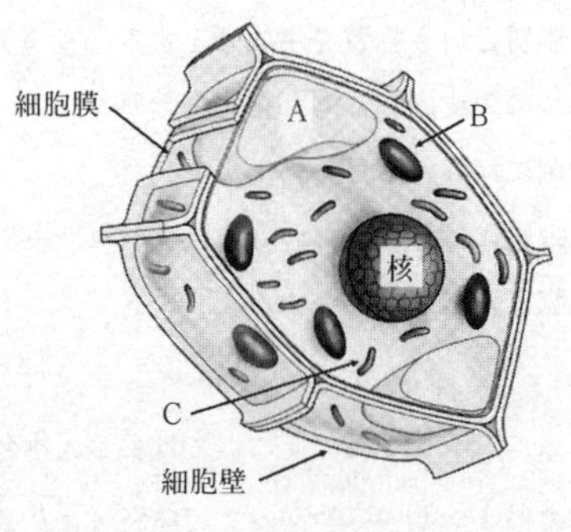

図 3

(1) 図3中のA～Cにあてはまる組み合わせとして最も適切なものを，次の①～⑥のうちから一つ選べ。 5

	A		B		C	
	名称	性質	名称	性質	名称	性質
①	液胞	細胞液を含む	葉緑体	独自のDNAを持つ	ミトコンドリア	呼吸にかかわる
②	原形質	呼吸にかかわる	ミトコンドリア	呼吸にかかわる	葉緑体	有機物を合成
③	液胞	細胞液を含む	葉緑体	光合成を行う	ミトコンドリア	有機物を合成
④	原形質	呼吸にかかわる	葉緑体	独自のDNAを持つ	ゴルジ体	呼吸にかかわる
⑤	液胞	細胞液を含む	ミトコンドリア	独自のDNAを持つ	葉緑体	呼吸にかかわる
⑥	原形質	呼吸にかかわる	ミトコンドリア	呼吸にかかわる	ゴルジ体	有機物を合成

(2) 核に関する文章として最も適切なものを，次の①～⑤のうちから一つ選べ。
6

① 原核細胞には，遺伝子は存在するがDNAは存在しない。
② ゾウリムシには，核が存在しない。
③ 原核細胞のDNAは，細胞質基質に存在する。
④ 原核細胞の核は，核膜で包まれている。
⑤ 染色体の主な成分は，DNAと脂質である。

(3) 細胞膜と細胞壁に関する説明として最も適切なものを，次の①～⑤のうちから一つ選べ。 7

① 細胞壁は，リン脂質という物質を主成分とする。
② 細胞壁は，カエルの表皮細胞にも存在する。
③ 細胞壁は，大腸菌には存在しない。
④ 細胞膜は，原核細胞には存在しない。
⑤ 細菌には，細胞膜と細胞壁が存在する。

(4) 次の文章の空欄（ ア ）～（ ウ ）にあてはまる人物名の組み合わせとして最も適切なものを，以下の①～⑥のうちから一つ選べ。 8

細胞は，1665年に（　ア　）がコルクの切片を顕微鏡で観察し，発見した。植物細胞の中心には球状の構造物があり，（　イ　）は，1831年にこれを核と名づけた。その後，植物については（　ウ　）が1838年に細胞説を提唱した。

	（ア）	（イ）	（ウ）
①	レーウェンフック	ブラウン	シュライデン
②	レーウェンフック	フィルヒョー	シュワン
③	フック	ブラウン	シュライデン
④	フック	フィルヒョー	シュワン
⑤	レーウェンフック	ブラウン	シュワン
⑥	フック	フィルヒョー	シュライデン

問3　代謝に関する，以下の（1）～（4）に答えよ。

（1）米飯を1口含み，ゆっくりと噛み続けると次第に甘くなってゆく。このとき，米飯に含まれる糖質の変化を記録すると物質Aは減少し，物質Bは増加していった。これは酵素によって糖質が変化したためと考えられる。そして，物質Bはある臓器の中でさらに分解された上で吸収される。これら一連の変化に関連する酵素，糖質，臓器に関して最も適切なものを，次の①～⑥のうちから一つ選べ。 9

	酵素		糖質		臓器	
	名称	最適温度	減少した物質	増加した物質	名称	臓器内の環境
①	マルターゼ	10℃	デンプン	グルコース	胃	酸性
②	ペプシン	15℃	グルコース	デンプン	胃	中性
③	アミラーゼ	35℃	デンプン	マルトース	小腸	中性
④	ペプシン	10℃	デンプン	グルコース	小腸	酸性
⑤	マルターゼ	15℃	グルコース	マルトース	大腸	酸性
⑥	アミラーゼ	35℃	グルコース	デンプン	大腸	中性

（2）代謝の過程では，化学反応に伴いエネルギーの受け渡しが行われる。この受け渡しはATPという物質によって行われている。ATPの構造として最も適切なものを，次の①～⑥のうちから一つ選べ。 10

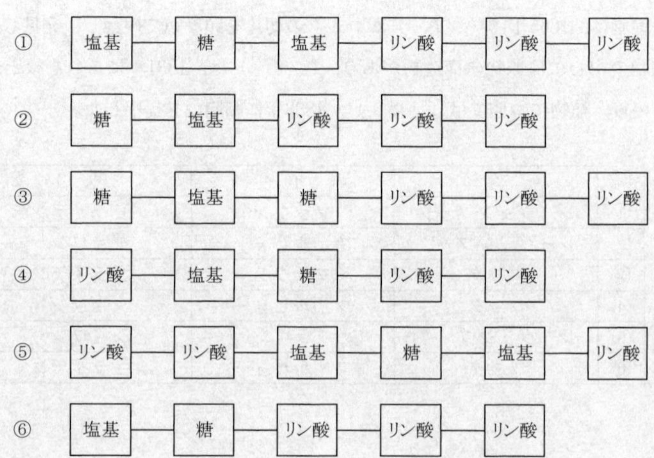

(3) 運動が心拍数と呼吸に及ぼす影響を調べるために，次の実験を行った。被験者は，吐く息（呼気）を集める装置を口に装着し，口で息をしながら，ある高さの台を，一定の速度で3分間昇り降りする運動を行う。運動終了後，1分間の拍動数を計測し，装置に集めた気体の分析から体に取り込んだ酸素の量と，体から排出された二酸化炭素の量を求めた。台の高さは，10 cm，20 cm，30 cm，50 cm を用意し，同じ被験者が十分な休憩時間を挟んで，それぞれの高さの実験に参加した。台の高さを横軸に，1分間あたりの拍動数を縦軸にとった場合，その変化を示す最も適切な図を，次の①～④のうちから一つ選べ。 11

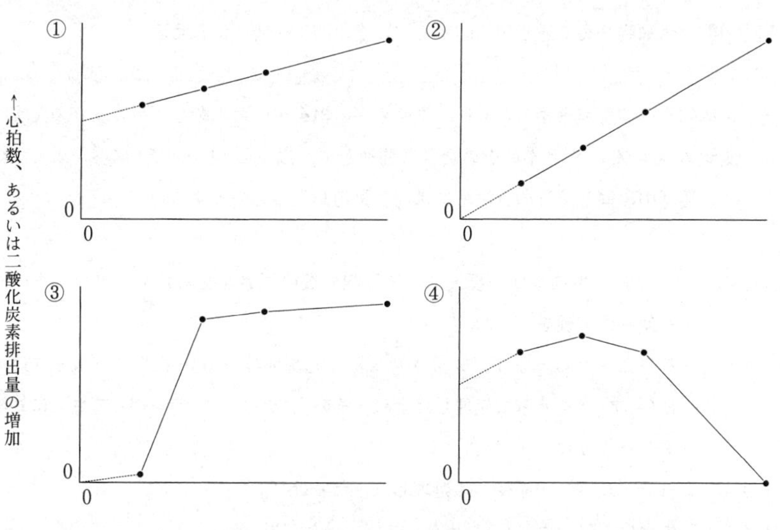

(4) (3) の実験において，運動中に取り込まれた酸素の量を横軸に，排出された二酸化炭素の量を縦軸にとった場合，その変化を示すもっとも適切な図を，(3) の①～④のうちから一つ選べ。なお，被験者が運動中に取り込んだ酸素の量と，排出した二酸化炭素の量はつりあっていたとする。 12

第2問　体細胞分裂や遺伝子に関する，以下の問1〜問3に答えよ。

問1　体細胞分裂を観察するために，タマネギの根を用いた実験を行った。この実験に関するAさんとBさんの次の会話に関連して，以下の(1)〜(5)に答えよ。なお，この会話中の同じ記号のところには同じ語句が入るものとする。

Aさん「この前の生物基礎の授業で，体細胞分裂の観察をするためにタマネギの根を使った実験をしたね。」

Bさん「そうだったね。まず，発根させた根の先端部分を1cm程度切り取り，最初に(　ア　)を使って処理したよね。その上で，(　イ　)を使ってさらに処理をしたような。」

Aさん「なぜ，(　イ　)を使って処理したんだっけ？」

Bさん「先生は，『(　ウ　)のため』と言っていたと思うけど。」

Aさん「そのあと，根の先端から約1mmまでの不透明な部分Ⅰと，そこから約3mm離れた位置にある半透明な部分Ⅱを切り出し，それぞれをスライドガラスの上に載せたよね。」

Bさん「そして切り出した部分を(　エ　)で処理したね。」

Aさん「これはなんでだっけ？」

Bさん「この処理は『(　オ　)のため』と先生は言ってたよ。」

Aさん「その後，それぞれのスライドガラスの上にカバーガラスをかけて，指で押しつぶして顕微鏡で観察したね。」

Bさん「そうしたら，(カ)部分Ⅰと部分Ⅱで違いが見られたね。」

Aさん「先生は，『部分Ⅰと部分Ⅱの違いは，部分Ⅰでは体細胞分裂が盛んなのに対し，部分Ⅱでは細胞分裂がほぼ停止しているから』と言っていたね。」

Bさん「その上で，『(キ)さまざまな大きさの細胞が見られたのは，細胞周期の各段階を見ているから』と先生は教えてくれたね。」

Aさん「(ク)体細胞分裂の過程で，遺伝子の本体であるDNAの細胞1個あたりの相対的な量が変化していることも習ったね。」

(1) 会話中の空欄(　ア　)・(　イ　)・(　エ　)に入る語句の組み合わせとして最も適切なものを，次の①〜⑥のうちから一つ選べ。 13

	（ア）	（イ）	（エ）
①	45%酢酸	3%塩酸	酢酸オルセイン
②	45%酢酸	酢酸オルセイン	3%塩酸
③	3%塩酸	酢酸オルセイン	45%酢酸
④	3%塩酸	45%酢酸	酢酸オルセイン
⑤	酢酸オルセイン	3%塩酸	45%酢酸
⑥	酢酸オルセイン	45%酢酸	3%塩酸

(2) 会話中の空欄（ウ）・（オ）に入る語句の組み合わせとして最も適切なものを，次の①～⑥のうちから一つ選べ。 14

	（ウ）	（オ）
①	固定	細胞の解離
②	固定	染色
③	細胞の解離	固定
④	細胞の解離	染色
⑤	染色	固定
⑥	染色	細胞の解離

(3) 下線部（カ）に関連して，部分Ⅰと部分Ⅱで見られた違いの説明として最も適切なものを，次の①～⑧のうちから一つ選べ。 15

① 部分Ⅰでは，核が赤く染まった細長の細胞がほとんどであったのに対し，部分Ⅱでは，核や染色体が赤く染まったさまざまな大きさの細胞が見られた。

② 部分Ⅰでは，核が赤く染まった細長の細胞がほとんどであったのに対し，部分Ⅱでは，核や染色体が緑に染まったさまざまな大きさの細胞が見られた。

③ 部分Ⅰでは，核が緑に染まった細長の細胞がほとんどであったのに対し，部分Ⅱでは，核や染色体が赤く染まったさまざまな大きさの細胞が見られた。

④ 部分Ⅰでは，核が緑に染まった細長の細胞がほとんどであったのに対し，部分Ⅱでは，核や染色体が緑に染まったさまざまな大きさの細胞が見られた。

⑤ 部分Ⅰでは，核や染色体が赤く染まったさまざまな大きさの細胞が見られたのに対し，部分Ⅱでは，核が赤く染まった細長の細胞がほとんどであった。

⑥ 部分Ⅰでは，核や染色体が赤く染まったさまざまな大きさの細胞が見られたのに対し，部分Ⅱでは，核が緑に染まった細長の細胞がほとんどであった。

⑦ 部分Ⅰでは，核や染色体が緑に染まったさまざまな大きさの細胞が見られたの

に対し，部分Ⅱでは，核が赤く染まった細長の細胞がほとんどであった。

⑧　部分Ⅰでは，核や染色体が緑に染まったさまざまな大きさの細胞が見られたのに対し，部分Ⅱでは，核が緑に染まった細長の細胞がほとんどであった。

(4) 下線部（キ）に関連して，次の図4のa～dは，細胞周期の分裂期の各時期を模式的に表したものである。分裂期の進み方として最も適切なものを，以下の①～⑨のうちから一つ選べ。 16

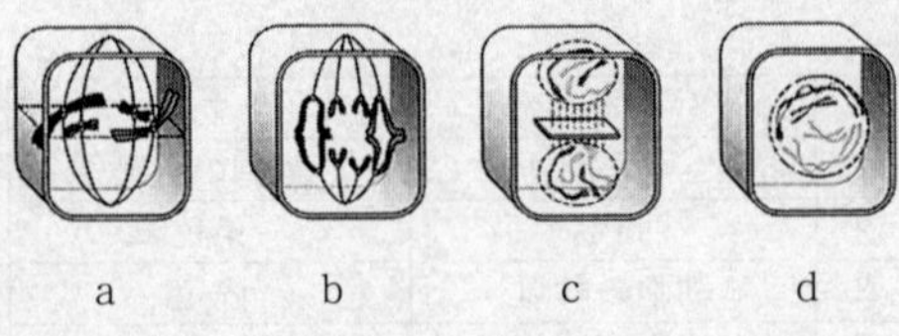

図4

①　a→b→c→d　②　a→d→b→c　③　a→c→b→d
④　b→a→d→c　⑤　b→a→c→d　⑥　b→d→a→c
⑦　d→a→b→c　⑧　d→a→c→b　⑨　d→b→a→c

(5) 下線部（ク）に関連して，(4)の図4のa～dの各時期における，細胞1個あたりのDNA量（相対値）の組み合わせとして最も適切なものを，次の①～⑧のうちから一つ選べ。ただし，ここでは間期の G_1 期の細胞1個あたりのDNA量（相対値）を1とする。 17

	a	b	c	d
①	1	1	1	1
②	1	2	1	2
③	1	1	2	1
④	2	2	2	1
⑤	2	1	2	1
⑥	2	2	1	2
⑦	2	1	2	2
⑧	2	2	2	2

問２　DNAの遺伝情報に基づき，タンパク質が合成される過程について述べた次の文章を読み，以下の(1)～(3)に答えよ。

タンパク質は，生体内でDNAの遺伝情報に基づいて合成される。その際，はじめにDNAの遺伝情報がmRNAへ写し取られる。この過程を（　ア　）とよぶ。そして，(イ)mRNAの塩基配列にしたがってアミノ酸が並び，アミノ酸が連結されてタンパク質が合成される。この過程を（　ウ　）とよぶ。このように遺伝情報がDNA→RNA→タンパク質の一方向へ流れるという考え方を（　エ　）とよぶ。

(1) 文章中の空欄（　ア　）・（　ウ　）・（　エ　）に入る語句の組み合わせとして最も適切なものを，次の①～⑥のうちから一つ選べ。 18

	（ア）	（ウ）	（エ）
①	コドン	翻訳	セントラルドグマ
②	コドン	転写	シャルガフの規則
③	翻訳	転写	セントラルドグマ
④	翻訳	転写	シャルガフの規則
⑤	転写	翻訳	セントラルドグマ
⑥	転写	翻訳	シャルガフの規則

(2) 下線部（イ）に関連して，次の図５は，DNAの遺伝情報に基づいてタンパク質が合成される過程を模式的に表したものである。図５中のａとｂの部分に相当する塩基配列として最も適切なものを，以下の①～⑧のうちから一つずつ選べ。

ａ 19　　ｂ 20

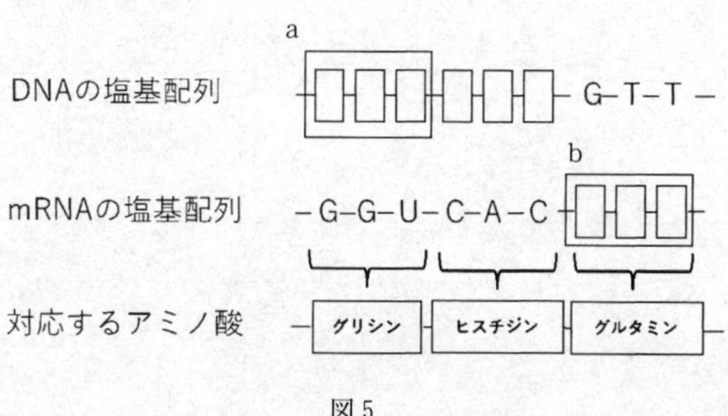

図５

① C－C－A　② C－C－G　③ C－A－T
④ C－A－A　⑤ G－G－A　⑥ G－A－T
⑦ A－A－C　⑧ T－A－C

(3) 図5のDNAの塩基配列の右端のTがGに置き換わった場合，このDNAから合成されるタンパク質のアミノ酸配列として最も適切なものを，以下の①～④のうちから一つ選べ。 21

① －グリシン－ヒスチジン
② －グリシン－ヒスチジン－グルタミン
③ －グリシン－ヒスチジン－ヒスチジン
④ －グリシン－ヒスチジン－グリシン

問3　ある生物のDNAにはチミンが23%含まれていた。このDNAに含まれるシトシンの割合として最も適切なものを，次の①～⑥のうちから一つ選べ。 22

① 15%　② 17%　③ 21%　④ 23%　⑤ 25%　⑥ 27%

第3問　生物の体内環境の維持に関する，以下の問1～問3に答えよ。

問1　次の図6は自律神経系の模式図の一部である。これに関連して，以下の (1) ～ (3) に答えよ

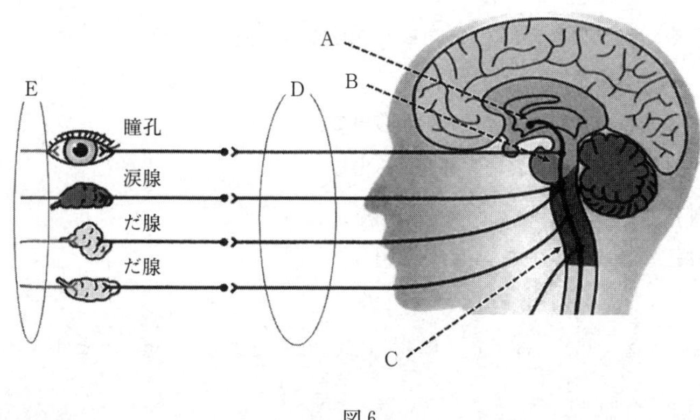

図6

(1) 図6のA～Cにあてはまる部位の名称として，最も適切なものを，次の①～⑥のうちから一つ選べ。 23

	A	B	C
①	間脳	中脳	小脳
②	間脳	視床	延髄
③	視床	中脳	延髄
④	視床	中脳	小脳
⑤	中脳	視床	脊髄
⑥	中脳	視床	小脳

(2) 図6の神経Dに関する次のa～dの文章のうち，正しい内容を過不足なく選んだものを，以下の①～⑥のうちから一つ選べ。 24

a　神経Dは副交感神経で，瞳孔を拡大させる。

b　神経Dは副交感神経で，瞳孔を縮小させる。

c　神経Dは交感神経で，だ腺からのだ液分泌を抑制する。

d　神経Dは交感神経で，だ腺からのだ液分泌を促進する。

①　a　②　b　③　c　④　d　⑤　aとb　⑥　cとd

(3) 図6の神経Eに関する次のa～dの文章のうち，正しい内容を過不足なく選んだものを，以下の①～⑥のうちから一つ選べ。 25

a　神経Eは副交感神経で，脊髄から出る。
b　神経Eは副交感神経で，延髄から出る。
c　神経Eは交感神経で，脊髄から出る。
d　神経Eは交感神経で，延髄から出る。

①　a　②　b　③　c　④　d　⑤　aとb　⑥　cとd

問2　図7は，健康な人が食事を始めた時点から，およそ1時間の間に測定した，グルカゴン，インスリン，そしてこれら二つのホルモンの分泌に関係する物質Aの血液中の濃度の経時変化である。これに関連して，以下の (1) ～ (3) に答えよ。

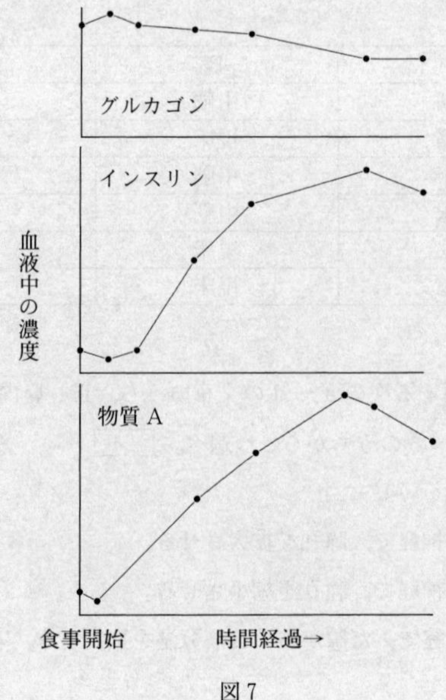

図7

(1) 図7から，グルカゴン，インスリンおよび物質Aの経時変化に関する文章として最も適切なものを，次の①～④のうちから一つ選べ。 26

① グルカゴンの減少は，インスリンの分泌を促進している。
② インスリンの増加は，グルカゴンの分泌を促進している。
③ 物質Aの増加は，グルカゴンの分泌を促進している。
④ 物質Aの増加は，インスリンの分泌を促進している。

(2) 物質Aに関する文章として，最も適切なものを，次の①～④のうちから一つ選べ。 27

① 物質Aはグルコースであり，小腸においてマルトースが分解されて生じる。
② 物質Aはグリコーゲンであり，肝臓に貯蔵されている。
③ 物質Aはグルコースであり，インスリンの分泌によってグリコーゲンが分解されて生じる。
④ 物質Aはグリコーゲンであり，グルカゴンの分泌によってグルコースから合成される。

(3) インスリンの分泌について最も適切なものを，次の①～⑥のうちから一つ選べ。
28

	脳での分泌調節部位	臓器	部位
①	視床下部	すい臓	ランゲルハンス島A細胞
②	視床下部	すい臓	ランゲルハンス島B細胞
③	視床下部	副腎	副腎皮質
④	脳下垂体前葉	副腎	副腎髄質
⑤	脳下垂体前葉	肝臓	肝細胞
⑥	脳下垂体前葉	肝臓	肝小葉

問3　免疫に関する，以下の (1) ～ (3) に答えよ。

(1) 免疫に関する文章として最も適切なものを，次の①～④のうちから一つ選べ。
29

① 樹状細胞は肝臓にある造血幹細胞からつくられる。

② 抗体は病原菌（ウイルスを含む）に対してつくられるが，他の異物に対してはつくられない。

③ 免疫の二次応答では，一次応答に比べ抗体の生産量が多くなる。

④ 白血球の好中球は食作用を行わない。

(2) 図8は獲得免疫の仕組みを示した模式図である。図8中の（ア）～（オ）にあてはまる名称の組み合わせとして最も適切なものを，以下の①～⑥のうちから一つ選べ。 30

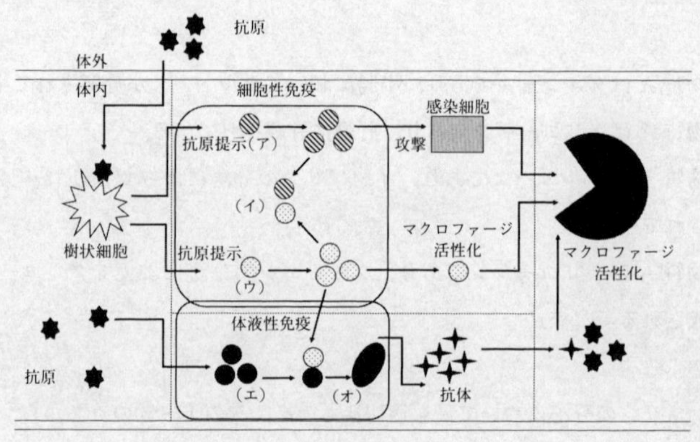

図8

	（ア）	（イ）	（ウ）	（エ）	（オ）
①	キラーT細胞	記憶細胞	ヘルパーT細胞	B細胞	形質細胞
②	ナチュラルキラー細胞	B細胞	形質細胞	キラーT細胞	ヘルパーT細胞
③	キラーT細胞	ヘルパーT細胞	B細胞	記憶細胞	ナチュラルキラー細胞
④	B細胞	記憶細胞	ヘルパーT細胞	ナチュラルキラー細胞	形質細胞
⑤	ヘルパーT細胞	形質細胞	キラーT細胞	B細胞	ナチュラルキラー細胞
⑥	形質細胞	記憶細胞	B細胞	ヘルパーT細胞	キラーT細胞

(3) 免疫に関する病気や疾患として，免疫力の低下，免疫の過剰反応，自己免疫疾患がある。それぞれに相当する名称として最も適切な組み合わせを，次の①～⑥のうちから一つ選べ。 31

	免疫力の低下		免疫の過剰反応		自己免疫疾患	
①	インフルエンザ	日本脳炎	I型糖尿病	II型糖尿病	AIDS	日和見感染
②	I型糖尿病	AIDS	日和見感染	花粉症	関節リウマチ	アトピー性皮膚炎
③	日和見感染	アトピー性皮膚炎	AIDS	II型糖尿病	インフルエンザ	花粉症
④	AIDS	II型糖尿病	日本脳炎	インフルエンザ	I型糖尿病	アトピー性皮膚炎
⑤	花粉症	アトピー性皮膚炎	AIDS	日和見感染	I型糖尿病	II型糖尿病
⑥	AIDS	日和見感染	花粉症	アトピー性皮膚炎	I型糖尿病	関節リウマチ

第4問　世界や日本のバイオームに関する，以下の問1～問2に答えよ。

問1　次の図9は，世界の陸上のバイオームと年平均気温・年降水量の関係を表したものである。図9に関連して，以下の(1)～(3)に答えよ。

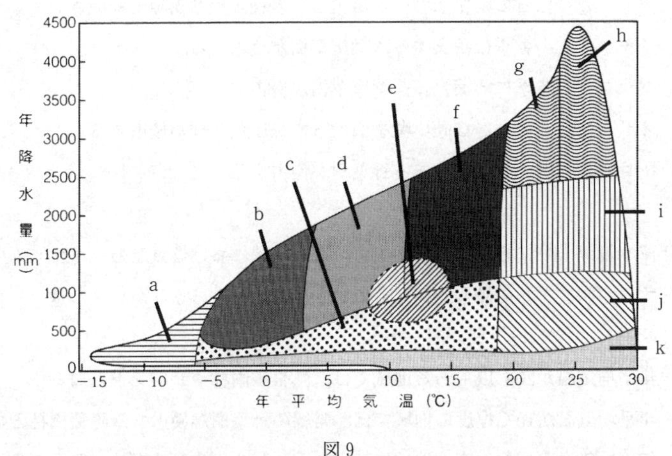

図9

(1) 次の表は，世界の各都市の年平均気温と年降水量を示している。それぞれの都市は，図9のb～kのどのバイオームに当てはまるか。最も適切なものを，以下の①～⓪のうちから一つずつ選べ。なお，同じ選択肢を何回使ってもよい。

都市名	年平均気温	年降水量	回答欄
ナイロビ	20.2℃	769mm	32
リヤド	27.5℃	92mm	33
東京	15.4℃	1528mm	34
イルクーツク	0.9℃	479mm	35
シンガポール	27.9℃	2848mm	36

① b　② c　③ d　④ e　⑤ f　⑥ g

⑦ h　⑧ i　⑨ j　⓪ k

(2) 図9のeのバイオームの説明として最も適切なものを，次の①～⑤のうちから一つ選べ。 37

① フタバガキなどの常緑広葉樹が優占し，多種多様な樹種で構成されている。

② チークなどの乾季に落葉する落葉広葉樹が優占する。

③ ブナなどの冬季に落葉する落葉広葉樹が優占する。

④ オリーブなどの小さな硬い葉をつける常緑広葉樹林が優占する。

⑤ トウヒ類などの耐寒性のある針葉樹が優占する。

(3) 年降水量が十分にあり，樹木が生育可能な地域における気温とバイオームの関係に関する説明文として最も適切なものを，次の①～④のうちから一つ選べ。 38

① 年平均気温が20℃以上ある地域では，熱帯多雨林やサバンナとなる。

② 年平均気温が15℃程度の地域では，常緑の針葉樹が優占する照葉樹林となる。

③ 年平均気温が10℃程度の地域では，冬季に落葉する落葉樹林が優占する夏緑樹林となる。

④ 年平均気温が0℃程度の地域では，冬の寒さに耐えられる樹林が優占するツンドラとなる。

問2　日本のバイオームに関する次の文章を読み，以下の (1) ～ (3) に答えよ。なお，この文章中の同じ記号のところには同じ語句が入るものとする。

日本は年降水量が十分に多いので，一部を除いて森林のバイオームが成立する。日本列島は南北に細長く，平地では高緯度になるほど気温が低下するので，バイオームは緯度にしたがって変化する。このような緯度に対応したバイオームの分布を（　ア　）という。一方，標高が上昇すると気温が低下するので，標高に対応してバイオームも変化する。この変化を（　イ　）という。本州中部地方では，平地から標高600m あたりまでを（　ウ　）といい，照葉樹林が分布する。標高600 ～ 1500m を（　エ　）といい，夏緑樹林となる。標高1500 ～ 2400m を（　オ　）という。（　オ　）より上は（　カ　）といい，低温と強風により森林が形成されなくなる。

(1) 文章中の空欄（　ア　）・（　イ　）に入る語句の組み合わせとして最も適切なものを，次の①～⑥のうちから一つ選べ。 39

	（　ア　）	（　イ　）
①	垂直分布	水平分布
②	垂直分布	森林限界
③	森林限界	垂直分布
④	森林限界	水平分布
⑤	水平分布	垂直分布
⑥	水平分布	森林限界

(2) 文章中の空欄（　ウ　）～（　カ　）に入る語句の組み合わせとして最も適切なものを，次の①～⑥のうちから一つ選べ。 40

	（　ウ　）	（　エ　）	（　オ　）	（　カ　）
①	丘陵帯	亜高山帯	山地帯	高山帯
②	丘陵帯	山地帯	亜高山帯	高山帯
③	丘陵帯	山地帯	高山帯	亜高山帯
④	山地帯	丘陵帯	亜高山帯	高山帯
⑤	山地帯	丘陵帯	高山帯	亜高山帯
⑥	山地帯	亜高山帯	丘陵帯	高山帯

(3)（　ウ　）・（　エ　）・（　オ　）に生息する代表的な植物の組み合わせとして最も適切なものを，次の①～⑥のうちから一つ選べ。 41

	（ウ）	（エ）	（オ）
①	シラビソ・コメツガ	スダジイ・タブノキ	ミズナラ・カエデ類
②	シラビソ・コメツガ	ミズナラ・カエデ類	スダジイ・タブノキ
③	スダジイ・タブノキ	シラビソ・コメツガ	ミズナラ・カエデ類
④	スダジイ・タブノキ	ミズナラ・カエデ類	シラビソ・コメツガ
⑤	ミズナラ・カエデ類	シラビソ・コメツガ	スダジイ・タブノキ
⑥	ミズナラ・カエデ類	スダジイ・タブノキ	シラビソ・コメツガ

第5問　生態系のバランスと保全に関する，以下の問1～問4に答えよ。

問1　次の文章を読み，以下の(1)・(2)に答えよ。なお，この文章中の同じ記号のところには同じ語句が入るものとする。

河川などに生活排水などの汚水が流入すると，汚水中の汚濁物質は希釈されたり，微生物に分解されたりして減少する。この働きを（　ア　）という。水界生態系において，栄養塩類の濃度が高くなることを（　イ　）という。形成されたばかりの湖沼は栄養塩類や生物の少ない（　ウ　）の状態である。そして，長い年月をかけて栄養塩類が増加し，（　イ　）はゆっくりと進行する。一方で，大量の生活排水などが流入して（　イ　）が急速に進行すると，特定のプランクトンが異常に増殖する赤潮などが発生する。(エ)赤潮が発生すると，魚介類が大量に死ぬことがある。

(1) 文章中の空欄（　ア　）～（　ウ　）に入る語句の組み合わせとして最も適切なものを，次の①～⑥のうちから一つ選べ。 42

	（ア）	（イ）	（ウ）
①	富栄養化	自然浄化	貧栄養
②	富栄養化	貧栄養	自然浄化
③	自然浄化	富栄養化	貧栄養
④	自然浄化	貧栄養	富栄養化
⑤	貧栄養	富栄養化	自然浄化
⑥	貧栄養	自然浄化	富栄養化

(2) 文章中の下線部（エ）に関して，魚介類が大量に死ぬ原因の説明文として最も適

切なものを，次の①～④のうちから一つ選べ。 43

① 異常に増殖したプランクトンの呼吸やその遺体の分解に水中の二酸化炭素が消費され，水中の二酸化炭素の濃度が極端に低下するため。
② 異常に増殖したプランクトンの呼吸やその遺体の分解に水中の酸素が消費され，水中の酸素の濃度が極端に低下するため。
③ 異常に増殖したプランクトンの呼吸やその遺体の分解に水中のリンが消費され，水中のリンの濃度が極端に低下するため。
④ 異常に増殖したプランクトンの呼吸やその遺体の分解に水中のアンモニアが消費され，水中のアンモニアの濃度が極端に低下するため。

問2 次のx～zのうち，外来生物法で特定外来生物に指定されている生物を過不足なく選んだものを，以下の①～⑦のうちから一つ選べ。 44

x タイワンザル
y フイリマングース
z アカウミガメ

① x　② y　③ z　④ x，y
⑤ x，z　⑥ y，z　⑦ x，y，z

問3 森林を大規模に焼却すると，大気中の二酸化炭素濃度が増加する。大気中の二酸化炭素の濃度の増加は，どのような影響を地球上に及ぼすと考えられるか。最も適切なものを，次の①～⑥のうちから一つ選べ。 45

① オゾン層が破壊され，地球の平均気温が上昇する。
② オゾン層が破壊され，地表に届く紫外線が増加する。
③ 酸性雨が降り，地球の平均気温が上昇する。
④ 酸性雨が降り，地表に届く紫外線が増加する。
⑤ 温室効果が促進され，地球の平均気温が上昇する。
⑥ 温室効果が促進され，地表に届く紫外線が増加する。

問4　人間と生態系のかかわりに関する説明文として最も適切なものを，次の①～④のうちから一つ選べ。 46

① 渡り鳥などが利用する湿地の保全や利用を目的として，1971年にワシントン条約が採択された。

② 人間によって持ち込まれたオオクチバスが，海岸近くに生息する在来の海洋性小型魚を捕食し、その数を激減させることがある。

③ 開発の影響で生態系のバランスがそこなわれる恐れがないか検討する必要があり，これを環境アセスメントという。

④ 人間が伐採などによって維持している里山の雑木林では，遷移の最終段階に出現する陰樹が優占する。

るのではなく、両者が互いに関係を受け容れるという状態が生じるのをただ待つしかない。

② 介護する者と介護される者は能力という点では対等にはなり得ないが、その間に築かれる関係に着目することで能力の不十分さが解消されるため、その関係を豊かにすることに注力する必要がある。

③ 介護が人間に向けられたものとなり、その人間の豊かさに寄与するものとなるためには、人間の価値を能力から切り離した形で捉えた上で、介護する者と介護される者の間に心が開かれた関係が形成される必要がある。

④ 介護は介護する／介護されるという立場が明確であり、その主体は介護される者であるため、介護される者が介護という関係を受け容れることを待つことしかできない。

⑤ 介護する者と介護される者の間にひととひととの個別的関係が築かれるためには、それぞれが主体と客体としての役割をバランスよく果たしつつ、対話の機会を十分に持つ必要がある。

問6　傍線部（5）「われわれは他者を必要とする」とあるが、その理由として最も適切なものを、次の①～⑤のうちから一つ選べ。解答番号は 23 。

① 自らの能力を肯定的に評価し、自己を確立するためには、他者からの肯定的な受け容れが必要だから。
② 自分の価値を高めていくためには、他者によってその価値が認められる必要があるから。
③ 「人間＝個体×関係」という人間観の下で能力としての豊かさを維持するためには、他者との豊かな関係が必要だから。
④ 心の痛みや重荷を軽減するためには、話を聞いてくれる他者の存在が必要だから。
⑤ 自分自身の存在を安定して受け容れるためには、他者が自分を支え、受け容れてくれる必要があるから。

問7　傍線部（6）「大事なのは、事態そのものである」とあるが、ここで筆者が言おうとしていることとして最も適切なものを、次の①～⑤のうちから一つ選べ。解答番号は 24 。

① 心が開かれた関係を生成しようという意図を各人が持つことは、そのような関係生成を阻害する恐れがある。
② 心が開かれた関係の誕生に立ち会うためには、各人が関係構築に能動的に関わろうと努力する必要がある。
③ 心が開かれた関係は、目指すものではなく、おのずと生成されることに重要な意味がある。
④ 心が開かれた関係が生成されるためには、相手にその関係を受け容れようという意図があるかどうかが重要である。
⑤ 心が開かれた関係が成立するためには、各人が対話の背後に退き、対話自体が主役となる必要がある。

問8　筆者の考えとして最も適切なものを、次の①～⑤のうちから一つ選べ。解答番号は 25 。

① ひととひととの関係における介護が成立するためには、介護する者と介護される者が意図して関係を受け容れようとす

② ひととひととして向き合い、関係を構築すること自体が稀なことだから。
③ 自立した主体の確立こそを理想とする社会の中で育ってきたから。
④ 他者との関係性を損なわないためには、互いに適度な距離をとることが必要だから。
⑤ 関係だけでなく、個人の能力も自分の本質を為すものとして無視できないから。

問5 傍線部（4）「老いと介護の倫理」とあるが、それについての筆者の考えとして最も適切なものを、次の①～⑤のうちから一つ選べ。解答番号は 22 。

① 介護される者が、自分自身で行動を決めることができ、その責任をとれる場合に限り、老いと介護の倫理は困難を抱えることなく成立する。
② その人の能力と関係を切り分けるのではなく、関係としての主体を強調することでこそ、老いと介護の倫理は健全な形で成立しうる。
③ 介護する者の主体性と介護される者の主体性のそれぞれが強調されることが、老いと介護の倫理の場が開かれるためには必要である。
④ 介護を必要とする者は能力としての主体性が低下した者であり、倫理的主体となることはできないため、老いと介護の倫理は介護する者が設定せざるをえない。
⑤ 介護される者との関係性を損なわないように、介護する側が何に気をつけなければいけないかを考えることこそが、老いと介護の倫理においては重要である。

⑤　人間としての豊かさは、能力または関係性のいずれかが豊かであることで維持される。

問3　傍線部（2）「介護される者の関係を豊かにする」とあるが、これについての筆者の考えとして最も適切なものを、次の①〜⑤のうちから一つ選べ。解答番号は 20 。

①　介護を必要とする者は、その関係性も限られたものとなってしまうため、介護する者との関係の豊かさが特に重要となる。

②　介護する者が、老いや障害を人間としての在り方として受け容れることができさえすれば、介護される者の関係としての在り方は豊かになる。

③　介護される者の能力の足りない部分を介護する者が適切に認識し、そこを補うことが、介護を通して関係を豊かにするためには重要である。

④　介護する者は、介護される者の関係を構成する一要素であるため、介護者の在り方自体が、介護される者の関係を豊かなものにも、貧しいものにもする力を持っている。

⑤　介護される者の老いや障害には目を向けず、介護する者と介護される者が関係として向き合うことで、介護される者の関係としての在り方は豊かになる。

問4　傍線部（3）「このことを、なぜわれわれは素直に認めることができないのだろうか」とあるが、この問いに対する筆者の考えとして最も適切なものを、次の①〜⑤のうちから一つ選べ。解答番号は 21 。

①　他者に対して心を開くことは危険を伴うことだから。

注（1）三好春樹 —— 一九五〇年〜。理学療法士。
（2）クライアント —— カウンセリングなどの心理療法の利用者のこと。

問1　波線部（あ）〜（う）の各語句の意味として最も適切なものを、次の各群の①〜⑤のうちからそれぞれ一つずつ選べ。解答番号は 16 〜 18 。

（あ）「猫なで声」 16
① 媚びるような声
② 慈しむような声
③ かわいらしい声
④ 諭すような声
⑤ 威嚇するような声

（い）「慄然とする」 17
① 非常に驚く
② 恐れおののく
③ あきれて失望する
④ 困惑する
⑤ あきらめる

（う）「通り一遍の」 18
① かたよった
② 一方向的な
③ ありきたりな
④ 一時的な
⑤ うわべだけの

問2　傍線部（1）「従来の人間観」とあるが、これについて述べた内容として最も適切なものを、次の①〜⑤のうちから一つ選べ。解答番号は 19 。
① 人間としての豊かさとその人の有する関係性の豊かさは切り離されたものである。
② 関係の豊かさこそが、人間として豊かであるために最も重要な要素である。
③ 人間としての豊かさに最も影響を及ぼすのは、他者との関係を築く能力である。
④ 個人の能力の低下は、必然的に人間としての貧しさにつながる。

てくれるのであろうか。もしかすると、この問い方自体が誤っているのかもしれない。というのは、こちらが一定の条件を満たしたときに相手がわれわれを受け容れてくれるというのであれば、その受け容れ、ないし肯定は条件付きのものに留（とど）まり、決して心を開くといった在り方とは言えないからである。

われわれが他者と出会うとき、いわば一歩一歩探っていくような人間関係の構築が事実的には行われているとしても、そこに留まっている限り他者との関係は(う)通り一遍のものでしかないであろう。そもそも、当方は条件をここまでクリアーしましたから、今度はあなたの方でそれに見合った態度をして下さいよというのは、あくまでも取引である。暴力あるいは強制の下で取引すら成り立たない場合があることを思えば、取引が可能なだけでもよしとすべきかもしれない。しかし、それでは依然としてひとがひとに対等に向き合う場とはなりえない。われわれが目指しているのは、取引を超えた、取引とは別の次元での関係である。

心が開かれた関係の生成を、こちら側からの能動的努力（たとえば誠心誠意の献身）とそれに対応した相手側からの能動的受け容れに求めるかぎり、われわれは取引の次元を超えることはできない。(6)大事なのは、事態そのものである。

たとえば、対話の成立を考えてみよう。相互に問い、また答える、ここでは能動性と受動性とがバランスよく交代・転換している。対話者はそれぞれ主体であり、客体である。しかし、この対話で一番の主役は対話者ではなく、対話そのものである。充実した対話であればあるほど、対話者はいわば背後に退き、対話の展開に立ち会うというかたちになる。同様に、ひととひととの関係において重要なのは、各人が主体的にどのようにしようとしているかではなくて、いつとはなしにお互いが心を開いてしまっているという事態である。親友の場合でもよい。親友をつくろうと意図して親友となったわけではあるまい。いつのまにか、親友となっていたというのが実情である。お互いがひととして向き合う関係は、意図的に生み出すことはできない。できるのは、そのような事態が生まれてくるのに立ち会うことだけである。

（池上哲司『傍らにあること——老いと介護の倫理学』による）

他者に対してひととして向き合うことは難しい。他者についての一般的な理解は可能としても、一人のひととしての他者は複雑で謎に満ちている。そのような謎としての他者に対して、こちらから心を開きひととして向き合おうとすることは一種の冒険である。なぜなら、相手から拒絶され、ひょっとすると騙(だま)され裏切られるかもしれないのだから。したがって、日常においてわれわれは、他者との関係を当たり障りのないものに留め、それ以上踏み込むことを差し控える。そのレベルで互いに納得し、相手に干渉することなく適度の距離をとりつつ、われわれは生きていく。そして、それで生きていけるのであればなんら問題はないであろう。

しかし、他方で(5)われわれは他者を必要とする。自分で自分を肯定したところで、われわれはその頼りなさに(い)慄然とするばかりである。自己は他者に肯定され受け容れられない限り、安定を確保できない。われわれの存在は他者によって支えられることを通して維持されてきた。そのことを忘れ、自己の存在は自己自らによってのみ維持され発展してきたとして、それを自己の主体性と見誤ることから、能力としての主体こそが自己であるとされることになる。こうして何かができることが、何かをすることが自己の、そして人間の価値を決める唯一の尺度と考えられるようになる。

この思いこみは根深い。近世以降ずっと個人の確立が目指され、自立した主体の実現こそが理想とされてきたのだから。そういった中で育ってきたわれわれにとって、三好春樹が言う人間＝個体×関係という人間観を受け容れ、それを生きることがきわめて難しいのも、ある意味で当然である。だが、われわれの経験を素直に見つめ直してみよう。他者から無視されることで、どれだけ多くのひとが傷ついていることだろう。心理カウンセラーに話を聞いてもらうことで、クライアント(注2)の心の重荷がどれだけ軽減されていることか。たった一言の「ありがとう」によって、われわれは元気が出てくるのではないか。自らの存在を他者によって受け容れられることで、われわれは自らの存在を受け容れることができる。生きる勇気が湧いてくるのである。

しかし、どのような条件を満たせば他者はわれわれに心を開き、われわれを受け容れ、われわれに対してひととして向き合っ

すでにその倫理を担うべき主体が不可能となっているからである。老いた者や介護される者が倫理的主体と見なされないとき、彼らは主体の座から対象へと転落し、介護の対象となる。こうして、倫理は介護する者の側に独占される。しかし、対等の者の間でこそ倫理は健全なものでありうる。他者から押しつけられる倫理は倫理ではなく、強制である。

　人間を関係から切り離して能力の主体としてみる限り、老いと介護の場面はどこまでいっても対等の関係とはなりえない。介護の場面がひととひととが向き合う場となるには、関係としての主体ということが強調されねばならない。つまり、介護する者と介護される者との関係において倫理の場が開かれるのであり、ここではその関係を豊かなものとすることが目指されるのである。したがって、そこでの倫理には二つの要素が含まれる。一つは、介護する／介護されるという一般的関係に関わる一般性であり、もう一つはひととひととの個別的関係に関わる個別性である。そして、決定的に重要なのは後者である。というのは、個別的関係のうちで初めて、われわれは自己の個別性を確認し、自らを肯定し受け容れるという仕方で、豊かな関係を実現できるからである。

　一般性とは、当該の他者との関係性を損なわないための必要条件を為すものである。たとえば、相手の老人や要介護者に横柄な態度で対応するとか、逆に必要以上に下手（したて）に出たり、(あ)猫なで声で話しかけたりするのは、関係を豊かにするものではなく、むしろ破壊するものであろう。つまり、そこでの関係に即した言葉遣い、態度、あるいは処置などの適切性を構成するのが、一般性である。いわば介護の場面での、すなわち介護する者と介護される者のエチケット、マナー、作法と言ってもよいだろう。

　これ以上に何が必要なのであろうか。それは、一般的な介護する／介護されるという関係からもう一歩踏み込んだ、ひととひととしての関わりを可能とするような要素であり、それこそが個別性と呼ばれたものである。しかし、これは本当に可能なことなのだろうか。介護の場面を離れた他の場合にあっても、ひととひととが互いに心を開き、ひととひととして向き合うということがいかに稀（まれ）であるかを、われわれは嫌というほど知らされているはずである。

が大変なことは十分に認めるとしても、人間を目指す介護としては不十分であったと言わざるをえない。というのは、介護する者が人間を能力の主体としての個体として考えることが多かったため、必然的に介護される者は能力の点で不十分な介護対象と見なされることになってきたからである。

介護する者も介護される者も共に関係として向き合えるとき、人間の介護ということが可能となる。そして、介護される者の関係が豊かになるためには、その関係に関わる介護者の在り方自体が豊かなものでなければならない。というのは、たとえば介護者が老いを厭(いと)うべきものと考えていたならば、彼のその老いに対する関係が、介護される者との関係を貧しいものとしてしまうからである。つまり、介護する者が老いを忌避する限り、介護される老人はつねに忌避され、その関係としての在り方は貧しいものとされてしまうのである。また、介護される者自身が老いを忌避している限り、どんな介護を受けようとも、彼の関係としての在り方は貧しくなっていくだけであろう。こうして、介護が関わるべきは関係であることが明らかとなる。

介護する／介護されるという関係がひととひととの関係として成立するためには、両者が人間の在り方を関係として捉え、さらに老いや障害を人間の在り方として受け容(い)れることが必要となる。しかし、能力の下降を伴う老いをわれわれは素直に受け容れることがなかなかできない。何かをする能力こそが自分の本質を為すという思い込みが根強くわれわれを拘束している。しかし、もう一度われわれの在り方を振り返ってみよう。この世界に生まれ落ちたときから、われわれは関係の中で育てられ、生きてきた。成長してからも、人びとと関係を結び、その関係の中で生きている。関係こそがわれわれである。(3)このことを、なぜわれわれは素直に認めることができないのだろうか。他者の存在ということを通して、この問題を考えてみたい。

自らの意志によって自らの行為を選択し、その責任を自らで担うといった倫理的主体を想定する限り、(4)老いと介護の倫理は困難を抱えることとなろう。なぜならば、そのような能力としての主体性の下降、減退の現れが老いや障害とされるのであれば、

第二問【現代文】（前の【古文】とのどちらか一方を選択しなさい。）

次の文章を読んで、設問（問1〜問8）に答えよ。

三好春樹（注1）は『関係障害論』において、人間＝個体＋関係とする（1）従来の人間観に対して、人間＝個体×関係という人間観を提唱する。人間をあくまでも関係の中で考えていこうという発想である。つまり、能力の主体としての個体と関係とが切り離されているわけではなく、人間を関係の中の個体として見ようというのである。したがって、個体としての能力が下降したとしても、必然的にその人間が貧しくなるわけではない。なぜなら、そのひとの関係が豊かなものであれば、あるいは豊かになれば、個体×関係としての人間は豊かであり続けることが可能だからである。

介護を必要とする状態を介護すること、それがまず第一に為（な）されねばならない。しかし、それだけでは不十分である。なぜならば、三好が指摘するように、介護されるひとは同時に関係をも生きているからである。いや、他者との関係こそがそのひとでもあるのだから。

介護は（2）介護される者の関係を豊かにするものでなければならない。そのためには、介護は個体×関係としての人間に向けられる必要がある。つまり、介護する者も介護される者も人間＝個体×関係であるという発想に立つことが重要となる。そうでなければ、介護する者は介護される者を対象としてしか見ないだろうし、介護される者はつねに自らの能力の下降、欠損のみを自らの在り方として認識することになるだろう。

介護は人間を介護する。きわめて当たり前のことのように思える。しかし、われわれがやってきたことは食事の介護であり、トイレの介護であり、車椅子の介護だったのではないか。それらの介護が介護される者の力になっていること、また、その介護

① 病が治る見込みがなく自らの死期を悟った天皇は、愛する筆者をつねに自分のそばに置いていた。ところが、他の乳母からのやっかみに苦しんでいた筆者は、そんな天皇の思いをありがたく感じながらも、うとましく思っていた。
② 病のために何をするにしても人の支えを必要とする天皇は、筆者や乳母たちの献身的な介護を大変ありがたく感じていた。しかし、かつての威厳を天皇に見いだすことができなくなった筆者は、天皇に仕えながらも大変寂しく感じていた。
③ 天皇はいつ何時も筆者をそばに置いておきたいと思っていたが、政務の際には筆者たちを退出させなければならなかった。実際、天皇のもとに訪れることの多かった関白殿は、筆者たちのことを邪魔なものだと思っていた。
④ 自分に対して献身的に仕えてくれる筆者のことを、天皇はとても大切にした。たとえば、関白殿が天皇のもとに訪ねにきたときには、筆者の姿を関白殿の目につかないように、筆者への配慮をするなどした。
⑤ 天皇のそばで仕える者たちは、病気の天皇に近寄ろうとしない中宮のことを、あまり好ましく感じていなかった。そのため、まれに中宮が天皇のもとを訪れる際には、中宮の言葉にも耳を貸そうとはしなかった。
⑥ 天皇のもとを訪れていた中宮が居所に帰っていった後、筆者たちは再び天皇のそばに集まった。夕方まで拝見しなかったためか、天皇の様子は変わったように見え、天皇の前向きな言葉を聞いて、筆者の気持ちは慰められた。

問9 『讃岐典侍日記』は平安時代の女流日記文学であるが、次のア〜オの作品群には、平安時代に女性が書いたものではないものが二つ含まれている。その組み合わせとして正しいものを、後の①〜⑤のうちから一つ選べ。解答番号は 28 。

ア 『十六夜日記』　イ 『更級日記』　ウ 『蜻蛉日記』　エ 『土佐日記』　オ 『和泉式部日記』

① アとウ　② アとエ　③ イとエ　④ イとオ　⑤ ウとオ

⑤　関白殿が自分のために祈祷の準備を整えてくれているが、自分はその祈祷の日まではたして生きていられるだろうか、という天皇の諦めの入り交じった気持ち。

問7　傍線部Ｅ「宮の御かたより、宣旨、おほせ書きにて」とあるが、ここでの中宮の気持ちとはどのようなものであるか。その説明として最も適切なものを、次の①～⑤のうちから一つ選べ。解答番号は 25 。

①　自分も時々は天皇のもとを訪れてはいるが、筆者や乳母たちは私の訪問を妨げようとしてくるので、筆者たちを退出させて私をそばに置いてほしい、と天皇に対して切望している。

②　自分は昔から筆者の姉の三位と仲は良かったのだが、最近は会うことができていないため、三位の安否についてときどき私に教えてほしい、と筆者に対して思っている。

③　自分も皆と同様に、病気の天皇の様子が気になってはいるものの、かつてのようには知らせを受けることがないので、もう少し状況を伝えてほしい、と筆者に対して思っている。

④　自分と筆者は昔から浅からぬ付き合いがあり、筆者のことをとても親しく感じているので、天皇が亡くなった後も遠慮せずに私を頼ってほしい、と筆者に対して思っている。

⑤　自分は他の者たちとは異なり、天皇の病気が治ることを信じているものの、天皇は私のことを遠ざけようとしているので、もっと私を尊重してほしい、と天皇に対して切望している。

問8　この文章の内容に関する説明として適切なものを、次の①～⑥のうちから二つ選べ。ただし、解答の順序は問わない。解答番号は 26 ・ 27 。

問5 傍線部C「いかがはせんとて過ぐす」の現代語訳として最も適切なものを、次の①～⑤のうちから一つ選べ。解答番号は 23 。

① どうしようもないと思って、そのまま過ごした。
② 私がなんとかしようと思って、天皇とともに時間を過ごした。
③ それほどのことでもないだろうと思い、そのままにした。
④ どのようにしようか悩みながらも、なんとかやり過ごした。
⑤ 私ならどのようにでもできるはずだと思い、放っておいた。

問6 傍線部D「それまでの命やはあらんずる」とあるが、これは誰のどのような気持ちが表れたものか。その説明として最も適切なものを、次の①～⑤のうちから一つ選べ。解答番号は 24 。

① 関白殿が天皇の体調が少しでもよくなるよう占いや祈祷をしてくれるので、きっと天皇の病はすぐにでも治るに違いない、という筆者の安心した気持ち。
② 関白殿が天皇が亡くなった後の準備を整えはじめたので、自分の命はもう先が長くないことを皆が感じはじめたのだ、という天皇の寂しい気持ち。
③ 関白殿が天皇の代わりにおこなったことを報告しに来るたびに感じる、天皇の命はどれほど長く持ちこたえることができるのだろうか、という筆者の不安な気持ち。
④ 関白殿が自分が不在の中でも滞りなく政務を担ってくれているので、自分はいつ死んでももう心配することはないのだ、という天皇の満足した気持ち。

のお心が、大変尊いものだと感じられて。

② 天皇はいつも私をそばに置いていることを気恥ずかしく感じておられるのに、その気持ちをお隠しになられていることが、とても申し訳なく感じられて。

③ 天皇は病のため苦しそうなご様子であるのに、私が関白殿に見られないで済むように心配りをしてくださるそのお気持ちが、身にしみてありがたく感じられて。

④ 関白殿たちがいつも私のことを責めるのを天皇は心苦しくお感じになられ、私を慰めようとしてくださるそのお気遣いが、身に余るほど嬉しく感じられて。

⑤ 天皇はどんなに病に苦しんでいるときでも私を愛する言葉をかけてくださるのに、私はそれに十分に応えることができず、とてもつらく感じられて。

問4　傍線部B「はかばかしくも召さで」の現代語訳として最も適切なものを、次の①～⑤のうちから一つ選べ。解答番号は 22 。

① 食事をしっかりと召し上がりもせず
② 目的がはっきりしないのにお呼びになるので
③ ぼんやりとしたご様子でいらっしゃるけれど
④ 気持ちを落ち着かせてお仕えすることができずに
⑤ 立派なお着物を身につけておいでではないけれど

問1　波線部a、b、dの「な」の文法的説明として最も適切なものを、次の①～⑧のうちからそれぞれ一つずつ選べ。なお、同じものが二度入ることはない。解答番号はaが16、bが17、dが18。

①　動詞の一部　　②　完了・強意の助動詞
③　断定の助動詞の一部　　④　伝聞・推定の助動詞の一部
⑤　副詞　　⑥　係助詞の一部
⑦　終助詞　　⑧　名詞

問2　波線部c、eの「まゐらせ」と同じ意味用法を持つものを、次の①～⑤のうちからそれぞれ一つずつ選べ。なお、同じものが二度入ることはない。解答番号はcが19、eが20。

①　后の宮は、内裏(うち)にまゐらせたまひて、……。
②　(光源氏は)よろづに、まじなひ・加持などまゐらせたまへど、……。
③　(厳島神社の内侍(ないし)たちが)めづらしう思ひまゐらせて、もてなしまゐらせ候はんずらん。
④　(桐壺帝が光源氏を)急ぎまゐらせて御覧ずるに、珍らかなる児(ちご)の御かたちなり。
⑤　(鬼が)酒まゐらせ、遊ぶありさま、この世の人のする定(ちやう)なり。

問3　傍線部A「かく、苦しげなる御心地にたゆまず告げさせたまふ御心の、あはれに思ひ知られて」の解釈として最も適切なものを、次の①～⑤のうちから一つ選べ。解答番号は21。

①　度重なる関白殿の訪問を天皇は苦々しく思っておられるのに、関白殿の前では何事もないように気丈に振る舞われるそ

(2) 御盤 —— 食事を盛る皿などの食器類。あるいは食器などをのせる台。
(3) よにならせたまひたる —— ここでは「よになる」で、死期が迫っていることをいう。
(4) 殿 —— 関白の藤原忠実のこと。本文中の「大臣」「大殿」も同じ。関白が天皇に公のことを申し上げる場合には、女房は退席するのが慣例であった。
(5) うちしめりならひておはしませば、いかでかはしるからん —— 天皇のもとに訪ね来る者たちはしめやかに訪れるので、関白が訪れたとしても、女房たちがはっきりとそれをわかることがない、という意味。
(6) いとどはれにはしたなき心地すれば —— つねに天皇のおそばにお添い臥し申し上げたままでいるのは、表立っていて体裁が悪い心地はするけれど。
(7) 三位殿 —— 大臣殿の三位のこと。
(8) 御占には、とぞ申したる、かくぞ申したる —— 「御占」とは、天皇の譲位の吉凶を判定するために行われた占いのこと。「と」「かく」とあるのは、関白が実際に言った言葉を筆者がぼかして書いたことによる。
(9) 御仏御修法のべさせたまふ —— 史実によると、このとき薬師如来像を七体作って、尊勝法という密教の祈祷（きとう）をおこなった。
(10) 宮 —— 堀河天皇の中宮。篤子内親王。
(11) 三位 —— 藤三位（とうさんみ）。藤原兼子。長子の姉。藤三位は熱病をわずらっており、参内していない。
(12) 昔の御ゆかりには、そこをなんおなじう身に思ふ —— ここでは、中宮の祖先と長子の祖先とが関わりを持っていたことに基づいて、中宮が述べている。

申したる、かくぞ申したる。御祈りは、それぞれなん始まりぬる。また、十九日より、よき日なれば、(注9)御仏(みほとけ)御修法(みずほふ)のべさせたまふ」と申させたまへば、「[D]それまでの命やはあらんずる」とおほせらる。かなしさ、せきかねておぼゆ。

大殿立たせたまひぬれば、引き被きたる単衣引き退けて、うちあふぎまゐらせ[c]などするほどに、[E]宮の御かたより(注10)、宣旨、おほせ書きにて、「(注11)三位などのさぶらはるるをりこそ、こまかに御有様も聞きまゐらすれ、おほかたの御返りのみ聞くなん[d]、おぼつかなき。(注12)昔の御ゆかりには、そこをなんおなじう身に思ふ。今の御有様、こまかに申させたまへ」とあり。「たが文ぞ」と問はせたまへば、「あの御かたより」と申せば、「昼つかた、のぼらせたまへ」とおほせごとあれば、さ書きて。

[e]まゐらせたまへば、昼つかたになるほどに、道具など取り退けて、みな人々、うちやすめとておりぬ。されど、もし召すこともやと思へば、御障子(みさうじ)のもとにさぶらふ。いかなることどもをか申させたまふらん。いかでかは知らん。しばしばかりありて、御扇(あふぎ)打ち鳴らして召す、「それ取りて」とおほせらるべきことありければ、召して、「なほ障子立ててよ」とおほせらる。よくぞおりでさぶらひけると思ふ。なほおほせらるることありと見えたり。立ち退く。御障子立てて、「御扇鳴らさせたまへ」と申させたまひければ、御障子開(あ)くこと、無期(むご)になりぬ。

夕つかた、帰らせたまひぬれば、たれもたれもまゐりあひぬ。御けしき、うちつけにや、変はりてぞ見えさせたまふ。「今日しも、すこし夜の明けたる心地しておぼゆれ」とおほせらるる聞く心地のうれしさ、何にかは似たる。

(『讃岐典侍日記』による)

注(1)一昨年の御心地のやうに――「一昨年」にあたる長治二年(一一〇五年)に堀河天皇は病に苦しんだが、そのときは長子たちが世話をして治すことができたことを指している。

第二問【古文】（後の【現代文】とのどちらか一方を選択しなさい。）

次の文章は、『讃岐典侍日記』の一節である。病に苦しんでいる堀河天皇の看護を、筆者（藤原長子）と大弐の三位（藤原家子、堀河天皇の乳母）と大臣殿の三位（藤原師子、堀河天皇の乳母）の三人で行っている様子が描かれている。これを読んで、設問（問1〜問9）に答えよ。

日の経るままに、いと弱げにのみならせたまへば、このたびはさなめりと見まゐらするかなしさ、ただ思ひやるべし。一昨年（注1）の御心地のやうにあつかひやめまゐらせたらん、何心地しなんとぞおぼゆる。

また、人、「のぼらせたまへ」と呼びに来たれば、まゐりぬ。ものまゐらせこころみんとてなりけり。大弐の三位、御うしろに抱きまゐらせて、「ものまゐらせよ」とあれば、小さき御盤（注2）にただつゆばかり、起き上がらせたまへるを見まゐらすれば、今日などは、いみじう苦しげによに（注3）ならせたまひたると見ゆ。殿（注4）のうしろのかたよりまゐらせたまひけるも、例のやうになどしてまゐらせたまふこそしるけれ、このごろは、たれも、をりあしければうちしめり（注5）ならひておはしませば、いかでかはしるからん。「大臣来」と、いみじう苦しげにおぼしめしながら告げさせたまふ、御心のありがたさは、いかでか思ひ知られざらん。かく、苦しげなる御心地にたゆまず告げさせたまふ御心の、あはれに思ひ知られて、涙浮くを、あやしげに御覧じて、はかばかしくも召さで、臥させたまひぬれば、また添ひ臥しまゐらせぬ。

かくおはしませば、殿も夜昼たゆまずまゐらせたまへば、いとど（注6）はれにはしたなき心地すれば、三位殿（注7）も、「をりにこそしたがへ。かばかりになりにたることに、なんでふものはばかりはする」とあれば、いかがはせんとて過ぐす。

大殿近くまゐらせたまへば、御膝高くなして陰に隠させたまへば、われも単衣を引き被きて臥して聞けば、「御占（注8）には、とぞ

③　同じ言語やコードを理解しているはずの発話者と受話者が言語の伝達や受信に失敗すると、自らが依拠していた言語やコードが実は不安定なものだったとわかる。このときに浮かび上がってくる場こそが「言語場」であり、この言語場に立つことではじめて、従来の言語学や言語教育における陥穽が自覚できるようになる。

④　単一の言語ではなく複数の言語が使用されると、そのことばの意味をめぐって発話者と受話者とが不断の葛藤や交渉を繰り広げることになる。そうした葛藤や交渉の場こそが「言語場」であり、この言語場を日常的にあらゆる場面において生起させるためにも、誰かとコードを共有したいという願望を持たないように心がける必要がある。

⑤　ことばは機能のあり方があらかじめ決まっているものではなく、発話者と受話者とがそれをことばとしてそれぞれ認めることで実現するようになる。このようにしてことばが存在する場こそが「言語場」であり、この言語場では発話者と受話者がコードを共有できるかどうかもあらかじめ決まってはいない。

【資料】

言語場とは、ことばの発し手＝発話者や受け手＝受話者によって言語が実践され、言語が実現する場である。言語が実際に行われる時空間と言ってもよい。

このとき、発話者や受話者という言語主体は、場を客体的な対象として位置づけているのではない。発話者は場に対して競技場のごとくに相対しているのではない。あるいはまた、チェスの盤の上に発話者や受話者といった言語主体という駒が乗っているようなものでもない。（中略）

場が既にあって、その場に言語主体がやって来たり、そこで言語主体が活動するのでは、決してない。少なくともことばの実現のありように照らすならば、発話者という言語主体がことばを発することによって、あるいは受話者という言語主体がことばをことばとして認めることによって、言語主体を内に含む場が、初めて場として立ち現れるのだと、言わねばならない。

（野間秀樹『言語存在論』による）

① ことばは発話者によって発せられたとしても、受話者によって受け取られない限り、形をなすことはない。このときその受話者による受け取りを可能にしてくれる場こそが「言語場」であり、発話者と受話者が共にこの言語場に属することではじめて、両者に共有されるコードが成立することになる。

② 同じことばを共有する発話者と受話者が向き合い、同じコードを用いてことばの意味を伝達し合うことが、真のコミュニケーションである。その真のコミュニケーションが成立する場こそが「言語場」であり、この言語場の成立のために、発話者と受話者が共に誤解を解消する努力をすることが、言語の存続にとって重要になる。

あっても、同じ地域の人たち同士であっても、通じ合わないことはある。同じコードだから通じ合うというのは、思い込みだよね。「言語共同体」という言葉があると、思い込みに気付けなくなるかも。

④ **生徒D** ―― おそらくきっと、「コードが共有されている」「コードが共有されていない」というのは、単純に区別できるものではないんだろうね。同じ言語を使用している私たちの間でも、分かっているような分かっていないような、正しく理解しているような理解していないようなやりとりだってあるんだし。

⑤ **生徒E** ―― 言語とかコードを共有しているという感覚は、ことばが通じ合った結果として持てるものであって、共有しているから通じ合うというものではないんだろうね。自分が「言語共同体」の内側にいるという思いから逃れられれば、相手に上手く伝わらないことに対しても別の見方ができるかもしれない。

問10 波線部「言語場」について、筆者は問題文とは別のところで**【資料】**のように述べている。問題文と**【資料】**の二つの内容を踏まえ、筆者の考えを説明したものとして最も適切なものを、後の①～⑤のうちから一つ選べ。解答番号は 15 。

て正しく現代語訳しようとすることは、ここでの〈誤解〉と〈理解〉の関係に当てはまる。

③ 目に入ったゴミのせいで涙を流している女性の顔を大きく写した写真に着想を得て、子を失って悲しむ母親の物語を創作することは、ここでの〈誤解〉と〈理解〉の関係に当てはまる。

④ また明日会おうという意味を込めて発せられた「さようなら」ということばが、今生の別れの挨拶のことばとして受け取られることは、ここでの〈誤解〉と〈理解〉の関係に当てはまる。

⑤ 目の前にある風景画がＡＩ（人工知能）によって自動生成されたものであることを知りながら、あえて実在の画家（人間）が描いたものだとする態度は、ここでの〈誤解〉と〈理解〉の関係に当てはまる。

問9 次に示すのは、傍線部Ｇ「安易に『言語共同体』などを持ち出す言説」における「言語共同体」について、五人の生徒が意見を述べ合っている場面である。このうち、問題文の趣旨に合致しないものを、次の①～⑤のうちから一つ選べ。解答番号は 14 。

① **生徒Ａ**――同じ言語、同じコードを使用する人たちのことを「言語共同体」と言うのだろうけれど、日本語で話し合っているはずなのに、相手に上手く言いたいことが伝わらないことがあるよね。そう考えると、「共同体」といっても、その共同体の認定は難しいよね。

② **生徒Ｂ**――そうだね、「言語共同体」の中身は均質だとは言えないね。それはきっと、みんなが無意識的にことばを話しているからだと思う。相手が理解しているかどうかお構いなしに、みんな言いたいことだけを言っている感じなんだ。改めて、あるべき「言語共同体」を作り直さなきゃいけないよ。

③ **生徒Ｃ**――コードを共有しているはずの「共同体」が均質ではないということで言えば、例えば同じ高校生同士で

問7　傍線部E「この『メッセージ』ということばも、なかなかに危ないことばである」とあるが、それはなぜか。その理由として最も適切なものを、次の①〜⑤のうちから一つ選べ。解答番号は 12 。

①「メッセージ」という言葉は、送り手と受け手が物理的にも心理的にも同じ場面を共有することが望ましいという理解のもとで使われるが、そのような理解は学問的だとは言えないから。

②「メッセージ」という言葉は、送り手と受け手が物理的にも心理的にも接触しうることが伝達においては望ましいという理解のもとで使われるが、そのような理解は健全なものだとは言えないから。

③「メッセージ」という言葉は、送り手と受け手がコードを共有することで伝えたいことの伝達が可能になるという理解のもとで使われるが、そのような理解は現実的だとは言えないから。

④「メッセージ」という言葉は、送り手と受け手が同一のコードに基づき一方向的な伝達をするという理解のもとで使われるが、そのような理解は有益なものだとは言えないから。

⑤「メッセージ」という言葉は、送り手と受け手が一つのコードを共有できないまま関係を結ぶことになるという理解のもとで使われるが、そのような理解は生産的だとは言えないから。

問8　傍線部F「〈誤解〉も原理的に、〈理解〉の一形態だ」とあるが、これについて実例に基づきながら説明したものとして最も適切なものを、次の①〜⑤のうちから一つ選べ。解答番号は 13 。

①「戦争反対」を訴えることを目的に作成されたポスターの中の戦闘機が描かれた部分だけを恣意的に切り取って、戦意を鼓舞するポスターに組み込むことは、ここでの〈誤解〉と〈理解〉の関係に当てはまる。

② 平安時代の人が当時当たり前のように使用していた語彙や文法に基づいて書いた文章を、現代の人が古語辞典を利用し

①　基本　②　現実　③　幻想　④　前提　⑤　結果

問5　空欄 C にあてはまる語として最も適切なものを、次の①～⑤のうちから一つ選べ。解答番号は 10 。

①　一　②　千　③　異　④　逸　⑤　実

問6　傍線部D「根源的な病である」とあるが、筆者がこの言葉によって問題にしているのはどのような点であるか。その説明として最も適切なものを、次の①～⑤のうちから一つ選べ。解答番号は 11 。

①　誤解や誤訳のような希少な失敗事例に焦点をあてるばかりで、コミュニケーションの成功事例を分析することを蔑（ないがし）ろにして理論の構築を図っているという点。

②　学問において前提とされる認識自体が妥当であるかどうか問われねばならないのに、それが問われないまま理論が打ち立てられてしまっているという点。

③　日常生活における実際的な現象の現れ方については十全に考慮されているが、その現象の成り立ちに関する理論的な説明が中途半端になっているという点。

④　円滑なコミュニケーションの構築を目標とする学問の実践面を重視するあまり、相手を理解して共感するという心理的な面の重要性を軽視してしまっているという点。

⑤　学問においては歴史的に蓄積された先行研究を継承するべきであるにもかかわらず、そうした先行研究から切り離された理論の構築を目指しているという点。

問2　傍線部（i）、（ii）の各語句の意味として最も適切なものを、次の各群の①～⑤のうちからそれぞれ一つずつ選べ。解答番号は 6 ・ 7 。

（i）「長足の」 6
① 進みの早い
② ゆったりとした
③ 段階的な
④ 必要十分な
⑤ 充実感のある

（ii）「百歩譲って」 7
① 勝利にこだわるのをやめて
② 必要以上に謙遜をして
③ 誤りを潔く認めた上で
④ 大きな違いに気づかずに
⑤ 相手の主張を大幅に認めるとして

問3　傍線部A「ことばそのものが前面に立ち現れる事態」とあるが、それはどのような事態か。その説明として最も適切なものを、次の①～⑤のうちから一つ選べ。解答番号は 8 。
① 複数の言語が飛び交う中で、ことばの多様な意味が徐々に集約されていく事態。
② 相手に意味が伝わらないことを前提にして、ことばが発せられている事態。
③ ことばが文字によって書かれるのではなく、話された音声として受け取られる事態。
④ ことばを発した人の意思に反して、ことばが独自に意味を持つようになる事態。
⑤ 意味を正しく送受信できているか確信が持てない中で、言葉と向き合わされている事態。

問4　空欄 B にあてはまる語として最も適切なものを、次の①～⑤のうちから一つ選べ。解答番号は 9 。

c　シめて　3

① ビルを不法にセンキョする者を退去させた。
② 校長の長談義にヘイコウした。
③ 彼女のインシツなやり方に激怒した。
④ 不平等な条約をテイケツした。
⑤ 私のあくびが周囲にデンセンした。

d　ヒソウ　4

① ゴクヒのうちに計画は進められた。
② ヒニクにも雨天中止を決めた後に晴れた。
③ 彼女にヒケンする専門家はいない。
④ 開発中のワクチンのヒケン者となる。
⑤ 物事のゼヒをわきまえる。

e　カイソウ　5

① 娘の元気な様子を見てカイシンの笑みをもらす。
② 彼に下した処分をテッカイする。
③ 野球選手が所属球団と契約コウカイをした。
④ 沖縄の音楽には西洋音楽とは異なるオンカイがある。
⑤ カイトウ乱麻を断つ。

(9) エンコード —— 情報を暗号化・記号化すること。

(10) デコード —— 暗号化・記号化された情報を元に戻すこと。

問1 傍線部a～eを漢字で書いたときに、その漢字と同じ漢字を含むものを、次の各群の①～⑤のうちからそれぞれ一つずつ選べ。解答番号は 1 ～ 5 。

a 1 アオぐ

① 相手を恐れずギョウシし続ける。
② 川が平地へ流れ出る所にセンジョウ地ができる。
③ 予想外の結果にびっくりギョウテンする。
④ 父が医者から病名をセンコクされる。
⑤ 彼女はその分野にツウギョウしている。

b 2 ソツウ

① いつの間にか兄とソエンになる。
② 害獣の侵入をソシする。
③ 大切なものをソマツに扱う。
④ 民事ソショウを起こす。
⑤ 流派のシソから直接学ぶ。

第二に、どこからどこまでが同じコードなのかという問題も本質的な問題である。「同一のコード」と「異なったコード」という二項対立の図式は、自然言語にあってどこまで有効なのか？　同じ大阪方言、母と子は？　社会カイソウ[e]による言語の違いは？　性別、年齢、職業、教育、経験……それが同じコードと言えるのかという問題は、コードの周辺がぼんやりしたものである事実を浮かび上がらせる。この点では安易に「言語共同体」などを持ち出す言説にも[G]、注意深い視線が必要である。コードなどと呼ばれてきた、根底のプロトコル＝規約でさえ、その周辺は朧（おぼろ）なのである。面白いことに、「コード」の周辺が朧であることと、そのことは逆に、意味の曖昧な実現を積極的に支える根拠ともなる。

（野間秀樹『言語存在論』による）

注（1）アルマ・アタ――カザフスタンの都市アルマトイの旧称。
（2）ソシュール――一八五七～一九一三年。スイスの言語学者、記号学者。ソシュールは言語を、「シニフィアン」（表現）と「シニフィエ」（意味内容）との結びつきにおいて捉えようとした。
（3）コード――ここでは「約束事」という意味。
（4）テーゼ――「These」（ドイツ語）で「定立」のこと。何事かについての肯定的な主張、命題。
（5）語用論――言葉や記号とそれを使用・解釈する者との間の関係を理論的・形式的に考察するもの。
（6）R・ヤコブソン――一八九六～一九八二年。ロシア出身のアメリカの言語学者。
（7）ジュリア・クリステヴァのような言説――ジュリア・クリステヴァ（一九四一年～）は、フランスの文学理論家。ここではその著書『ことば、この未知なるもの』の内容を指している。
（8）J・J・カッツ――一九三二～二〇〇二年。アメリカの哲学者、言語学者。

ない。その言語観は、まるで数理的な体系でもあるかのような、コードなるものを幻想する以前に、コードなど成立しない言語場を、予(あらかじ)めはっきりと理論的に位置づけ得ていただろうか？　あるいは一瞬でも考えただろうか？　繰り返すが、ことばが意味となったり、ならなかったりする、あるいはかろうじて意味となる、それは私たちにとって日常であり、世界にとって自然である。言語にとっては存在のありかたそのものなのである。そうした事態がその言語観の中に鮮明に位置をcシめていないのであれば、言語の実現のリアリティの大きな前提が、その言語観においては予め切り捨てられている、ないしは隠蔽されていることになる。「ことばが通じる」という事態よりも「通じたり通じなかったりする」ことが先に、あるいは、より深いところにあるがゆえに、その深いところにある前提を除外した時点で、その言語観は少なくとももう今日の理論としては失格である。言語学としてもdヒソウであり、言語教育にあっては、余計に罪深い。ことばが通じない悲しみを背負わぬ言語教育など、信じられるだろうか？

(ii)百歩譲って、コード論者の言い分を一旦、受け入れてみてもよい。こうしたコード論を理論的に成立させるためには、少なくとも次の二つの本質的な部分を解決せねばならない。

第一に、異なった言語の間だけではなく、実はいわゆる同じ言語の話し手の間でも、つまり同じコードの間でも、ことばが意味となったり、ならなかったりするという問題である。ことばが意味とならないことなど、同じコード間でも、日常茶飯事であるから。いろいろな言語でこんな表現が存在しているということ自体が、そのことをよく物語っている。――え？　どういう意味？

同じコード間であっても、同じ言語の間でも、やはり意味は実現したりしなかったり、曖昧な実現を見たりしているわけである。そこではいわゆる〈誤解〉も起きる。そして重要なことは、実現を見た意味は、〈理解〉と〈誤解〉に二分されるのではなく、F〈誤解〉も原理的に、〈理解〉の一形態だという点である。――俺はそういう意味で言ったんじゃないよ。

手の物理的経路と心理的なつながりである「接触」が欠かせないとして、ヤコブソンはこうした六つの因子を挙げる。場面を強調している点は首肯できるものの、送り手が受け手にメッセージをあるコードに従って送るといった考え方は、いかにも機械的、図式的で、素朴な発想である。こうした機械的、図式的という非現実性は、ヤコブソンの論の隅々に通底する二項対立論がもたらすものである。もっと言えば、ソシュール以来の言語学、記号学、構造主義が、共通して胚胎していた二項対立論の、謂わば負の表れである。負の表れと言ったのは、二項対立論は、二〇世紀思想とまではゆかずとも、少なくとも二〇世紀言語学にあっては、(i)長足の発展を基礎づけた、決定的な方法論の一つだったからであり、負の結果と同時に巨大な正の成果も招来してきたからである。

ジュリア・クリステヴァ(注7)のような言説の中にも、送り手が「受け手＝解読者」にメッセージを送るという、こうした図式が入り込んでいる。「伝達される意味」などということばに顕れているように、送られる「メッセージ」はそこでは事実上、意味を持っていると考えられている。クリステヴァが「受け手＝解読者は、聞こえることを言える範囲でのみ解読する」と言うとき、「送り手」における意味と、「受け手」における意味という、少なくとも二種の意味があり得ることを掘り下げる、一歩手前まで来ているのにも拘わらず、どうしても意味を持った「メッセージ」を伝達するという観念から、抜け出ることができないでいる。「送り手」がある意味をメッセージとして込める、その「メッセージ」を受け手が自ら「言える範囲でのみ」解読するというクリステヴァの図式においては、やはり「ことばは意味を持っている」という前提が揺るがない。J・J・カッツ(注8)『言語と哲学』にも似たような考えが見える。実のところ、送られるのは、一定の意味を持った「メッセージ」などではなく、一度は音声という形で意味から自由になったことばなのである。

ヤコブソンなどのこうしたコード論に立って、意味が実現しないと言っても、それは異なったコード間での出来事ではないか、エンコード(注9)（encode）したのと同じcodeでデコード(注10)（decode）していないのだから、と反論するのは、見苦しい言い訳に過ぎ

る現代言語学の、D根源的な病である。

ことばが通じないのは、片や青森方言、片や鹿児島方言のごとく、そもそもコード(注3)が異なるからだとか、意味を持つことばを聞き手が知らないからだとか、あるいは「誤解」するからだと考えた。こうした考えは全て、「ことばは通じるものだ」という暗黙のテーゼ(注4)を前提として出発している。そうした前提に立って、誤解とか誤訳とか伝達の失敗とか意思bソツウがうまくゆかないといったことを、論じようとしてきた。あるいは「文字通りの意味」がまずあり、それが実際に用いられる段になると、「言外の意味」や「語用論的な意味(注5)」があると考えてきた。〈書かれたことば〉には「行間を読む」などという比喩もあった。「コミュニケーション」にあっては、ことばを「正しく」「正確に」用いることがしばしば語られた。さらにはことばが「文化」にまで拡大され、「異文化」というコードを知ること、「異文化理解」などといった考え方が喧伝(けんでん)されてきた。これら多くの考え方の中で、大前提となる、同一言語コードの上で、即ち正しいコードの共有の上で、ことばの十全たる受け渡し、即ちことばの正しいキャッチボールさえ実現できれば、「ことばは通じるものだ」という暗黙のテーゼ自体は揺るぎないものとして、保持され続けてきたのである。

ことばを「意味を持つ/持たない」という二項対立の中に措定しようとする限り、「ことばは通じるものだ」という暗黙のテーゼは動きようがない。ことばが意味を「持っている」なら、何かしらの外的な阻害条件が加わらない限り、ことばは投げ与えられたので、その意味は話し手から聞き手に「伝達」されることになってしまうからである。

言語学的な立場から情報通信理論の図式を提出している典型として、R・ヤコブソン(注6)『言語とメタ言語』を挙げることができる。「送り手」が「受け手」に対して「メッセージ」を送る。Eこの「メッセージ」ということばも、なかなかに危ないことばである。同書では「場面」が強調されている。送り手と受け手に完全に、もしくは部分的に共通した「コード」と、送り手と受け

それをキャッチボールのようにやりとりするといった図式は、ホテルのフロントでも、国境の検問所でも、やはり［B］に過ぎない。

さらにこの意味の曖昧な実現というありようを見てゆくと、意味の鮮明な実現と意味の曖昧な実現の境界もまた、しばしばゆるやかなものであることがわかるであろう。意味の実現を考えるにあたって、この点はまた重要である。

ここでは単に「ことばは常に多義的である」といった次元のことを述べているのではない。「ことばが常に多義的である」という指摘は、それ自体として大きく誤ってはいないものの、ことばが意味となる機制の結果を語っているに過ぎない。ことばは意味となったり、ならなかったりする、そしてそのなったり、ならなかったりという境界自体も、また原理的に画定し難いものだという、意味の実現の原理的なありようをここでは問題にしているのである。「多義性」とは、ことばが意味を持つものではなく、意味となるものであることの、結果についての辞書学的なアプローチによる名づけである。「両義性」や「曖昧性」もまた、軌を［C］にする。ついでに言えば、「それはまあ、なんて言うか、ちょっとあれですが」とか「これこれっていった感じで……」などとことばにする方式、意識的に表現を不明瞭にする曖昧化といったことが、表現上の選択肢となり得ることも、この延長にある。

既存の意味論は、「ことばは意味を持つ」と考えた。このことは換言すると、ことばを「意味を持つ／持たない」という二項対立の中に位置づけようとしていることに他ならない。実際の言語場において意味が立ち現れる、立ち現れないの際(きわ)にあることは、いくらでもある。そうした意味の濃淡を「持つ／持たない」の二分法で切り分けようとすること自体が、空理の所行と言わねばならない。

また、ことばはそれが〈話されたことば〉であれ〈書かれたことば〉であれ、外形を有している。形が在る。形を有することばが何らかの意味を持つと見たくなるのは、素朴な意味論のように見えるけれども、実はソシュール(注2)言語学を決定的な淵源(えんげん)とす

国語

（六〇分）

第一問　次の文章を読んで、設問（問1～問10）に答えよ。

少女が滴(しずく)に濡(ぬ)れた掌(てのひら)を差し出し、言う。「ピ。」それを見た少年が、え、雨なの、と空を[a]アオぐ保証など、言語にはどこにもない。少年が朝鮮語を知らなければ、え、何だって？　何て言ったの？　どういう意味なの？　と、いきなり[A]ことばそのものが前面に立ち現れる事態を、経験することになる。

ロサンゼルスでも、アルマ・アタ(注1)でも、どこでもよい。英語とスペイン語でも、北京(ペキン)語と広東(カントン)語でもよい。秋田空港でタクシーに乗った高知からの客と運転士との会話でもよい。複数の言語が出会う言語場、複数の言語が用いられている場では、こうしたことは日常の出来事である。

「おそらくこういう意味だろう」というような意味の曖昧な実現の仕方も、まさに日常の出来事である。ホテルのフロントで交わされる会話に、耳を傾けてみよう。そこがホテルのフロントであるという言語場の条件に支えられて、「おそらくこういう意味だろう」「解ってくれたようだ」といった仕方で、意味がかろうじて立ち現れている、そんなことは、今もおそらく二四時間、世界中あちこちのホテルのフロントで起こっている。あちこちの言語場で起こっている。ことばができあいの意味を有していて、

解答編

英 語

1 解答 1—① 2—④ 3—③ 4—② 5—③

2 解答 6—① 7—⑤ 8—⑤ 9—① 10—③

3 解答 11—② 12—② 13—④ 14—① 15—①

4 解答 《母親の50歳の誕生日プレゼントについての兄弟の会話》

16—② 17—④ 18—③

《ヨガ教室と瞑想教室のオープンとその割引券》

19—③ 20—④

5 解答 《アメリカのアイスクリーム会社ベン＆ジェリーズについて》

21—② 22—④ 23—④ 24—② 25—① 26—② 27—④ 28—④
29—③ 30—④

6 解答 《未来のエネルギー・地熱発電について》

31—③ 32—④ 33—② 34—③ 35—④ 36—① 37—③ 38—②
39—③ 40—①

日本史

1　解答　《古代～近世の外交》

問1．②　問2．④　問3．②　問4．②　問5．②　問6．③

2　解答　《原始～近世の総合問題》

問1．④　問2．①　問3．②　問4．③　問5．④　問6．①
問7．①　問8．⑤　問9．②　問10．③

3　解答　《原始～現代の総合問題》

問1．①　問2．④　問3．②　問4．③　問5．②　問6．④
問7．①　問8．③　問9．⑤　問10．②　問11．⑥

4　解答　《近現代の総合問題》

問1．③　問2．②　問3．④　問4．④　問5．①　問6．③
問7．②　問8．③　問9．②　問10．②

世界史

解答　《戦争に関する世界の歴史》

問1. ①	**問2.** ①	**問3.** ②	**問4.** ③	**問5.** ③	**問6.** ④
問7. ④	**問8.** ①	**問9.** ④	**問10.** ③	**問11.** ②	**問12.** ②
問13. ④	**問14.** ③	**問15.** ③	**問16.** ④	**問17.** ①	**問18.** ③
問19. ②	**問20.** ①	**問21.** ④	**問22.** ③	**問23.** ③	**問24.** ④
問25. ①	**問26.** ②				

数学

1 解答 《小問3問》

(1) 1—② 2—② 3—② 4—④ 5—③

(2) 6—⑨ 7—④ 8—㊀ 9—⑤ 10—②

(3) 11—① 12—② 13—① 14—⓪ 15—⑧ 16—① 17—⑦ 18—⑧

2 解答 《2次関数の最大・最小》

(1) 19—① 20—④ 21—③ 22—⑦

(2) 23—② 24—④ 25—⑤ 26—⑦ 27—⑤ 28—㊀ 29—① 30—⑤

(3) 31—⑧ 32—㊀ 33—① 34—⑥

3 解答 《チェバの定理》

(1) 35—⑧ 36—① 37—① 38—④ 39—② 40—① 41—③ 42—①

(2) 43—⓪ 44—⑨ 45—⑥ 46—⑤ 47—①

4 【数学Ⅰ・数学A】

解答 《通貨の組合せ，三角比，三角形の面積，立体の体積》

問1. (1) 48—④ 49—④ 50—⓪

(2) 51—① 52—⑨ 53—⑨ 54—⑧

(3) 55—⑨ 56—④

問2. (1) 57—③ 58—⑨ 59—⑥

(2) 60—㊀ 61—① 62—② 63—⑥

(3) 64—⑤ 65—③ 66—④

(4) 67—⑦ 68—③ 69—⑨ 70—① 71—②

④ 【数学Ⅱ・数学B】

解答 《定積分の値，3次関数の最大値，2点間の距離，2平面のなす角》

問1．(1)48―① 49―⑥

(2)50―㊀ 51―① 52―⑥ 53―① 54―① 55―②

(3)56―⑥ 57―⑥ (4)58―⑥ 59―⑥ 60―⑥ 61―① 62―⓪ 63―⑧

問2．(1)64―⑤ 65―① 66―② 67―① 68―⑤ 69―④

(2)70―① 71―⑤ 72―④

(3)73―㊀ 74―① 75―⑤ 76―② 77―① 78―⑤ 79―②

化　学

1 解答 《単体，成分元素の検出，イオン，電子配置，周期表》

問1．1—⑤　2—①　3—③

問2．4—②　5—④　6—①

問3．7—⑤　8—①　9—④　10—③

2 解答 《相対質量，原子量，物質量，定比例の法則，倍数比例の法則》

問1．11—⑤　12—⑥　13—⑧　14—①　15—⑤

問2．16—②　17—⑤　18—⑦　19—④　20—⑥

3 解答 《ブレンステッド・ローリーの定義，pH，電離度，電離平衡，指示薬，塩の種類，塩の電離》

問1．21—②　22—①

問2．23—⑤　24—②　25—⑤　26—④　27—②

問3．28—⑥　29—②　30—⑧

4 解答 《酸化数，酸化還元反応，酸化力，電池，金属の精錬》

問1．31—⑦　32—④　33—⑧

問2．34—③　35—①　36—④

問3．37—①　38—③　39—③　40—②

生 物

1 解答 《生物の多様性と共通性，基本構造》

問1． 1—⑤ 2—⑦ 3—③ 4—④

問2． 5—① 6—③ 7—⑤ 8—③

問3． 9—③ 10—⑥ 11—① 12—②

2 解答 《体細胞分裂と遺伝情報のしくみ》

問1． 13—① 14—④ 15—⑤ 16—⑦ 17—⑧

問2． 18—⑤ 19—① 20—④ 21—③

問3． 22—⑥

3 解答 《生物の体内環境とその維持》

問1． 23—③ 24—② 25—③

問2． 26—④ 27—① 28—②

問3． 29—③ 30—① 31—⑥

4 解答 《世界や日本のバイオーム》

問1． 32—⑨ 33—⓪ 34—⑤ 35—① 36—⑦ 37—④ 38—③

問2． 39—⑤ 40—② 41—④

5 解答 《生態系のバランスと保全》

問1． 42—③ 43—② **問2．** 44—④

問3． 45—⑤ **問4．** 46—③

問5　②
問6　⑤
問7　③
問8　①

二 (選択問題)

古文

出典 『讃岐典侍日記』〈上〉

解答

問1 a―③ b―② d―⑥
問2 c―③ e―①
問3 ③
問4 ①
問5 ①
問6 ⑤
問7 ③
問8 ④・⑥
問9 ②

現代文

出典 池上哲司『傍らにあること――老いと介護の倫理学』〈第五章 介護ということ―介護の倫理学のために〉(筑摩選書)

解答

問1 (あ)―① (い)―② (う)―⑤
問2 ④
問3 ④
問4 ③

国語

一

出典 野間秀樹『言語存在論』〈第3章　音が意味と〈なる〉とき、光が意味と〈なる〉とき　4　ことばは意味となったり、ならなかったりする〉（東京大学出版会）

解答

問1　a—③　b—①　c—①　d—②　e—④
問2　(i)—①　(ii)—⑤
問3　⑤
問4　③
問5　①
問6　②
問7　③
問8　④
問9　②
問10　⑤

//////////////////// · memo · ////////////////////

////////////////////// · memo · //////////////////////

//////////////////// · memo · ////////////////////

//////////////////// · memo · ////////////////////

////////////////////// ・memo・ //////////////////////

2023年度

問題と解答

■一般入試A（2月3日実施分）

問題編

▶一般入試A（2教科型）

学部・学科		教科	科目		配点
生活科	管理栄養	数学	数学Ⅰ・Ⅱ・A・B（数学Ⅰ・Aと数学Ⅱ・Bはどちらか選択可能）	数学または理科1科目を含む2科目を選択	200点（各100点）
		理科	化学基礎，生物基礎から1科目		
		外国語	コミュニケーション英語Ⅰ・Ⅱ		
		国語	国語総合，現代文B，古典B（漢文は含まず，現代文と古文はどちらか選択可能）		
	生活環境デザイン	外国語	コミュニケーション英語Ⅰ・Ⅱ	2科目を選択	200点（各100点）
		地理歴史	日本史B，世界史Bから1科目		
		数学	数学Ⅰ・Ⅱ・A・B（数学Ⅰ・Aと数学Ⅱ・Bはどちらか選択可能）		
		理科	化学基礎，生物基礎から1科目		
		国語	国語総合，現代文B，古典B（漢文は含まず，現代文と古文はどちらか選択可能）		
国際コミュニケーション	国際言語コミュニケーション	外国語	コミュニケーション英語Ⅰ・Ⅱ	必須	200点（各100点）
		地理歴史	日本史B，世界史Bから1科目	1科目を選択	
		数学	数学Ⅰ・Ⅱ・A・B（数学Ⅰ・Aと数学Ⅱ・Bはどちらか選択可能）		
		理科	化学基礎，生物基礎から1科目		
		国語	国語総合，現代文B，古典B（漢文は含まず，現代文と古文はどちらか選択可能）		

<table>
<tr><td rowspan="5">国際コミュニケーション</td><td rowspan="5">表現文化</td><td>外国語</td><td>コミュニケーション英語Ⅰ・Ⅱ</td><td rowspan="5">外国語または国語を含む2科目を選択</td><td rowspan="5">200点
（各100点）</td></tr>
<tr><td>国　語</td><td>国語総合，現代文Ｂ，古典Ｂ（漢文は含まず，現代文と古文はどちらか選択可能）</td></tr>
<tr><td>地　理
歴　史</td><td>日本史Ｂ，世界史Ｂから１科目</td></tr>
<tr><td>数　学</td><td>数学Ⅰ・Ⅱ・Ａ・Ｂ（数学Ⅰ・Ａと数学Ⅱ・Ｂはどちらか選択可能）</td></tr>
<tr><td>理　科</td><td>化学基礎，生物基礎から１科目</td></tr>
<tr><td colspan="2" rowspan="5">人間関係・
文化情報・
現代マネジメント</td><td>外国語</td><td>コミュニケーション英語Ⅰ・Ⅱ</td><td rowspan="5">２科目を選択</td><td rowspan="5">200点
（各100点）</td></tr>
<tr><td>地　理
歴　史</td><td>日本史Ｂ，世界史Ｂから１科目</td></tr>
<tr><td>数　学</td><td>数学Ⅰ・Ⅱ・Ａ・Ｂ（数学Ⅰ・Ａと数学Ⅱ・Ｂはどちらか選択可能）</td></tr>
<tr><td>理　科</td><td>化学基礎，生物基礎から１科目</td></tr>
<tr><td>国　語</td><td>国語総合，現代文Ｂ，古典Ｂ（漢文は含まず，現代文と古文はどちらか選択可能）</td></tr>
<tr><td colspan="2" rowspan="5">教　育</td><td>外国語</td><td>コミュニケーション英語Ⅰ・Ⅱ</td><td>必　須</td><td rowspan="5">200点
（各100点）</td></tr>
<tr><td>地　理
歴　史</td><td>日本史Ｂ，世界史Ｂから１科目</td><td rowspan="4">１科目を選択</td></tr>
<tr><td>数　学</td><td>数学Ⅰ・Ⅱ・Ａ・Ｂ（数学Ⅰ・Ａと数学Ⅱ・Ｂはどちらか選択可能）</td></tr>
<tr><td>理　科</td><td>化学基礎，生物基礎から１科目</td></tr>
<tr><td>国　語</td><td>国語総合，現代文Ｂ，古典Ｂ（漢文は含まず，現代文と古文はどちらか選択可能）</td></tr>
<tr><td colspan="2" rowspan="4">看　護</td><td>外国語</td><td>コミュニケーション英語Ⅰ・Ⅱ</td><td>必　須</td><td rowspan="4">200点
（各100点）</td></tr>
<tr><td>数　学</td><td>数学Ⅰ・Ⅱ・Ａ・Ｂ（数学Ⅰ・Ａと数学Ⅱ・Ｂはどちらか選択可能）</td><td rowspan="3">１科目を選択</td></tr>
<tr><td>理　科</td><td>化学基礎，生物基礎から１科目</td></tr>
<tr><td>国　語</td><td>国語総合，現代文Ｂ，古典Ｂ（漢文は含まず，現代文と古文はどちらか選択可能）</td></tr>
</table>

▶一般入試A（プラス共通テスト型）

<table>
<tr><th colspan="2">学部・学科</th><th>教　科</th><th colspan="2">科　　　目</th><th>配　点</th></tr>
<tr><td rowspan="11">生活科</td><td rowspan="5">管理栄養</td><td>数　学</td><td>数学Ⅰ・Ⅱ・A・B（数学Ⅰ・Aと数学Ⅱ・Bはどちらか選択可能）</td><td rowspan="4">数学または理科1科目を含む2科目を選択</td><td rowspan="5">300点
（各100点）</td></tr>
<tr><td>理　科</td><td>化学基礎，生物基礎から1科目</td></tr>
<tr><td>外国語</td><td>コミュニケーション英語Ⅰ・Ⅱ</td></tr>
<tr><td>国　語</td><td>国語総合，現代文B，古典B（漢文は含まず，現代文と古文はどちらか選択可能）</td></tr>
<tr><td>共　通
テスト</td><td colspan="2">「国語」「数学」「理科」「外国語」（英語はリスニングを課す）から1科目※</td></tr>
<tr><td rowspan="6">生活環境デザイン</td><td>外国語</td><td>コミュニケーション英語Ⅰ・Ⅱ</td><td rowspan="5">2科目を選択</td><td rowspan="6">300点
（各100点）</td></tr>
<tr><td>地　理
歴　史</td><td>日本史B，世界史Bから1科目</td></tr>
<tr><td>数　学</td><td>数学Ⅰ・Ⅱ・A・B（数学Ⅰ・Aと数学Ⅱ・Bはどちらか選択可能）</td></tr>
<tr><td>理　科</td><td>化学基礎，生物基礎から1科目</td></tr>
<tr><td>国　語</td><td>国語総合，現代文B，古典B（漢文は含まず，現代文と古文はどちらか選択可能）</td></tr>
<tr><td>共　通
テスト</td><td colspan="2">「国語」「地理歴史」「公民」「数学」「理科」「外国語」（英語はリスニングを課す）から1科目※</td></tr>
<tr><td rowspan="6">国際コミュニケーション</td><td rowspan="6">国際言語コミュニケーション</td><td>外国語</td><td>コミュニケーション英語Ⅰ・Ⅱ</td><td>必　須</td><td rowspan="6">300点
（各100点）</td></tr>
<tr><td>地　理
歴　史</td><td>日本史B，世界史Bから1科目</td><td rowspan="4">1科目を選択</td></tr>
<tr><td>数　学</td><td>数学Ⅰ・Ⅱ・A・B（数学Ⅰ・Aと数学Ⅱ・Bはどちらか選択可能）</td></tr>
<tr><td>理　科</td><td>化学基礎，生物基礎から1科目</td></tr>
<tr><td>国　語</td><td>国語総合，現代文B，古典B（漢文は含まず，現代文と古文はどちらか選択可能）</td></tr>
<tr><td>共　通
テスト</td><td colspan="2">「国語」「地理歴史」「公民」「数学」「理科」から1科目※</td></tr>
</table>

<table>
<tr><td rowspan="6">国際コミュニケーション</td><td rowspan="6">表現文化</td><td>外国語</td><td>コミュニケーション英語Ⅰ・Ⅱ</td><td rowspan="5">外国語または国語を含む2科目を選択</td><td rowspan="6">300点
（各100点）</td></tr>
<tr><td>国　語</td><td>国語総合，現代文B，古典B（漢文は含まず，現代文と古文はどちらか選択可能）</td></tr>
<tr><td>地　理
歴　史</td><td>日本史B，世界史Bから1科目</td></tr>
<tr><td>数　学</td><td>数学Ⅰ・Ⅱ・A・B（数学Ⅰ・Aと数学Ⅱ・Bはどちらか選択可能）</td></tr>
<tr><td>理　科</td><td>化学基礎，生物基礎から1科目</td></tr>
<tr><td>共　通
テスト</td><td colspan="2">「国語」「地理歴史」「公民」「数学」「理科」「外国語」（英語はリスニングを課す）から1科目※</td></tr>
<tr><td colspan="2" rowspan="6">人間関係・
文化情報・
現代マネジメント</td><td>外国語</td><td>コミュニケーション英語Ⅰ・Ⅱ</td><td rowspan="5">2科目を選択</td><td rowspan="6">300点
（各100点）</td></tr>
<tr><td>地　理
歴　史</td><td>日本史B，世界史Bから1科目</td></tr>
<tr><td>数　学</td><td>数学Ⅰ・Ⅱ・A・B（数学Ⅰ・Aと数学Ⅱ・Bはどちらか選択可能）</td></tr>
<tr><td>理　科</td><td>化学基礎，生物基礎から1科目</td></tr>
<tr><td>国　語</td><td>国語総合，現代文B，古典B（漢文は含まず，現代文と古文はどちらか選択可能）</td></tr>
<tr><td>共　通
テスト</td><td colspan="2">「国語」「地理歴史」「公民」「数学」「理科」「外国語」（英語はリスニングを課す）から1科目※</td></tr>
<tr><td colspan="2" rowspan="6">教　　育</td><td>外国語</td><td>コミュニケーション英語Ⅰ・Ⅱ</td><td>必　須</td><td rowspan="6">300点
（各100点）</td></tr>
<tr><td>地　理
歴　史</td><td>日本史B，世界史Bから1科目</td><td rowspan="4">1科目を選択</td></tr>
<tr><td>数　学</td><td>数学Ⅰ・Ⅱ・A・B（数学Ⅰ・Aと数学Ⅱ・Bはどちらか選択可能）</td></tr>
<tr><td>理　科</td><td>化学基礎，生物基礎から1科目</td></tr>
<tr><td>国　語</td><td>国語総合，現代文B，古典B（漢文は含まず，現代文と古文はどちらか選択可能）</td></tr>
<tr><td>共　通
テスト</td><td colspan="2">「国語」「地理歴史」「公民」「数学」「理科」から1科目※</td></tr>
</table>

看　護	外国語	コミュニケーション英語Ⅰ・Ⅱ	必　須	300点（各100点）
	数　学	数学Ⅰ・Ⅱ・A・B（数学Ⅰ・Aと数学Ⅱ・Bはどちらか選択可能）	1科目を選択	
	理　科	化学基礎，生物基礎から1科目		
	国　語	国語総合，現代文B，古典B（漢文は含まず，現代文と古文はどちらか選択可能）		
	共通テスト	「国語」「数学」「理科」から1科目※		

▶備　考

- 試験日自由選択制。
- 国語は，一部の問題で現代文と古文のどちらかを選択。
- 数学は，一部の問題で「数学Ⅰ・A（場合の数と確率・図形の性質）」か「数学Ⅱ・B（数列・ベクトル）」のどちらかを選択。なお，「数学Ⅰ」の範囲から数の理論に関連する出題の可能性がある。
- 外国語は，リスニングを課さない。

※　大学入学共通テスト科目について

- 大学の個別試験で選択した教科以外の教科科目の中から高得点の1科目を採用する。生活科学部管理栄養学科は，大学の個別試験で「理科」を選択した場合，「化学」または「生物」が最高得点の場合に限り採用可能である。
- 「理科」基礎を付した科目を採用した場合は2科目を用いて1科目となる。
- 大学の個別試験で「地理歴史」を選択解答した場合，大学入学共通テスト「地理歴史」「公民」から出題された科目は採用しない。
- 「国語」は近代以降の文章，古典（古文・漢文）全てを利用する。

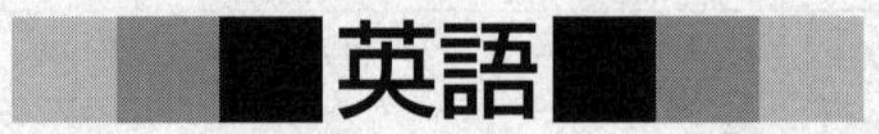

英語

（2科目　120 分）

第1問　次の文中の空欄（　　　）に入れるのに最も適切なものを、①～④の中からそれぞれ一つ選べ。

1 When I arrived at the bus station, the bus (　　　).

① had already gone
② has already gone
③ had already been going
④ will have already gone

2 (　　　) biggest shopping malls is located near the subway station.

① A one of
② One of a
③ One of the
④ The one of

3 It turned out just as he said it (　　　).

① will
② have
③ would
④ was

4 Tomoko is not (　　　) a scholar as a writer.

① more than

② more

③ so much

④ much more

[5] Would you mind (　　　) in the library?

① not to talk

② not talking

③ not to talking

④ not talked

第2問 問6～問10において、それぞれ下の語句を並べかえて空所を補い、文を完成させよ。解答は [6] ～ [10] に入るものを①～⑤の中からそれぞれ一つ選べ。

問6 I just ______ ______ [6] ______ ______.

① in the way

② have to

③ cook

④ unique to me

⑤ that is

問7 I'm going to start ______ ______ [7] ______ ______.

① if I can

② my own company

③ one of the banks

④ get

⑤ to finance me

問8 In Japan, Mt. Fuji is the ______ ______ [8] ______ ______ well.

① and is

② as

③　considered

④　highest mountain

⑤　the most beautiful

問9　I have ________ ________ [9] ________ ________ there and tell him to be quiet.

①　over

②　a

③　to go

④　mind

⑤　good

問10　Now, ________ ________, [10] ________ ________.

①　let go of

②　you do

③　don't

④　whatever

⑤　the wheel

第 3 問　次の会話文 11 ～ 15 を完成させるのに最も適切なものを、①～④の中からそれぞれ一つ選べ。

11 A: Are you going to get a dog next month?

B: ______________________

A: Yeah, that's a nice idea, I don't think enough people do that.

① We're thinking about adopting a dog from an animal shelter.

② Probably some kind of cute puppy.

③ No, they cost too much and they often smell really bad.

④ It depends on the children; I think Sam has an allergy.

12 A: Are you going on holiday this year?

B: ______________________

A: No, Mio and I can't take time off at the same time this year, unfortunately.

① I always like to go on holiday somewhere I've never been before. Have you been there?

② We might go to Hawaii or Hokkaido. We haven't decided yet. How about you?

③ Yeah, I can't wait for you and me to go away together. Have you started packing yet?

④ I don't know why you're always asking me that, you know I don't like flying, don't you?

13 A: I'm so excited about moving to another country, I wish you were coming with me.

B: ______________________

① I'm really worried about what to eat.

② Yes, I can't wait, it's going to be great, isn't it?

③ No, actually, I don't think I will.

④ Aren't you nervous about the culture shock?

14　A: I can't believe we're lost. We should've checked the map before we left.

B: ______________________

① Not really, I've lost my phone so I can't check Google maps.

② Yes, it was a good idea to check the map before we left the house.

③ No, it's not always a good idea to check maps before you leave.

④ Yeah, we only have ourselves to blame for getting lost.

15　A: ______________________

B: But I wasn't late, he was way too early, why should I apologise?

① It's too late for him to apologise now, he's missed his chance.

② Yes, it is always a good idea to apologise for being early.

③ He was angry because you were late and didn't apologise.

④ I don't know why he's always late apologising to people.

第 4 問　設問 16 ～ 20 の答えとして最も適切なものを、①～④の中からそれぞれ一つ選べ。

Questions 16 ～ 18 refer to the following conversation.

Sam: Hello Kris, haven't seen you for a while, how are you doing?

Kris: Hi Sam, yeah it's been a while, hasn't it? Sorry about that, I'm doing a digital detox right now. So, to answer your question, I'm doing very well (1)at the moment. I feel totally refreshed!

Sam: That's great to hear, but… Ummm, what's a digital detox?

Kris: Oh, it's great, you should try it. Basically, it's limiting the amount of time you use your phone or tablet or even your computer for that matter. But specifically, it's about not using any social media sites.

Sam: I see… so how do you know what your friends are doing? Or how do you even contact them to arrange meeting up or whatnot?

Kris: Well, I still use my phone for emails and text messages and I'm still using my computer to do work. I just don't log in to any social media websites.

Sam: [18] phone or tablet? You're always logged in to those apps and you must be getting lots of notifications, they must be driving you crazy with all those red dots on your phone screen.

Kris: I deleted them.

Sam: Deleted what?

Kris: All my apps.

Sam: What? You deleted all your apps off your phone and tablet?

Kris: Sorry, not *all* my apps, just all my social media apps.

Sam: What, even Twitter?

Kris: Yes.

Sam: And Instagram?

Kris: Yes.

Sam: How about TikTok?

Kris: No.

Sam: Aha! So, you haven't deleted all of them.

Kris: What's TikTok?

Sam: What do you mean?

Kris: What's TikTok? Isn't that the sound a clock makes when it changes time?

Sam: Well, yes… but it's a social media app as well.

Kris: Oh… I see… so what's so good about TikTok?

Sam: People share videos of what they're doing.

Kris: So, it's like YouTube?

Sam: No, they're short videos of around a minute or two, sometimes even shorter, like 10 or 15 seconds.

Kris: Isn't that basically like Instagram then?

Sam: Well, yeah… kinda… but it's different.

Kris: Uhhh… ok… what kind of videos?

Sam: There's like people dancing, there's loads of cute dog and cat videos, there are loads of food and cooking videos of course, oh yeah and there are lots of…

Kris: It's ok, I get it… to be honest, I'm glad I deleted all my apps and can't see myself downloading them again any time soon. In fact, it sounds like you need to do a bit of a digital detox yourself.

Sam: Uhhh… yeah, maybe… oooh look at this dog video.

16 Why is Kris feeling totally refreshed?

① Kris hasn't seen any friends for a while.

② Kris hasn't seen Sam for a long while.

③ Kris hasn't been on any social media apps for a while.

④ Kris hasn't been doing any work for a long while.

17 What does (1)<u>at the moment</u> probably mean here?

① from before

② in a second

③ just a minute

④ right now

18 What might Sam say for 18 ?

① But what about on your

② But how about my

③ But where is my

④ But I don't know about your

Questions [19] ～ [20] refer to the following poster.

 WINDOWS	Vs	 APPLE
- The PC design depends on the various manufacturers but they are rarely as attractive as Apple computers.	DESIGN 	- Most of Apple's products are visually more appealing with excellent design aesthetics.
- Windows offers a greater variety of software with the Windows App Store offering around 50,000 apps.	SOFTWARE 	- The software is designed specifically for Apple Mac computers. The Apple App Store has around 14,000 apps.
- There is a wide range of powerful processors and a greater variety of gaming options.	GAMING 	- There are fewer gaming options, hardware, and tools to fine-tune performance.
- PCs are widely used as home and office computers and are also preferred by gaming enthusiasts.	USERS 	- Apple computers are widely used in the creative industry. For example, journalism, publishing, and video editing.
- Being a popular desktop choice, several virus writers target Windows PCs.	SECURITY 	- Since Apple computers are generally not as popular as PCs, there is less malware targeted at Apple products.
- Windows PCs are, on average, 40-75% cheaper than Apple computers as there are several manufacturers.	PRICE 	- Apple is the only supplier, so Apple Macs tend to be more expensive than PCs.

[19] Which of the following is true?

① Apple computers are more expensive but are not as attractive as Windows.

② Apple computers are the best for both gaming and creative work.

③ Windows computers have a greater range of apps but are not so secure.

④ Windows computers are cheaper but have fewer gaming options.

[20] Which of the following is not true?

① Windows and Apple computers are both at risk of catching viruses.

② Windows and Apple computers both have games available to them.

③ Windows and Apple computers both have over 10,000 apps available.

④ Windows and Apple computers both have several manufacturers.

第5問 次の英文を読み、設問に答えよ。

When I first came to Japan many years ago, I was quite surprised to see people eating squid, corn, tuna fish, and dried seaweed on pizza. Slightly shocked and a little confused, I concluded that pizza in Japan was (1)a clear-cut example of glocalization. This word is a combination of “globalization” and “localization.” Glocalization is used to describe a product or service that is developed and distributed globally, but it is also adjusted to (2)accommodate the user or consumer in a local market. In the case of pizza, the flavors and toppings used in different locations around the globe cater to the tastes of each country's consumers.

The earliest record of pizza first showed up in the year 997 AD in central and southern Italy, where it was made with yeast, olive oil, and flavored with herbs. [21], there is a theory that pizza originated in the Middle East—which included Cyprus, Jordan, Lebanon, Palestine, and Syria—where there was already a very long history of eating flatbreads. During the Middle Ages, as people migrated to other countries, including Italy, they brought their food culture with them.

Readers may be surprised to learn that putting tomato sauce on pizza is a relatively new concept. The tomato was brought to Europe by the Spanish in the 1500s from South America. The word tomato comes from the Aztec word *xitomatl*, which was shortened to *tomatl* by the Europeans. The strange thing is that the tomato became popular in Europe long before it was eaten in North

America. [22], it took over 200 years for Europeans to start eating tomatoes since most people thought they were poisonous. North American settlers took even longer to start eating tomatoes because they believed the same thing. In the 19th century, Naples—or Napoli as the city is called in Italian—began using tomato sauce and cheese on their pizza, but it was a dish most often consumed by poor people. The early version of pizza was simply a light meal, and toppings were quite limited.

The popularity of pizza outside of Italy received its jump-start from two events during the 19th and 20th century. The first was the large immigration of Italian people into the United States. Many of these people came from southern Italy where pizza was a popular food. Some of them opened their own restaurants and began serving pizza to American consumers. This helped introduce pizza to a new and growing market.

The other event was World War Two, during which the American military occupied parts of Italy. U.S. servicemen stationed there enjoyed eating pizza, and after the war, the soldiers sought out Italian restaurants back home. When the servicemen later married, they took their families to pizza restaurants, which helped make the food a popular part of American cuisine.

The varieties of pizza in the world today would be (3)unfathomable to 19th century residents of Naples or the ancient countries of the Middle East. In Chicago, you can order pizza pie which is six centimeters thick and stuffed with meat and vegetables. Another interesting pizza variation created in Canada combined local ham with pineapple. This became known as Hawaiian pizza. Wait, did you think this pizza came from Waikiki Beach? No, it is just another case of glocalization. No matter the choice of toppings, pizza continues to have mass appeal because it satisfies the tastes of people in different countries.

問 1　文中の空欄 [21] ～ [22] に入れるのに最も適切なものを、①～④の中からそれぞれ一つ選べ。

[21]　①　However

② Accidentally

③ Consequently

④ Therefore

22 ① On the other hand

② In fact

③ On the contrary

④ First of all

問 2 設問 23 〜 30 の答えとして最も適切なものを、①〜④の中からそれぞれ一つ選べ。

23 What does (1)a clear-cut mean here?

① a carefully sliced

② a democratic

③ an obvious

④ an unbalanced

24 What does (2)accommodate mean here?

① meet the needs of

② provide a home for

③ answer questions for

④ travel together with

25 What does (3)unfathomable mean here?

① understandable

② uncontrollable

③ unquestionable

④ unbelievable

26 According to the passage, when did people start putting tomato sauce on pizza?

① in the 1500s
② in the 1600s
③ in the 1700s
④ in the 1800s

27 According to the passage, why are there so many kinds of pizza around the world?

① because pizza evolved with local tastes and available products
② because Americans moved to various countries around the world
③ because tomato sauce goes well with any ingredient
④ because the U.S. military introduced pizza to Italians during World War Two

28 According to the passage, which is true?

① Europeans started eating tomatoes in the 1700s.
② Italians were the first people to put pineapple on pizza.
③ Tomato sauce was used on pizza from 997 AD.
④ Tomatoes first became popular in North America.

29 According to the passage, which of the following is not true?

① The earliest record of people eating pizza was before 1000 AD.
② People who ate flatbreads in Lebanon likely took their culture with them to Italy.
③ Pizza was eaten long before flatbreads in the Middle East.
④ The first recorded pizza was made with yeast, olive oil, and herbs.

30 Which would be the best title for this passage?

① The Origin of the Tomato in Europe
② How Pizza Became a Popular Food
③ Popular Types of Pizza in the World

④ How World War Two Invented Pizza

第 6 問 次の英文を読み、設問に答えよ。

Ask Japanese people for their image of Gifu Prefecture and some will mention that it is mostly rural, with beautiful high mountains. Others will say that it is great for skiing and snowboarding. Tourists may know of Takayama or Gero Onsen. But how many people will know that Gifu is at the (1)cutting edge of scientific research?

One thousand metres underground, beneath the small town of Kamioka, in Hida, northern Gifu Prefecture, sits the Super-Kamioka Neutrino Detection Experiment, known as Super-Kamiokande. Its main purpose is to detect neutrinos and give scientists more information about how the universe was created and what it is made of.

Neutrinos are tiny subatomic particles. The first part of the name, neutr-, comes from the fact that they are neutral: they have no electrical charge, unlike protons and electrons, which are positive and negative, respectively. The second half of the name, -ino, comes from Italian, and means "little one." Neutrinos are very, very small.

For a long time, we did not even know if these particles existed. In the 1930s, physicists such as Enrico Fermi, James Chadwick, and Wolfgang Pauli hypothesized that the neutrino must exist, since the mathematics of energy did not work without them. [31], their ideas were thought to be unbelievable.

The problem is that neutrinos are very hard to detect. They are so small and have so little mass that they can pass through any object. [32], neutrinos formed in the Sun pass through the Earth—and us—all the time and we never notice. How do you catch something that can pass through a planet like a bird through air?

The experiment in Gifu was designed to solve that problem. The only thing that can stop a neutrino is an electron. On the rare occasion when a neutrino does hit an electron, it gives off Cherenkov radiation. This is a flash of light. The neutrino cannot be detected but the flash of light can. Kamiokande, first built in 1982, is a tank, 41.4 metres high and 39.3 metres in diameter, built into an (2)abandoned mine underneath Mount Ikeno. The tank is filled with 50,220 metric tonnes of water. When a neutrino passes through the water and hits an electron, releasing Cherenkov radiation, the water slows down the speed of light making it detectable. By measuring the flash of light, they can prove the existence of neutrinos.

The Super-Kamioka Neutrino Detection Experiment must be conducted deep underground because a neutrino is the only particle that can penetrate the ground without stopping, enabling it to be detected. In contrast, other particles such as muons lose their energy in the soil and stop. This makes the old mine in Gifu a perfect location. Kamiokande, built in 1982, and its successor, Super-Kamiokande, built in 1996, worked perfectly, and in 1987 they began detecting neutrinos. [33], one of the scientists involved, Masatoshi Koshiba, won the Nobel Prize for Physics in 2002. In 2015, Takaaki Kajita, won a second Nobel Prize for work done at Kamiokande.

It is possible to tour the Super-Kamiokande detector, and there is a museum devoted to the subject in Kamioka town, but still not many people have ever heard of it. For physicists around the world, however, Gifu Prefecture is one of the most interesting and exciting places in the world!

問1　文中の空欄 [31] ～ [33] に入れるのに最も適切なものを、①～④の中からそれぞれ一つ選べ。

[31] ① Therefore
② Moreover
③ Unfortunately
④ Firstly

[32] ① Besides
② Fortunately

③ For example

④ Likewise

33 ① Nevertheless

② Hopefully

③ Firstly

④ As a result

問2　設問 34 ～ 40 の答えとして最も適切なものを、①～④の中からそれぞれ一つ選べ。

34 What does (1)cutting edge mean here?

① advanced stage

② bottom point

③ final stage

④ dull point

35 What does (2)abandoned mean here?

① unattractive

② inhabited

③ elevated

④ unused

36 According to the passage, what kind of image do Japanese people have of Gifu Prefecture?

① It is a rural area with low mountains.

② It is a great place for summer sports.

③ It is a place famous for hot springs.

④ It is a rural area surrounded by lakes and rivers.

37 According to the passage, which is true?

① Physicists Enrico Fermi, James Chadwick, and Wolfgang Pauli conducted experiments in Gifu Prefecture.

② Physicists Enrico Fermi, James Chadwick, and Wolfgang Pauli were believed straight away.

③ Physicists Enrico Fermi, James Chadwick, and Wolfgang Pauli thought that neutrinos must exist.

④ Physicists Enrico Fermi, James Chadwick, and Wolfgang Pauli won the Nobel Prize for Chemistry.

[38] According to the passage, which is true about neutrinos?

① They have an electrical charge like protons and electrons.

② We can see and touch them without using any device.

③ Their mass is so small that they can pass through the ground.

④ They give off Cherenkov radiation every time they hit a muon.

[39] According to the passage, which is not true?

① It is possible to discover information about how the universe was created by visiting Kamioka in Gifu Prefecture.

② It is important to carry out the experiment to detect neutrinos deep underground because all the other particles lose their energy in the soil.

③ The Kamiokande water tank stops light from passing through it in order to detect neutrinos.

④ Takaaki Kajita won his Nobel Prize for the work he carried out at Kamiokande after Masatoshi Koshiba won his.

[40] Which would be the best title for this passage?

① Amazing Research Under Our Feet

② How Neutrinos Help us

③ Busiest Attractions of Gifu Prefecture

④ Nobel Prize Winners from Gifu

日本史

（2科目 120分）

第1問 各時代の災害・疾病について述べた問1～問6の①～④のうちから、適切でないものを一つ選べ。なお、史料については、一部省略したり、書き改めたりしたところもある。

問1 聖武天皇の時代 [1]

① 仏教がもつ鎮護国家の思想に基づき、国家の安定をはかろうと、国分寺建立の詔を出した。

② 大規模な反乱や飢饉・疫病が続き、社会不安が増大したため、大仏造立の詔を出した。

③ 平城京に疫病がまん延したため、長岡京に遷都した。

④ 藤原不比等の子である4兄弟が天然痘であいついで病死したため、藤原氏の勢力が一時後退した。

問2 「二年ガアヒダ世中飢渇（ケカツ）シテ、アサマシキ事侍リキ。或ハ春・夏ヒデリ、或ハ秋大風・洪水ナド、ヨカラヌ事ドモウチ続キテ、五穀事〻ク生ラズ。」と記す『方丈記』（鎌倉時代）と同時代の作品 [2]

① 愚管抄

② 枕草子

③ 徒然草

④ 吾妻鏡

問3 江戸期の飢饉と政策 [3]

① 1642（寛永19）年の農村法令では、「御料（ごりょう）・私領（しりょう）共に、本田畑にたばこ作らざるように申しつくべき事」などたばこを自由に栽培することを禁じた。

② 徳川吉宗は米以外の農作物の栽培も奨励し、青木昆陽を登用し、救慌用の甘藷栽培の普及を実現させた。

③　老中田沼意次は民間の経済活動を活発にし、増収を目指したが、天明の飢饉にみまわれた。

④　天保の飢饉後、老中水野忠邦を中心とした寛政の改革を実行し、江戸に流入した貧民の帰郷を促して、荒廃した農村の再建をはかろうとした。

問4　天保の飢饉と「人返しの法」(『牧民金鑑』)　[4]

一　在方（ざいかた）のもの身上（しんしょう）相（あい）仕舞（しま）い、江戸人別に入（いり）候儀、自今（じこん）以後決（けっ）して相成らず。……

一　近年御府内江（へ）入り込み、裏店（うらだな）等借請（かりうけ）居（お）り候者の内ニハ妻子等も之（これ）無く、一期（いっき）住み同様のものも之有るべし。左様の類（たぐい）ハ早々村方江呼戻し申すべき事。……

①　農村で生活していた者を、江戸の人別に登録することは、以後絶対してはいけない。

②　御府内とは、関東近辺のことである。

③　町屋敷の裏にある長屋に住む独身でかつ一年契約の奉公人のような者は、強制的に帰郷させられる。

④　強制的な「人返しの法」により、無宿人や浪人も江戸を追われた。

問5　明治期～大正期における災害・疾病　[5]

①　明治期には、天然痘やコレラなどの伝染病の流行に対処するため、種痘の実施などが重視され、北里柴三郎や志賀潔らはヨーロッパに留学し、研究を行った。

②　第2次山本権兵衛内閣は、普通選挙制の導入を目指したが、1923（大正12）年の関東大震災の処理と、虎の門事件による総辞職により、実現には至らなかった。

③　1923（大正12）年の関東大震災後におきた朝鮮人・中国人に対する殺傷事件の背景には、多くの流言飛語があった。

④　1923（大正12）年の関東大震災の経験から、震災後の計画性のある都市づくりのために、国家の財源が十分に投入された。

問6　平成期～令和期における災害・疾病　[6]

①　アジア太平洋戦争終戦50周年にあたる1995（平成7）年に、阪神・淡路大震災がおこり、防災のあり方がとわれた。

② 2011（平成23）年に、東日本大震災がおこり、東京電力福島第一原子力発電所において事故が発生したが、それまでは原子力に関わる事故は日本において発生していなかった。

③ 菅直人内閣は、2011（平成23）年の東日本大震災への対応などにおいて、国民の批判をうけ退陣した。

④ 2020（令和２）年以降、日本でも、新型コロナウイルス感染症（COVID-19）が流行した。

第２問　原始～近世に関する次の問１～問10に答えよ。なお、史料については、一部省略したり、書き改めたりしたところもある。

問１　弥生時代の社会について述べた次の①～④のうちから、**適切でない**ものを一つ選べ。［7］

① ４世紀頃には、西日本には水稲農耕を基礎とする弥生文化が成立し、東日本や北海道、南西諸島など日本列島全体の地域が食料生産の段階に入ったとされる。

② 弥生文化は水稲農耕を基礎とし、金属器、石包丁、石斧など朝鮮半島とも共通する大陸系の磨製石器や機織り技術をともなう新しい文化であった。

③ 弥生時代中・後期には乾田の開発が進められた。乾田は、地下水位が低く、灌漑施設を必要とするが、灌漑・排水を繰り返すことで、田の土壌の栄養分が補われ、湿田より生産性が高くなった。

④ 岡山県の楯築墳丘墓などを代表とする直径40m余りの円形の墳丘の両側に突出部を持つ墓も弥生時代後期には出現することから、強力な支配者の存在が確認できる。

問２　白鳳文化の特徴について述べた次の①～④のうちから、**適切でない**ものを一つ選べ。［8］

① 白鳳文化は、飛鳥文化と天平文化との間に位置する文化で、仏教文化を基調としており、律令国家形成期の文化である。

② 高松塚古墳壁画は彩色された壁画で、四神や星宿が描かれ、唐や高句麗などの影響が認められる白鳳時代の壁画である。

③ 法隆寺金堂壁画は金堂の壁面に描かれていた仏教壁画であり、インドや西域の

影響がみられる。

④　白鳳文化は、渡来人や中国の南北朝時代の文化的影響のほか、西アジア、インド、ギリシャなどともつながる文化的特徴を持つ。

問3　8世紀～10世紀について述べた次の①～④のうちから、**適切でない**ものを一つ選べ。[9]

①　遣唐使は8世紀にはほぼ20年に1度の割合で派遣されたが、初めは朝鮮半島の沿岸を進む航路を取ったものの、新羅との関係悪化により、東シナ海を横切る航路になり、遭難が増えた。

②　律令では、中国の家父長制的な家族制度にならい、父系の相続が重んじられ、一般民衆の家族でも、女性の発言力は小さかったとみられる。

③　調・庸などの未進により、国家財政維持が難しくなった9世紀には、有力農民を利用した直営方式を採用した。天皇も勅旨田をもつなど、皇室の財源確保をはかった。

④　万葉がなの草書体を簡略化した平がなや、漢字の一部分をとった片かなが9世紀には表音文字として用いられていた。その結果、人々の感情や感覚を日本語で伝えることが可能となった。

問4　「尾張国郡司百姓等解」は、988（永延2）年に尾張国の郡司、百姓らが国守藤原元命の非法などを朝廷に訴え、その解任を要求したものである。これを読み、内容として**適切でない**ものを、下の①～④のうちから一つ選べ。[10]

尾張国郡司百姓等解

尾張国郡司百姓等解し申し請ふ官裁の事。

裁断せられむことを請ふ、当国の守藤原朝臣元命、三箇年の内に責め取る非法の官物幷せて濫行横法三十一箇条の愁状。

一　……例挙の外に三箇年の収納、暗に以て加徴せる正税四十三万千二百四十八束が息利の十二万九千三百七十四束四把一分の事。

一　……守元命朝臣、京より下向する度毎に、有官、散位の従類、同じき不善の輩を引率するの事。

①　愁状とは気持ちや状況などを訴える訴状や嘆願書であり、ここでは国守藤原元

命の31か条に及ぶ非法を訴えている。

② こうした愁状が出たのは、9世紀末から10世紀前半に、国司の最上席者である守に任国の権限と責任を移譲したからである。

③ 例挙は定例の出挙であるが、ここでは、それ以上の正税や利息を取られていると訴えている。

④ この国守は連れてきた役人などに諫められても全くいうことを聞かないと訴えている。

問5　武士の成長を述べたア～エについて、古いものから順に正しくならべたものを、次の①～④のうちから一つ選べ。 11

ア　平将門は下総を根拠地にして、一族と争いを繰り返し、国司とも対立し、反乱をおこした。

イ　上総で平忠常の乱がおこり、源頼信が乱を鎮圧し、源氏の関東進出の足掛かりを作った。

ウ　村上天皇の死後、安和の変が起こると、藤原氏北家の勢力は不動のものとなった。

エ　後白河天皇は平清盛や源義朝らと結んで、崇徳上皇側を攻撃した。

① ア → イ → ウ → エ　　② ア → ウ → イ → エ
③ イ → ア → エ → ウ　　④ イ → エ → ア → ウ

問6　承久の乱以前の鎌倉幕府と朝廷の状況について述べた次の①～④のうちから、適切でないものを一つ選べ。 12

① 源頼朝は主人として、本領安堵や新恩給与を御家人におこない、この御恩に対して、御家人は従者として奉公した。

② 東国の武士は御家人として幕府に組織され、地頭として所領を支配した。

③ 御恩と奉公の関係で結ばれた制度を封建制度といい、日本の封建制度がこの時代に初めて成立した。

④ 鎌倉時代には京都の朝廷や貴族、大寺社などが持っていた荘園も、幕府の管轄となり、土地からの収益は全て幕府に入り、幕府の経済的基盤となっていった。

問7　蒙古襲来と鎌倉幕府の状況について述べた次の①〜④のうちから、適切でないものを一つ選べ。[13]

① 元は1274（文永11）年に、高麗の軍もあわせた約3万の兵で、対馬・壱岐を攻め、博多湾に上陸した。さらに1281（弘安4）年には、約14万の大軍で、九州北部に迫った。

② 幕府は九州地方の御家人を異国警固番役に動員し、北条氏一門を鎮西探題として送り、九州地方の政務や裁判の判決、御家人の指揮に当たらせ、西国一帯に勢力を強めた。

③ 蒙古襲来以来、働きに応じた恩賞が少ないと不満が出たことや流通経済が活発化したため、幕府は永仁の徳政令を発布し、御家人の所領の質入れや売買を奨励した。

④ 畿内やその周辺では、経済情勢をうまく利用し、荘園領主への年貢の納入を拒否するなど、悪党と呼ばれる非御家人の新興武士たちも現れ始めた。

問8　室町時代の特徴について述べた次の①〜④のうちから、適切でないものを一つ選べ。[14]

① 室町時代には嫡子が全部の所領を相続し、庶子は嫡子に従属する単独相続が一般化した。

② 室町時代には荘園や公領の年貢徴収を守護が引き受けた。国衙の機能も吸収する守護も現れ、鎌倉時代の守護と区別し、守護大名と呼ばれることがある。

③ 足利義満による日明貿易が開始され、銅銭、生糸、高級織物などが輸入された。また、日朝貿易も義満時代には開始され、木綿や大蔵経が輸入された。

④ 南蛮貿易では、南蛮人は鉄砲、火薬、南蛮菓子、中国産生糸や地理学などの実用学問などをもたらし、日本は金や銅で対価を支払った。

問9　江戸時代には農業や諸産業の発達により、各地の城下町・港町を中心に全国を結ぶ商品流通の市場が形成された。その要は三都と呼ばれるが、その三都として適切でないものを、次の①〜④のうちから一つ選べ。[15]

① 京都　② 長崎　③ 大坂　④ 江戸

問10　江戸時代初期の外交について述べた次の①〜④のうちから、適切でないものを一つ選べ。[16]

① 徳川家康は1609（慶長14）年にルソンの前総督ドン＝ロドリゴが上総に漂着したため、翌年船を与え、田中勝介をスペイン領メキシコに派遣し、ドン＝ロドリゴらを送らせた。これを機に、途絶えていたスペインとの通交が再開された。

② 1613（慶長18）年、幕府は紅毛人と呼ばれたイギリス人との貿易を許可し、イギリスは横浜に商館を開いた。

③ 幕府は糸割符制度を設け、京都、堺、長崎の特定の商人らに輸入生糸の価格を決定させ、その価格で一括購入させることで、マカオを根拠地にするポルトガル商人の利益独占を排除した。

④ 幕府はルソン、カンボジア、タイなどに渡航する商人に海外渡航を許可する朱印状を与え、朱印船貿易を活発化させた。その結果、自治制が敷かれた日本町が南方各地に作られるようになった。

第3問 次の問1～問11の文章を読んで、〔　　〕内に入れるのに最も適切な語句を、①～⑥の語群のうちからそれぞれ一つ選べ。

問1 朝鮮半島に近い九州北部の〔　　〕などで、およそ2500年前と想定される縄文時代晩期の水田が発掘された。 17

① 菜畑遺跡　② 田村遺跡　③ 登呂遺跡
④ 向ヶ岡遺跡　⑤ 百間川遺跡　⑥ 宮ノ前遺跡

問2 平安時代に現世の不安から逃れようとする浄土教が流行した。その浄土教の流行に伴い、〔　　〕などの建築・美術品が多数作られた。 18

① 法隆寺　② 飛鳥寺　③ 平等院鳳凰堂
④ 東大寺　⑤ 円覚寺　⑥ 鹿苑寺

問3 鎌倉時代に、将軍源頼朝の死後、若い頼家と実朝の時代になると、〔　　〕中心の政治を求める動きが強まり、合議制による政治が行われた。 19

① 天皇　② 貴族　③ 院の近臣
④ 守護大名　⑤ 御家人　⑥ 御内人

問4 室町時代は手工業者や商人の座の種類が増え、大寺社や天皇家から与えられた

〔　　〕・供御人の称号を根拠に、関銭の免除や広範囲の独占的販売権を認められ、全国的な活動をおこなった座もあった。 20

①　株仲間　②　年寄　③　若年寄
④　神人　⑤　蔵元　⑥　掛屋

問 5　江戸時代には、村は名主や組頭、百姓代からなる村方三役を中心とする〔　　〕によって運営された。村は農業を主とする農村だけでなく、漁村や山村、在郷町などの小都市も見られた。 21

①　名子　②　乙名　③　若者組
④　譜代　⑤　本百姓　⑥　五人組

問 6　江戸時代の元禄期には、農学・医学など実用的な学問が発達し、〔　　〕による『農業全書』が作られ、広く利用された。 22

①　熊沢蕃山　②　契沖　③　貝原益軒
④　関孝和　⑤　新井白石　⑥　宮崎安貞

問 7　1864（元治元）年、〔　　〕・フランス・アメリカ・オランダの連合艦隊による攻撃が、長州の下関に加えられた（四国艦隊下関砲撃事件）。 23

①　イギリス　②　ドイツ　③　ポルトガル
④　イタリア　⑤　スペイン　⑥　ポーランド

問 8　1876（明治 9）年、政府は北方開発の一環として、〔　　〕をまねいて札幌農学校を開校した。 24

①　ダーウィン　②　ルソー　③　ハリス
④　クラーク　⑤　ヘボン　⑥　ボアソナード

問 9　日本国民は、ポーツマス条約について、賠償金がとれないことに不満を抱き、この講和条約調印の日に開催された講和反対国民大会は暴動化した（〔　　〕焼打ち事件）。 25

①　渋谷　②　日比谷　③　銀座
④　恵比寿　⑤　虎の門　⑥　新宿

問10　1932（昭和７）年５月15日、海軍青年将校らが首相官邸を襲撃し、〔　　〕首相を射殺した（五・一五事件）。 26

①　井上準之助　②　斎藤実　③　田中義一

④　広田弘毅　⑤　岡田啓介　⑥　犬養毅

問11　2002（平成14）年、〔　　〕首相は、国交正常化を求めるため、朝鮮民主主義人民共和国を訪問した。 27

①　橋本龍太郎　②　安倍晋三　③　菅義偉

④　鳩山由紀夫　⑤　小泉純一郎　⑥　森喜朗

第４問　近・現代に関する次の問１～問10に答えよ。

問１　幕末期の開国について述べた次の①～④のうちから、最も適切なものを選べ。 28

①　1853（嘉永６）年、アメリカ東インド艦隊司令長官ペリーが浦賀沖に軍艦を率いて現れ、開国を求めた際に、日本は即座に開国に応じ、日米和親条約を締結した。

②　日米和親条約では、下田・長崎の開港のほか、アメリカのみに最恵国待遇を与えることが取り決められた。

③　日本は、ロシアとも日露和親条約を下田にて締結した。この条約で、択捉島（えとろふとう）以南を日本領と定めた。

④　ペリーの来航後、老中首座堀田正睦は、方針を転換し、朝廷への報告をおこない、諸大名や幕臣にも意見を述べさせることで、挙国的に対策を立てようとした。

問２　地租改正について述べた次の①～④のうちから、最も適切なものを選べ。 29

①　1871（明治４）年に田畑勝手作りを許可したが、その後も田畑永代売買の禁止令は解かれることはなく、土地所有権も認められなかった。

②　廃藩によって諸藩の債務を引き継いだため財政が苦しかったことが、土地制度の改革を行う必要が生じた一因であった。

③　課税の基準は、地価から収穫高へと変更された。

④　旧幕府時代の年貢による収入が減ることを新政府は想定する一方で、農民は負担の軽減をなおも求めて、地租改正反対の一揆をおこした。

問3　大日本帝国憲法に関して述べた次の①～④のうちから、最も適切なものを選べ。 30

①　政府は、明治十四年の政変の際に、国民主権を軸とする憲法を制定する方針を決めていた。

②　1889（明治22）年2月11日、大日本帝国憲法が発布されたが、この憲法は国民が定めた民定憲法と位置づけられる。

③　日本国民は、法律の制限なく、言論などを自由に行えるようになった。

④　民間でも憲法私案がつくられ、交詢社（こうじゅんしゃ）や植木枝盛らによって数多くの草案が作成された。

問4　日清戦争について述べた次の①～④のうちから、最も適切なものを選べ。 31

①　1895（明治28）年に締結された下関条約において、遼東半島の日本への割譲が定められたのに対し、ロシア・フランス・イギリスは、これを清に返還するよう要求した。

②　日清戦争の賠償金のおよそ半分は、皇室費用や災害に備えるための準備金として活用された。

③　日本は、三国干渉を受け、遼東半島を返還したが、下関条約により新たに領有した台湾の統治に力を注ぎ、樺山資紀を台湾総督に任命した。

④　1894（明治27）年に甲午農民戦争がおこると、日本が朝鮮政府の要請を受けて出兵したのに対抗して、清国も出兵をした。

問5　桂園時代の出来事について述べた次のア～エについて、古いものから順に正しくならべたものを、下の①～④のうちから一つ選べ。 32

ア　伊藤博文が、ハルビンで暗殺された。

イ　西園寺公望内閣が組織され、鉄道国有法が成立した。

ウ　韓国併合条約を結んだ。

エ　桂太郎内閣が、戊申詔書を発布し、内務省を中心に地方改良運動を推進しはじめた。

① イ → エ → ア → ウ

② イ → ア → ウ → エ

③ エ → ア → ウ → イ

④ ア → ウ → エ → イ

問6　下の史料を参考にして、1925（大正14）年に公布された治安維持法について述べた次の①～④のうちから、最も適切なものを選べ。 33

> 治安維持法
>
> 第一条　国体ヲ変革(へんかく)シ又ハ私有財産制度ヲ否認スルコトヲ目的トシテ結社ヲ組織シ又ハ情(じょう)ヲ知リテ之ニ加入シタル者ハ十年以下ノ懲役(ちょうえき)又ハ禁錮(きんこ)ニ処ス……

① 治安維持法に違反しても、刑務所に拘禁されることはない。

② 治安維持法が成立したのと同年に、普通選挙法が成立し、性別を問わず、満25歳以上の者に選挙権が認められた。

③ 治安維持法は、制定当初、日ソ国交樹立に伴う共産主義思想の波及を防止することも目的としていた。

④ 国体とは国家の主権のあり方による国家形態をいい、ここでの「国体」は国民に主権があることを意味する。

問7　満州事変について述べた次の①～④のうちから、最も適切なものを選べ。 34

① 中国における国権回収の民族運動が高まっていた頃、幣原喜重郎は、中国に対して強硬的な外交姿勢をとっていた。

② 関東軍は、中国の国権回収運動が満州におよぶのを阻止するため、満州をソ連主権から切り離し、日本の勢力下におこうと計画した。

③ 第2次若槻礼次郎内閣は、満州事変をうけて、拡大方針を打ち出し、軍の方針を支持した。

④ 満州での日本の軍事行動は、中国の排日運動を刺激し、1932（昭和7）年には、上海でも日中の軍が衝突した。

問8　戦後の民主化政策について述べた次の①～④のうちから、最も適切なものを選べ。
35

① GHQは、経済民主化のため財閥解体を中心課題の一つとした。1945（昭和20）年には、三井・三菱・住友・安田などの15財閥の資産の凍結・解体が命じられた。

② GHQは、農民層の窮乏が日本の対外侵略の動機となったと考え、寄生地主制自体は維持しながら、安定した自作農を創出するための改革の実施を求めた。

③ 1947（昭和22）年には、教育の機会均等や男女共学の原則を定める教育基本法が制定され、義務教育も実質6年に延長された。

④ 1947（昭和22）年には、8時間労働制などを規定した労働組合法が制定された。

問9　55年体制の成立の頃の出来事について述べた次の①～④のうちから、最も適切なものを選べ。 36

① 1954（昭和29）年、造船疑獄事件で吉田茂内閣批判が強まる中、鳩山一郎らは自由党を離党し、立憲民主党を結成した。

② 1955（昭和30）年2月の総選挙で、社会党は左右両派あわせて憲法改正を阻止するのに必要な3分の2の議席を確保した。

③ 1955（昭和30）年の保守合同を受けて、吉田茂首相が自由民主党の初代総裁に選出され、その後、保守一党優位のもとで保革対立という政治体制が成立した。

④ 1956（昭和31）年に日ソ共同宣言が調印され、日本の国際連合加盟を拒否していたソ連が支持にまわったことで、日本の国連加盟が実現した。

問10　高度経済成長期の頃の出来事について述べた次の①～④のうちから、最も適切なものを選べ。 37

① 1964（昭和39）年には東海道新幹線が開通し、国鉄財政はこの年から単年度で黒字となった。

② 1964（昭和39）年には、アジアで最初のオリンピックとなるオリンピック東京大会が開催された。

③ 高度経済成長が達成される一方で、産業公害が深刻化し、1967（昭和42）年に公害対策基本法が制定され、1971（昭和46）年には環境省が発足した。

④ 1960年代の後半からは、カラーテレビ、クーラー、コンピューターの、いわゆる3C（新三種の神器）の普及率が上昇した。

世界史

（2科目　120分）

問1　古代オリエントの宗教について述べた次の①～④の文章のうちから、最も適切なものを一つ選べ。［1］

①　エジプトでは前14世紀、クフ王がテル＝エル＝アマルナに都を定め、従来の神々の崇拝を禁じて一つの神（アトン）だけを信仰する改革を行った。

②　ゾロアスター教は、この世を善（光明）の神アフラ＝マズダと、悪（暗黒）の神アーリマンとのたえまない闘争と説いた。

③　3世紀の宗教家マニは、ギリシア神話やバラモン教を融合して新しくマニ教をおこした。

④　唯一の神ヤハウェを信仰するヘブライ人は、前13世紀にダヴィデ王に率いられてパレスチナに移住した。

問2　春秋戦国時代においては諸子百家と呼ばれる様々な思想が発達したが、これに関連して述べた次の①～④の文章のうちから、最も適切なものを一つ選べ。［2］

①　儒家の祖とされる孔子の言行は、のちに『楚辞』としてまとめられた。

②　儒家からは礼による規律維持を強調する性悪説の孟子や、万人のもつ血縁的感情を重視する性善説の荀子などがあらわれた。

③　老子・荘子らの道家は、あるがままの状態にさからわない無為自然を主張し、すべての根源である「道」への合一を求めた。

④　項羽は、焚書・坑儒による思想統制を行うなど、皇帝権力の絶対化と中央集権化をおしすすめた。

問3　漢の時代でははじめ法家や道家の思想が力をもったが、やがて儒学が発展していった。この時代における思想・宗教について述べた次の①～④の文章のうちから、最も適切なものを一つ選べ。［3］

①　前漢武帝の時代には、司馬遷の提案により儒学が官学とされ、五経博士がおかれた。

② 宗教結社太平道を主体とした黄巾の乱が2世紀末におこると、各地に軍事集団が割拠して後漢は滅んだ。

③ 前漢の時代には、儒学の主要な経典として四書が定められた。

④ 後漢の時代には、屈原らの学者により、経典の字句を重んずる訓詁学が発展して、経典の詳しい注釈書がつくられた。

問4　魏晋南北朝時代には中国に仏教が本格的に広まり、またこれに刺激されて道教が成立した。この時代における思想・宗教について述べた次の①〜④の文章のうちから、最も適切なものを一つ選べ。［4］

① 魏・晋の時代には、世俗を超越した清談が高尚なものとされ、文化人のあいだで流行した。

② 鳩摩羅什はインドから中国におもむき、雲崗・竜門に多くの石窟寺院を建設した。

③ 道士の寇謙之は、道教教団をつくって北魏の孝文帝に信任され、仏教と対抗して勢力をのばした。

④ 日本と大陸との交流が活発するなかで、日本からの渡来人によって儒教・仏教などの思想が朝鮮半島にもたらされた。

問5　周辺地域の多様な要素を取り入れて、国際性ある文化をつくりあげた唐の思想・宗教について述べた次の①〜④の文章のうちから、最も適切なものを一つ選べ。

［5］

① 唐では漢代以来の訓詁学が改めて重視され、白居易らの『五経正義』がつくられた。

② 唐の首都長安では、仏教寺院や道教寺院のほか、キリスト教の一派の祆教やマニ教の寺院もつくられた。

③ チベットでは、インド仏教とイスラーム教が融合したチベット仏教がうまれた。

④ 玄奘や義浄はインドから経典をもち帰り、その後の仏教に大きな影響を与えた。

問6　宋から清にかけての宗教・思想について述べた次の①〜④の文章のうちから、最も適切なものを一つ選べ。［6］

① 経典全体を哲学的に読みこんで宇宙万物の正しい本質（理）にいたろうとする宋学は、北宋の朱熹が基礎をつくったので朱子学とも呼ばれる。

② 北宋・南宋では禅宗が官僚層によって支持されたが、金の統治する華北では、儒・仏・道を調和した白蓮教が道教の革新を主張した。

③ 元朝の末期には、道教教団による太平天国の乱をきっかけに群雄が蜂起した。

④ 清代には、儒学の経典の研究を精密に行う考証学が発展し、銭大昕などの学者が出た。

問7　中国とキリスト教の関係について述べた次の①～④の文章のうちから、最も適切なものを一つ選べ。 7

① イスラーム地域を征服したモンゴル帝国に関心をもったローマ教皇は、ルブルックを使節としてモンゴル高原におくった。

② 13世紀末の元代には、モンテ＝コルヴィノが大都にて大司教に任ぜられることで、中国でプロテスタントが布教され始めた。

③ 清代には典礼問題が発生したため、雍正帝はキリスト教の布教を禁止した。

④ 明代には、イエズス会宣教師のカスティリオーネ（朗世寧）らが中国にはいって布教を行った。

問8　インドにおいては仏教が誕生し発展していった。インド仏教について述べた次の①～④の文章のうちから、最も適切なものを一つ選べ。 8

① 仏教の開祖ガウタマ＝シッダールタは、バラモンを最高位とみなすヴァルナ制を否定した。

② グプタ朝のアショーカ王は、征服活動の際に多くの犠牲者を出したことを悔い、次第に仏教に帰依するようになった。

③ ヴァルダナ朝のハルシャ王の時代に、仏図澄が仏典を求めて唐からインドを訪れた。

④ クシャーナ朝の保護を受けた上座部仏教は、ガンダーラを中心とする仏教美術とともに各地に伝えられ、中央アジアから中国・日本にまで影響を与えた。

問9　インドには仏教のほかにも様々な宗教が存在した。インドの宗教について述べた次の①～④の文章のうちから、最も適切なものを一つ選べ。 9

① ヒンドゥー教は、シヴァ神やヴィシュヌ神など多くの神々を信仰する多神教である。

② 古代インドでは、カースト制度を否定するバラモン教が発展した。

③　ムガル朝第3代皇帝アクバルは、イスラーム教を信仰しヒンドゥー教を弾圧した。

④　シク教の祖となったナーナクは、タージ=マハルを建設した。

問10　ジンナーを指導者とし、1940年にイスラーム国家パキスタンの建設を目標に掲げた政党の名称として最も適切なものを、次の①～④のなかから選べ。 10

①　ワフド党

②　バース党

③　全インド=ムスリム連盟

④　民族解放戦線（FLN）

問11　12世紀のカンボジアにて建設された、ヒンドゥー教や仏教の強い影響を受けながらも独自の様式と規模をもつ寺院の名称として最も適切なものを、次の①～④のなかから選べ。 11

①　ナーランダー僧院

②　ボロブドゥール

③　モエンジョ=ダーロ

④　アンコール=ワット

問12　イスラーム教について述べた次の①～④の文章のうちから、最も適切なものを一つ選べ。 12

①　イスラーム教の聖典『ヴェーダ』は、ムハンマドにくだされた神のことばの集成であり、アラビア語で記されている。

②　イスラーム教のスンナ派は、第4代カリフであったアリーの子孫だけが共同体を指導する資格があると主張して、シーア派と対立してきた。

③　10世紀以後のイスラーム社会では、都市の職人や農民のあいだに、形式的な信仰を排して神との一体感を求める神秘主義（スーフィズム）が盛んになった。

④　11～13世紀にかけてフランスのトレドを中心に、アラビア語に翻訳された古代ギリシアの古典文献やアラビアの科学・哲学の著作をラテン語に翻訳した。

問13　トルコの宗教について述べた次の①～④の文章のうちから、最も適切なものを一つ選べ。 13

①　メッカとメディナの保護権を手に入れたオスマン帝国のスルタンは、カリフ政治の後継者としてスンナ派イスラーム教を守護する中心の存在となった。

②　オスマン帝国スルタンの軍隊であるマムルーク軍団は、バルカン半島の征服後、キリスト教徒の子弟を強制的に集めて編制した歩兵軍団である。

③　オスマン帝国内に住むキリスト教徒やユダヤ教徒の共同体（ミッレト）には自治がいっさい認められなかった。

④　トルコ共和国大統領ケマル＝アタテュルクは、イスラーム教を国教とした。

問14　イラン地域およびイラン系民族の宗教について述べた次の①～④の文章のうちから、最も適切なものを一つ選べ。［14］

①　イラン系の軍事政権ブワイフ朝は、946年にバグダードに入城しイスラーム教を禁止した。

②　イル＝ハン国のオゴタイは、イスラーム教を国教とした。

③　サファヴィー朝は建国後、国内統一のためにスンナ派を国教とした。

④　1979年にイラン革命が発生し、宗教指導者ホメイニを中心とするイラン＝イスラーム共和国が成立した。

問15　古代ローマではキリスト教が誕生し次第に広まっていった。これに関連する出来事が生起順に正しく配列されたものを、次の①～④のうちから一つ選べ。［15］

a．コンスタンティヌス帝は、ミラノ勅令によってキリスト教を公認した。

b．ディオクレティアヌス帝は皇帝礼拝を強制し、帝国全土でキリスト教徒の弾圧を命じた。

c．テオドシウス帝はアタナシウス派キリスト教をローマ帝国の国教とし、様々な異教をすべて禁止した。

d．多神教の古代ローマは、もともと宗教的には寛容であったが、ネロ帝の時代にキリスト教徒が迫害された。

①　a→c→d→b

②　b→d→c→a

③　c→a→b→d

④　d→b→a→c

問16　ローマ教皇を頂点とする世界的な階層組織をもつカトリック教会について述べた次の①～④の文章のうちから、最も適切なものを一つ選べ。 16

① 6世紀前半、ドミニコは「祈り、働け」をモットーとする修道院を、モンテ＝カシノに創設した。

② 中世ヨーロッパには様々な修道会が成立し、フランチェスコが設立した托鉢修道会は民衆教化に活躍した。

③ ミュンツァーらを指導者とするカトリック教会の自己改革の動きを、反宗教改革（対抗宗教改革）と呼ぶ。

④ 16世紀前半のスペインで結成されたイエズス会の布教活動に伴い、イグナティウス＝ロヨラはインドを経て日本に来航した。

問17　イギリスの宗教改革について述べた次の①～④の文章のうちから、最も適切なものを一つ選べ。 17

① イングランドのフスは、聖書こそ信仰の最高の権威であると教会を批判し、聖書を英訳するなどして自説の普及につとめた。

② ヘンリ8世は首長法（国王至上法）を定め、国王を首長とするイギリス国教会を設立した。

③ エリザベス1世は統一法を制定するなどして、ローマ＝カトリック教会に復帰する政策をとった。

④ 宗教改革の流れのなかで、官吏を国教徒以外にも開放する審査法が制定された。

問18　クローヴィスの改宗以来、ローマ＝カトリック教会との関係を深めた中世フランスの宗教事情について述べた次の①～④の文章のうちから、最も適切なものを一つ選べ。 18

① ルイ9世は、クリュニー修道院を中心とした異端のアルビジョワ派（カタリ派）を征服して、王権を南フランスにも広げた。

② 11世紀末、フィリップ2世はクレルモンで宗教会議（公会議）を招集し、イスラーム勢力から聖地イェルサレムを回復することを提唱した。

③ フィリップ4世は、教皇庁を南フランスのアヴィニョンに移し教皇を支配下においたが、これを教皇のバビロン捕囚という。

④ アーチ型天井を厚い壁で支えるロマネスク様式の教会は、フランスの各地で建設されたが、シャルトル大聖堂はその典型である。

問19　フランスにおけるキリスト教の新旧両派の衝突は長く複雑な様相を示した。これについて述べた次の①～④の文章のうちから、最も適切なものを一つ選べ。 19

① 宗教改革におけるカルヴァンらによる運動は、フランスではユグノーと呼ばれる新教徒を生み出した。

② 貴族間の勢力争いと結びついたユグノー戦争では、パリの多数のカトリック教徒が殺害されるサン＝バルテルミの虐殺も生じた。

③ アンリ4世がナントの王令（勅令）を廃止すると、多数のユグノーは国外に流出し、フランスの国内産業の発展が阻害された。

④ ルイ14世はフランスと対立していたローマ教皇と宗教協約（コンコルダート）を結び、政教分離を制度化した。

問20　フランク王国や神聖ローマ帝国は、ローマ＝カトリック教会との間に様々な関係をもった。これについて述べた次の①～④の文章のうちから、最も適切なものを一つ選べ。 20

① 800年、教皇レオ3世はフランク王国のカールにローマ皇帝の冠を授け、西ローマ帝国の復活を宣言した。

② 東フランク王国のオットー1世は、金印勅書を発布して七選帝侯による神聖ローマ皇帝の選出方式を定めた。

③ ローマ教皇と神聖ローマ皇帝は聖職叙任権をめぐって争ったが、ヴォルムス協約によって教皇は叙任権を失った。

④ ルターが贖宥状（免罪符）の悪弊を攻撃する『愚神礼賛』を発表すると、教皇庁の支配に反発する広範な社会層がこれを支持した。

問21　プロイセンを中心にして統一国家となったドイツでは、ビスマルクがカトリック教会の政治的・社会的影響力を排除しようとする運動を展開した。この運動の名称を次の①～④のうちから一つ選べ。 21

① チャーティスト運動

② 文化大革命

③ 文化闘争

④ ワッハーブ運動

問22　イタリアの宗教事情について述べた次の①～④の文章のうちから、最も適切なものを一つ選べ。 22

① 中世ヨーロッパでは、都市の上層市民のなかにフィレンツェのフッガー家のように一族からローマ教皇を出すほどの勢力をもつ富豪もあらわれた。

② 地動説を支持したレオナルド＝ダ＝ヴィンチは、天動説を唱える教会から迫害を受け、宗教裁判で自説を撤回させられた。

③ カトリック教会は、宗教改革の進展に対してトリエント（トレント）公会議を開催して、教皇の至上権を再確認するなど態勢の立て直しに務めた。

④ ファシスト党による一党独裁体制を確立したガリバルディは、ラテラノ（ラテラン）条約を結んでローマ教皇庁と和解した。

問23　スペインの宗教事情について述べた次の①～④の文章のうちから、最も適切なものを一つ選べ。 23

① イスラーム教徒のウマイヤ家の一族は、アッバース朝が建国されるとイベリア半島に渡って後ウマイヤ朝を開いた。

② イベリア半島内のイスラーム勢力を駆逐しようとするキリスト教徒による国土回復運動（レコンキスタ）は、1492年コルドバを陥落させて終結した。

③ ラス＝カサスは、南米アンデスのクスコを中心に栄えていたインカ帝国を滅ぼし、エンコミエンダ制の導入に貢献した。

④ カルヴァン派の新教徒が多いポルトガルは海外貿易などで力をつけ、カトリック教国スペインから独立を達成した。

問24　ロシア及びその周辺諸国の宗教事情について述べた次の①～④の文章のうちから、最も適切なものを一つ選べ。 24

① 10世紀末、キエフ公国のウラディミル１世はビザンツ帝国との関係を深め、ギリシア正教に改宗してこれを国教とした。

② 15世紀後半、モスクワ大公国のイヴァン３世はローマ帝国の後継者として、ローマ＝カトリック教会を庇護した。

③ 19世紀後半、南進するロシアはイギリスなどと争って、アフガニスタンなどのイスラーム諸国家を次々に保護下においた。

④ ロシアはイスラーム原理主義勢力による同時多発テロ事件をきっかけに、多国籍軍を組織しアフガニスタンに対する軍事行動を起こした。

問25 古代から近代にいたるまでのギリシアの宗教事情について述べた次の①～④の文章のうちから、最も適切なものを一つ選べ。 25

① 古代ギリシア人の宗教は、ゼウスを主神とするオリンポス12神を信仰する多神教であった。

② 8世紀前半にビザンツ皇帝レオン3世が聖像禁止令を発布すると、ローマ教会はこれに反発して十字軍の派遣を要請した。

③ ユスティニアヌス帝がアテネに建立したハギア＝ソフィア聖堂は、オスマン帝国による占領後モスクとして使用された。

④ ヨーロッパ各地に広がった1848年革命の影響を受けて、ギリシアではイスラーム教国であるオスマン帝国からの独立運動が生じ独立を達成した。

問26 古代から現代にいたるまでのイスラエルの宗教事情について述べた次の①～④の文章のうちから、最も適切なものを一つ選べ。 26

① キリスト教・イスラーム教という2つの宗教において、イェルサレムはそれぞれの宗教の開祖が生誕した聖地となっている。

② イェルサレムを支配下においたセルジューク朝に対し、キリスト教勢力は第1回十字軍を派遣し、イェルサレム占領後ラテン帝国をたてた。

③ 19世紀末のドレフュス事件などもあり、20世紀前半のヨーロッパのユダヤ人の間ではパレスチナに復帰しようとするシオニズム運動が高まった。

④ 20世紀後半イスラエルとパレスチナの間にはたびたび戦争も起こったが、パレスチナ暫定自治協定（オスロ合意）により両者の争いは完全に終結した。

（2 科目　120 分）

数値の解答は，解答欄の数字または符号をマークしてください。答えが分数になるときは既約分数で答えてください。分数の符号は分子につけてください。平方根や比の場合は最も簡単な形にしてください。

（例）

$\dfrac{\boxed{1}\ \boxed{2}}{\boxed{3}\ \boxed{4}}$ に $\dfrac{-3}{10}$ と

答えたいときは右のようにします。

解答番号	1	2	3	4	5	6	7	8	9	0	−	±
1	①	②	③	④	⑤	⑥	⑦	⑧	⑨	⓪	●	㊉
2	①	②	●	④	⑤	⑥	⑦	⑧	⑨	⓪	㊀	㊉
3	●	②	③	④	⑤	⑥	⑦	⑧	⑨	⓪	㊀	㊉
4	①	②	③	④	⑤	⑥	⑦	⑧	⑨	●	㊀	㊉

なお，$\boxed{1}$ などが 2 度以上現れる場合，2 度目以降は $\boxed{\mathit{1}}$ のように表記します。

第 1 問

(1) $\sqrt{\dfrac{98n}{15}}$ が有理数となるような最小の自然数 n の値は $\boxed{1}\boxed{2}$ である。

(2) 次の式を因数分解せよ。

$$6(x-1)^2+7(x-1)-5=(\boxed{3}x-\boxed{4})(\boxed{5}x+\boxed{6})$$

(3) 実数全体を全体集合とし，その部分集合 A, B, C を

$$A=\{x\,|\,-1\leqq x\leqq 3\},\quad B=\{x\,|\,|x|<3\},\quad C=\{x\,|\,-2(x-1)\geqq -2\}$$

とする。

次の集合を求めよ。ただし，$\boxed{8}$，$\boxed{9}$，$\boxed{11}$，$\boxed{13}$ は下の①〜⑤から適切なものを選べ。

(i) $A\cap B=\{x\,|\,-\boxed{7}\ \boxed{8}\ x\ \boxed{9}\ \boxed{10}\}$

(ii) $\overline{A}\cap C=\{x\,|\,x\ \boxed{11}\ -\boxed{12}\}$

(iii) $B\cup\overline{C}=\{x\,|\,x\ \boxed{13}\ -\boxed{14}\}$

①　＜　　②　≦　　③　＞　　④　≧　　⑤　＝

(4)　20人が10点満点のテストを受けた。結果は下表のとおりである。

点数	0	1	2	3	4	5	6	7	8	9	10	計
人数	0	0	1	2	2	4	a	b	4	1	1	20

(i)　得点の平均値が6点のとき，a と b の値の組は $(a, b)=($ [15] , [16] $)$ である。

(ii)　得点の中央値が6点のとき，a と b の値の組は [17] 組存在する。

第2問

a, b, c を定数として，関数 $f(x)=ax^2+bx+c$ を考える。

(1)　$a=1, b=-6, c=5$ とするとき，$-4 \leqq x \leqq 4$ の範囲で $f(x)$ の最大値は [18][19]，最小値は [20][21] である。

(2)　$y=f(x)$ のグラフの頂点が $\left(-\frac{1}{2}, 6\right)$ で，$y=f(x)$ のグラフが点 $(-2, -3)$ を通るとき，$a=$ [22][23]，$b=$ [24][25]，$c=$ [26] である。

(3)　$a=-1, c=-b$ とするとき $y=f(x)$ のグラフの軸は $x=\frac{b}{[27]}$ となり，$0 \leqq x \leqq 2$ の範囲で $f(x)$ の最大値を M とする。

$\frac{b}{[27]}<0$ のとき $M=$ [28] b,

$0 \leqq \frac{b}{[27]}<2$ のとき $M=\frac{b^2}{[29]}-b$,

$2 \leqq \frac{b}{[27]}$ のとき $M=$ [30][31] $+b$

である。

第3問

一辺の長さが4の正四面体ABCDの，辺AB上に点P，辺CA上に点Qがある。また，Dから面ABCへ下ろした垂線と面ABCとの交点をHとする。

(1) AP=1のとき，△APDの面積は$\sqrt{\boxed{32}}$である。

(2) ∠DPC=θとする。AP=2のとき，$\cos\theta=\dfrac{\boxed{33}}{\boxed{34}}$である。また，DHの長さは$\dfrac{\boxed{35}\sqrt{\boxed{36}}}{\boxed{37}}$である。

(3) AP=3のとき，PQ+QDの最小値は$\sqrt{\boxed{38}\boxed{39}}$である。また，PQ+QDが最小になるとき，AQの長さは$\dfrac{\boxed{40}\boxed{41}}{\boxed{42}}$である。

(4) 外接球と内接球の中心Oが一致することを用いて，外接球の半径Rと内接球の半径rを求める。△AOHにおいて，$\mathrm{AO}^2=\mathrm{AH}^2+\mathrm{OH}^2$であり，AHの長さは$\dfrac{\boxed{43}\sqrt{\boxed{44}}}{\boxed{45}}$である。これを用いて，$R=\sqrt{\boxed{46}}$，$r=\dfrac{\sqrt{\boxed{47}}}{\boxed{48}}$を得る。

第 4 問【数学Ⅰ・数学A】（後の【数学Ⅱ・数学B】とのどちらか一方を選択しなさい。）

問 1　1 から 10 までの数字が 1 つずつ書かれた 10 枚のカードが入った 4 つの袋 A, B, C, D がある。各袋からカードを 1 枚取り出し，そのカードに書かれていた数字を a, b, c, d とする。

(1)　a, b, c, d がすべて異なる確率は $\dfrac{\boxed{49}\,\boxed{50}}{\boxed{51}\,\boxed{52}\,\boxed{53}}$ である。

(2)　a, b, c, d の積が偶数となる確率は $\dfrac{\boxed{54}\,\boxed{55}}{\boxed{56}\,\boxed{57}}$ である。

(3)　a, b, c, d の最大値が 5 以下である確率は $\dfrac{\boxed{58}}{\boxed{59}\,\boxed{60}}$ であり，a, b, c, d の最大値が 5 または 4 となる確率は $\dfrac{\boxed{61}\,\boxed{62}}{\boxed{63}\,\boxed{64}\,\boxed{65}}$ である。

(4)　$a+b+c+d=10$ となる確率は $\dfrac{\boxed{66}\,\boxed{67}}{\boxed{68}\,\boxed{69}\,\boxed{70}\,\boxed{71}}$ である。

問 2　三角形 ABC 内に点 P をとり，AP, BP, CP を延ばし対辺と交わる点をそれぞれ A′, B′, C′ とする。また，△ABC で三角形 ABC の面積を表すこととする。

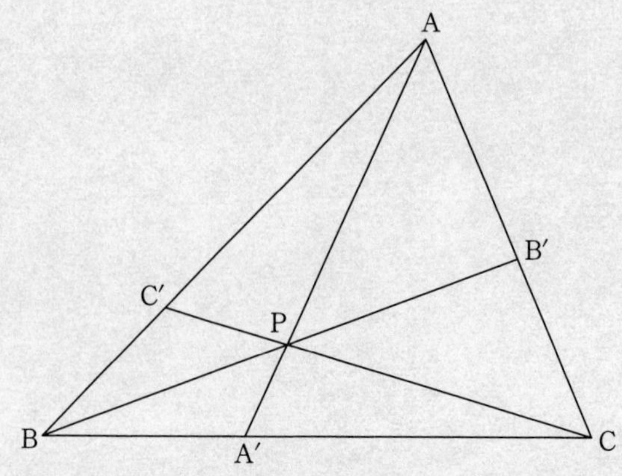

[72]，[73]，[74]，[75] は，当てはまる適切なものを下の①～⓪のうちから選べ。ただし，[74]，[75] は順不同とする。また，同じものを繰り返し選んでもよい。

$$\frac{\mathrm{AP}}{\mathrm{AA'}}=\frac{\boxed{72}}{\triangle\mathrm{ABA'}}=\frac{\boxed{73}}{\triangle\mathrm{ACA'}}=\frac{\boxed{74}+\boxed{75}}{\triangle\mathrm{ABC}}$$

① $\triangle$ABP　② $\triangle$AC′P　③ $\triangle$APB′　④ $\triangle$APC　⑤ $\triangle$ABA′

⑥ $\triangle$ACA′　⑦ $\triangle$PBA′　⑧ $\triangle$PA′C　⑨ $\triangle$PC′B　⓪ $\triangle$PCB′

したがって，

$$\frac{\mathrm{AP}}{\mathrm{AA'}}+\frac{\mathrm{BP}}{\mathrm{BB'}}+\frac{\mathrm{CP}}{\mathrm{CC'}}=\boxed{76}$$

が成り立つ。さらに，

$$\frac{\mathrm{PA'}}{\mathrm{AA'}}+\frac{\mathrm{PB'}}{\mathrm{BB'}}+\frac{\mathrm{PC'}}{\mathrm{CC'}}=\boxed{77}$$

が成り立つ。

三角形ABCがAB＝AC＝5，BC＝6の二等辺三角形で，点PがAP＝3でAA′が中線となるとき，BP : PB′＝[78] : [79] である。

第 4 問【数学Ⅱ・数学B】（前の【数学Ⅰ・数学A】とのどちらか一方を選択しなさい。）

問 1

(1)　$a=\log_2 x$，$b=\log_4 y$，$a-2b=2$ とする。x と y の関係式は $x=$ [49] y である。

(i)　$\log_2(x+1)+\log_2(y-1)=2\log_2 3$ ならば，x の値は [50] で，y の値は [51] である。

(ii)　2^{ab} の最小値は $\dfrac{\sqrt{[52]}}{[53]}$ であり，そのときの x の値は [54] で，y の値は $\dfrac{[55]}{[56]}$ である。

(2)　△ABC において，辺 AB を 1 : 2 に内分する点を M，辺 AC を 2 : 1 に内分する点を N とする。線分 BN と線分 CM の交点を P とする。このとき，

$\overrightarrow{\mathrm{AP}}=\dfrac{[57]}{[58]}\overrightarrow{\mathrm{AB}}+\dfrac{[59]}{[60]}\overrightarrow{\mathrm{AC}}$ となる。

問 2　$a, b\,(a>0)$ を定数とする。関数 $f(x)=x^3+ax^2+b$ の極大値が 3，極小値が -1 であり，この関数のグラフを C とする。

(1)　$f'(x)=$ [61] x^2+ [62] ax となり，$a=$ [63]，$b=$ [64] [65] である。

(2)　点 $(1,-1)$ から引いた曲線 C の接線は 3 本あり，その接線の方程式は

$y=$ [66] [67]，$y=($ [68] $\pm$ [69] $\sqrt{[70]}\,)x-10\mp$ [71] $\sqrt{[72]}$（複号同順）である。

(3)　(2) の接線のうち $y=$ [66] [67] と曲線 C で囲まれた部分の面積は $\dfrac{[73][74]}{[75]}$ である。また，曲線 C と $y=1$ で囲まれた 2 つの部分の面積の和は $\dfrac{[76]}{[77]}$ である。

化学

（2 科目　120 分）

必要があれば，次の原子量を用いよ。

H：1.00　C：12.0　O：16.0　Na：23.0　S：32.0　Ag：108　Ba：137

1 mol の気体が標準状態（0 ℃，1.013×10^5 Pa）で占める体積：22.4 L

第 1 問　物質の構成と化学結合に関する，以下の問 1 ～問 3 に答えよ。

問 1　次の記述 (a)，(b) 中の ［1］，［2］ に当てはまる最も適切なものを，それぞれの解答群のうちから一つずつ選べ。

(a) 次の状態変化（ア）～（エ）のうち，状態変化にともなって粒子の熱運動が激しくなる組み合わせは ［1］ である。

（ア）凝固　　（イ）凝縮　　（ウ）蒸発　　（エ）融解

［1］ の解答群

① （ア）と（イ）　② （ア）と（ウ）　③ （ア）と（エ）
④ （イ）と（ウ）　⑤ （イ）と（エ）　⑥ （ウ）と（エ）

(b) 大気圧下における窒素の沸点は77 K である。これをセルシウス温度で表すと ［2］ ℃である。

［2］ の解答群

① －196　② －160　③ －77
④ 77　⑤ 314　⑥ 350

問2　次の原子（ア）～（ケ）について，以下の記述（a）～（c）中の［ 3 ］～［ 5 ］に当てはまる最も適切なものを，それぞれの解答群のうちから一つずつ選べ。

（ア）アルミニウム　　（イ）塩素　　（ウ）カリウム
（エ）ケイ素　　（オ）酸素　　（カ）窒素
（キ）ネオン　　（ク）フッ素　　（ケ）ヘリウム

(a) 原子（ア）～（ケ）のうち，最外殻電子の数が同じである原子の組み合わせは［ 3 ］である。

［ 3 ］の解答群
①（ア）と（ウ）　②（ア）と（ケ）　③（イ）と（カ）
④（イ）と（ク）　⑤（ウ）と（オ）　⑥（エ）と（キ）
⑦（エ）と（ケ）　⑧（オ）と（カ）　⑨（キ）と（ク）

(b) 原子（ア）～（ケ）のうち，最も外側にある電子殻がマグネシウム原子と同じである。原子は［ 4 ］個ある。

［ 4 ］の解答群
① 1　② 2　③ 3
④ 4　⑤ 5　⑥ 6
⑦ 7　⑧ 8　⑨ 9

(c) 原子（ア）～（ケ）のうち，N殻に電子をもつ原子は［ 5 ］である。

［ 5 ］の解答群
①（ア）　②（イ）　③（ウ）
④（エ）　⑤（オ）　⑥（カ）
⑦（キ）　⑧（ク）　⑨（ケ）

問3　次の記述（a），（b）中の［ 6 ］～［ 10 ］に当てはまる最も適切なものを，それぞれの解答群のうちから一つずつ選べ。ただし，同じものを何度使用してもよい。

(a) 次の原子（ア）～（ケ）のうち，電気陰性度が最も大きい原子は［6］，電気陰性度が最も小さい原子は［7］である。

（ア）硫黄　（イ）塩素　（ウ）酸素
（エ）水素　（オ）窒素　（カ）ナトリウム
（キ）フッ素　（ク）リチウム　（ケ）リン

［6］，［7］の解答群
①（ア）　②（イ）　③（ウ）
④（エ）　⑤（オ）　⑥（カ）
⑦（キ）　⑧（ク）　⑨（ケ）

(b) 次の分子（ア）～（ケ）のうち，結合に用いられる電子の数が最も多い分子は［8］である。また，結合に極性がない分子は［9］個あり，結合に極性があるものの分子全体では極性をもたない分子は［10］個ある。

（ア）アセチレン C_2H_2　（イ）アンモニア　（ウ）塩化水素
（エ）四塩化炭素　（オ）二酸化炭素　（カ）フッ化水素
（キ）フッ素　（ク）水　（ケ）硫化水素

［8］の解答群
①（ア）　②（イ）　③（ウ）
④（エ）　⑤（オ）　⑥（カ）
⑦（キ）　⑧（ク）　⑨（ケ）

［9］，［10］の解答群
① 1　② 2　③ 3
④ 4　⑤ 5　⑥ 6
⑦ 7　⑧ 8　⑨ 9

第2問　溶液の濃度と化学反応式に関する，以下の問1，問2に答えよ。

問1　濃度のわからない塩化カルシウム水溶液のモル濃度を決定するために，次のような実験を行った。濃度のわからない塩化カルシウム水溶液 10.0 mL に 0.200 mol/L の硫酸ナトリウム水溶液 10.0 mL を加えたところ，次の化学反応式にしたがって，硫酸カルシウムの沈殿が生成した。

$$CaCl_2 + Na_2SO_4 \longrightarrow CaSO_4 + 2NaCl$$

この沈殿をろ過した後，ろ液に塩化バリウム水溶液を加えていくと，次の化学反応式にしたがって，硫酸バリウムの沈殿が生成した。

$$BaCl_2 + Na_2SO_4 \longrightarrow BaSO_4 + 2NaCl$$

このとき，加えた塩化バリウム水溶液の体積と生成した硫酸バリウムの沈殿の質量との関係は次の図のようになった。

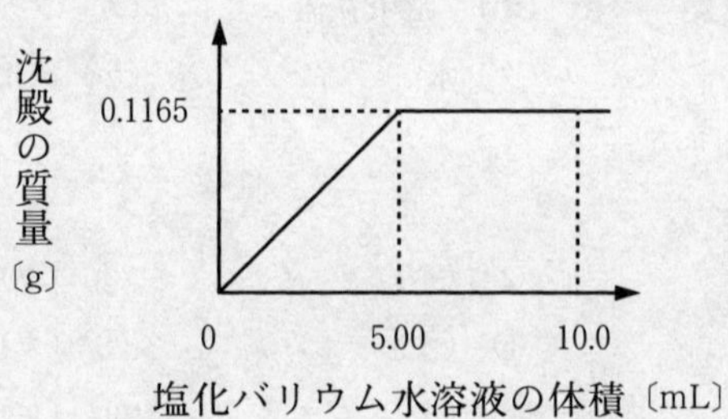

次の記述 (a)～(c) 中の [11] ～ [15] に当てはまる最も適切なものを，それぞれの解答群のうちから一つずつ選べ。ただし，それぞれの反応は完全に進行し，沈殿の溶解は考えないものとする。

(a) 硫酸カルシウム，硫酸バリウムの沈殿はともに [11] 色である。また，0.200 mol/L の硫酸ナトリウム水溶液 10.0 mL に含まれるナトリウムイオンの物質量は [12] mol である。また，塩化カルシウムは [13] を示す。

11 の解答群

① 黒　② 赤　③ 黄　④ 白　⑤ 青　⑥ 緑

12 の解答群

① 1.00×10^{-3}　② 2.00×10^{-3}　③ 4.00×10^{-3}
④ 6.00×10^{-3}　⑤ 8.00×10^{-3}　⑥ 1.00×10^{-2}
⑦ 2.00×10^{-2}　⑧ 4.00×10^{-2}　⑨ 6.00×10^{-2}

13 の解答群

① 正塩であり，その水溶液は酸性
② 正塩であり，その水溶液は塩基性
③ 正塩であり，その水溶液は中性
④ 酸性塩であり，その水溶液は酸性
⑤ 酸性塩であり，その水溶液は塩基性
⑥ 塩基性塩であり，その水溶液は酸性
⑦ 塩基性塩であり，その水溶液は塩基性

(b) 下線部のろ液に含まれていた硫酸ナトリウムの物質量は 14 mol である。

14 の解答群

① 1.00×10^{-5}　② 2.00×10^{-5}　③ 5.00×10^{-5}
④ 1.00×10^{-4}　⑤ 2.00×10^{-4}　⑥ 5.00×10^{-4}
⑦ 1.00×10^{-3}　⑧ 2.00×10^{-3}　⑨ 5.00×10^{-3}

(c) この実験結果より，塩化カルシウム水溶液のモル濃度は 15 mol/Lと決定する。

15 の解答群

① 1.00×10^{-2}　② 1.50×10^{-2}　③ 2.00×10^{-2}
④ 2.50×10^{-2}　⑤ 5.00×10^{-2}　⑥ 1.00×10^{-1}
⑦ 1.50×10^{-1}　⑧ 2.00×10^{-1}　⑨ 2.50×10^{-1}

問2　次の記述 (a)～(c) 中の［16］～［20］に当てはまる最も適切なものを，それぞれの解答群のうちから一つずつ選べ。

(a) 炭酸水素ナトリウムを加熱すると，次の化学反応式にしたがって，二酸化炭素と水蒸気を発生しながら熱分解して化合物 X が生成する。

$$2NaHCO_3 \longrightarrow (\text{化合物 X}) + CO_2 + H_2O$$

化合物 X は［16］である。

［16］の解答群

① 酸化ナトリウム　② 水酸化ナトリウム　③ 炭化ナトリウム
④ 水素化ナトリウム　⑤ 炭酸ナトリウム

(b) 炭酸水素ナトリウム 2.10 g を完全に熱分解させると，二酸化炭素が標準状態において［17］L 発生し，(a) の化合物 X が［18］g 生成する。ただし，熱分解では (a) の反応のみが起こるものとする。

［17］の解答群

① 0.112　② 0.168　③ 0.224
④ 0.280　⑤ 0.336　⑥ 0.448
⑦ 0.504　⑧ 0.560　⑨ 0.672

［18］の解答群

① 0.530　② 0.775　③ 1.00
④ 1.06　⑤ 1.33　⑥ 1.55
⑦ 1.59　⑧ 1.65　⑨ 1.77

(c) 酸化銀 Ag_2O を加熱すると，気体 Y が発生しながら熱分解して，銀の単体が生成する。このとき発生した気体 Y は［19］である。酸化銀の粉末 116 mg を加熱したところ，酸化銀の一部が熱分解し，粉末の質量が 4.80 mg 減少した。このとき，酸化銀が熱分解した割合〔質量 %〕は［20］% である。ただし，ここでは酸化銀の熱分解のみが起こったものとする。

19 の解答群

① 水素　② 酸素　③ 一酸化炭素
④ 二酸化炭素　⑤ 水蒸気

20 の解答群

① 10.0　② 20.0　③ 30.0
④ 40.0　⑤ 50.0　⑥ 60.0
⑦ 70.0　⑧ 80.0　⑨ 90.0

第3問　我々が普段口にする飲料の中には,「乳酸入り飲料」や「クエン酸入り飲料」など，酸が含まれているものが多く存在する。これらの飲料に含まれる酸の濃度を調べるために，次の実験を行った。以下の記述 (a)～(h) 中の 21 ～ 30 に当てはまる最も適切なものを，それぞれの解答群のうちから一つずつ選べ。ただし，同じものを何度使用してもよい。また,「乳酸入り飲料」には乳酸以外に,「クエン酸入り飲料」にはクエン酸以外に，反応に関与する成分は含まれていないものとする。

実験操作 (1)：シュウ酸二水和物 $H_2C_2O_4 \cdot 2H_2O$ の結晶 6.30 g を正確にはかりとって少量の水に溶かした後，器具Aに入れてさらに純水を加えて全量を 500 mL にした。調製したシュウ酸水溶液を器具Bで 10.0 mL はかりとって器具Cに入れ，フェノールフタレインを加えた後，あらかじめ器具Dに入れておいた水酸化ナトリウム水溶液で滴定したところ，終点に達するまでに 25.0 mL 必要であった。

実験操作 (2)：市販の「乳酸入り飲料」を器具Bで 10.0 mL はかりとって器具Cに入れ，フェノールフタレインを加えた後，実験操作 (1) で用いた水酸化ナトリウム水溶液で滴定したところ，終点に達するまでに 15.0 mL 必要であった。

実験操作 (3)：市販の「クエン酸入り飲料」を 10 倍に希釈した。希釈した「クエン酸入り飲料」を器具Bで 10.0 mL はかりとって器具Cに入れ，フェノールフタレインを加えた後，実験操作 (1) で用いた水酸化ナトリウム水溶液で滴定したところ，終点に達するまでに23.7 mL必要であった。

(a) 乳酸は1価の弱酸，クエン酸は3価の弱酸である。次の酸（ア）～（カ）のうち，1価の酸は 21 個，弱酸は 22 個含まれる。

（ア）塩化水素　（イ）酢酸　（ウ）硝酸
（エ）硫化水素　（オ）硫酸　（カ）リン酸

21，22 の解答群

① 1　② 2　③ 3
④ 4　⑤ 5　⑥ 6

(b) 器具Cは 23 ，器具Dは 24 である。

23，24 の解答群

① コニカルビーカー　② 駒込ピペット　③ ビュレット
④ ホールピペット　⑤ メスシリンダー　⑥ メスフラスコ

(c) 実験操作（1），（2）において，器具Cが水で濡れた状態で実験を始めた場合，終点までに必要な水酸化ナトリウム水溶液の体積は 25 。

25 の解答群

① 実験操作（1），（2）ともに小さくなる
② 実験操作（1）では小さくなるが，実験操作（2）では大きくなる
③ 実験操作（1）では小さくなるが，実験操作（2）では変わらない
④ 実験操作（1），（2）ともに大きくなる
⑤ 実験操作（1）では大きくなるが，実験操作（2）では小さくなる
⑥ 実験操作（1）では大きくなるが，実験操作（2）では変わらない
⑦ 実験操作（1），（2）ともに変わらない
⑧ 実験操作（1）では変わらないが，実験操作（2）では小さくなる
⑨ 実験操作（1）では変わらないが，実験操作（2）では大きくなる

(d) 実験操作 (1), (2) において，指示薬としてフェノールフタレインではなくメチルオレンジを用いた場合，[26]。

[26] の解答群

① 実験操作 (1), (2) ともに正しく滴定できる
② 実験操作 (1) では正しく滴定できるが，実験操作 (2) では正しく滴定できない
③ 実験操作 (1) では正しく滴定できないが，実験操作 (2) では正しく滴定できる
④ 実験操作 (1), (2) ともに正しく滴定できない

(e) 実験操作 (3) において，市販の「クエン酸入り飲料」を10倍に希釈する方法として正しい記述は [27] である。ただし，「クエン酸入り飲料」の密度は $1.01\,g/cm^3$ とする。

[27] の解答群

① 「クエン酸入り飲料」を 10.0g はかりとり，水 90.0g を加える
② 「クエン酸入り飲料」を 10.0g はかりとり，水を加えて全体を 90.0g にする
③ 「クエン酸入り飲料」を 10.0g はかりとり，水 100g を加える
④ 「クエン酸入り飲料」を 10.0g はかりとり，水を加えて全体を 100g にする
⑤ 「クエン酸入り飲料」を 10.0mL はかりとり，水 90.0mL を加える
⑥ 「クエン酸入り飲料」を 10.0mL はかりとり，水を加えて全体を 90.0mL にする
⑦ 「クエン酸入り飲料」を 10.0mL はかりとり，水 100mL を加える
⑧ 「クエン酸入り飲料」を 10.0mL はかりとり，水を加えて全体を 100mL にする

(f) 実験に用いた水酸化ナトリウム水溶液のモル濃度は [28] mol/L である。

[28] の解答群

① 0.0100　② 0.0200　③ 0.0250
④ 0.0400　⑤ 0.0500　⑥ 0.0600

⑦　0.0750　　⑧　0.0800　　⑨　0.100

(g) 市販の「乳酸入り飲料」の乳酸のモル濃度は [29] mol/L である。

[29] の解答群

⑦ is above;

①　0.0120　　②　0.0240　　③　0.0480
④　0.0600　　⑤　0.0720　　⑥　0.120
⑦　0.240　　⑧　0.480　　⑨　0.600

(h) 市販の「クエン酸入り飲料」のクエン酸の質量パーセント濃度は [30] ％である。ただし，クエン酸の分子量は 192,「クエン酸入り飲料」の密度は $1.01\,g/cm^3$ とする。

[30] の解答群

①　2.00　　②　4.00　　③　5.00
④　6.00　　⑤　8.00　　⑥　10.0
⑦　12.0　　⑧　14.0　　⑨　15.0

第4問　酸化還元反応に関する，以下の問1～問3に答えよ。

問1　酸化と還元に関する次の記述（a），（b）中の 31 ～ 33 に当てはまる最も適切なものを，それぞれの解答群のうちから一つずつ選べ。ただし，同じものを何度使用してもよい。

（a）次の物質（ア）～（オ）のうち，下線部の原子の酸化数が正であるものは 31 個，負であるものは 32 個ある。

（ア）$\underline{O}_2$　　（イ）$H_2\underline{O}$　　（ウ）$H\underline{Cl}O$

（エ）$K_2\underline{Cr}_2O_7$　　（オ）$Na\underline{H}$

31 ， 32 の解答群

① 1　　② 2　　③ 3

④ 4　　⑤ 5　　⑥ 0

（b）次の物質（ア）～（カ）のうち，窒素原子Nの酸化数が最大の物質と最小の物質の窒素原子の酸化数の差の絶対値は 33 である。

（ア）NO　　（イ）NO_2　　（ウ）N_2O_4

（エ）N_2　　（オ）NH_3　　（カ）HNO_3

33 の解答群

① 2　　② 3　　③ 4

④ 5　　⑤ 6　　⑥ 7

⑦ 8　　⑧ 9　　⑨ 10

問2　硫酸酸性下において，過マンガン酸カリウムと過酸化水素は次の化学反応式にしたがって反応する。

$$2KMnO_4 + 5H_2O_2 + 3H_2SO_4 \longrightarrow 2MnSO_4 + 5O_2 + 8H_2O + K_2SO_4$$

この反応に関する次の記述 (a)～(c) 中の [34] ～ [37] に当てはまる最も適切なものを，それぞれの解答群のうちから一つずつ選べ。

(a) この酸化還元反応では，[34] としてはたらいている。

[34] の解答群

① $KMnO_4$ が酸化剤，H_2O_2 が還元剤
② $KMnO_4$ が酸化剤，H_2SO_4 が還元剤
③ H_2O_2 が酸化剤，$KMnO_4$ が還元剤
④ H_2O_2 が酸化剤，H_2SO_4 が還元剤
⑤ H_2SO_4 が酸化剤，$KMnO_4$ が還元剤
⑥ H_2SO_4 が酸化剤，H_2O_2 が還元剤

(b) 消毒薬として用いられている市販のオキシドールには過酸化水素が含まれている。20倍に希釈したオキシドール 10.0 mL に希硫酸を加え，0.0200 mol/L の過マンガン酸カリウム水溶液を滴下していったところ，滴下量が 9.00 mL のときに過マンガン酸カリウムの [35] 色が消えなくなった。滴定の結果より，市販のオキシドール中の過酸化水素のモル濃度は [36] mol/L であることがわかる。

[35] の解答群

① 黄　② 黒　③ 赤紫
④ 緑　⑤ 白　⑥ 青

[36] の解答群

① 0.0144　② 0.0180　③ 0.0450
④ 0.0720　⑤ 0.0900　⑥ 0.144
⑦ 0.180　⑧ 0.450　⑨ 0.900

(c) (b) において，0.0200 mol/L 過マンガン酸カリウム水溶液の代わりに同濃度の二クロム酸カリウム水溶液を滴下した場合，反応の終点までに必要な二クロム酸カリウム水溶液の体積は [37] mL となる。

[37] の解答群

① 1.50　　② 3.00　　③ 4.50

④ 6.00　　⑤ 7.50　　⑥ 9.00

⑦ 10.5　　⑧ 12.0　　⑨ 13.5

問3　金属のイオン化傾向に関する次の文章を読み，以下の記述 (a)～(c) 中の [38] ～ [40] に当てはまる最も適切なものを，それぞれの解答群のうちから一つずつ選べ。

3種類の金属A，B，Cの単体の小片がある。次の実験操作（1）～（4）を行って，金属A～Cのイオン化傾向について調べた。

実験操作（1）：A，B，Cの小片を常温の水に浸したが，いずれの金属も反応しなかった。

実験操作（2）：A，B，Cの小片を希硫酸に浸したところ，A，Bの小片は反応して気体が発生したが，Cの小片は反応しなかった。

実験操作（3）：Cの小片を希硝酸に浸したところ，反応して気体が発生した。

実験操作（4）：電極にAとBを，電解質水溶液に希硫酸を用いた電池を作製したところ，Aが正極になった。

(a) 実験操作（1）より，金属A～Cにイオン化傾向が大きい金属である [38] は含まれていないことがわかる。

[38] の解答群

① Ag　　② Al　　③ Fe

④ Mn　　⑤ Na　　⑥ Zn

(b) 実験操作（2）で発生した気体は [39] である。

[39] の解答群

① H_2　　② O_2　　③ O_3

④ H_2S　　⑤ SO_2　　⑥ SO_3

(c) 金属A～Cのイオン化傾向の大小関係は [40] である。

[40] の解答群

① A＞B＞C　② B＞A＞C　③ C＞A＞B

④ A＞C＞B　⑤ B＞C＞A　⑥ C＞B＞A

生物

（2科目　120分）

第1問　細胞のつくりや体細胞分裂に関する，以下の問1～問3に答えよ。

問1　細胞に関する次の文章を読み，以下の(1)～(4)に答えよ。なお，この文章中の同じ記号のところは，同じ語句が入るものとする。

すべての生物は細胞からできている。そして生物を構成する細胞には，ゾウリムシのように一つの細胞からできている単細胞生物の細胞や，ヒトのように多数の細胞からできている多細胞生物の細胞がある。このうち単細胞生物は1個の細胞からできているために，細胞自体が生物として生活するのに十分な機能をもっている。例えばゾウリムシには，食物を取り込む（　ア　）や食物を細胞内で消化する（　イ　），細胞内に浸透する水を排出して浸透圧を調節する収縮胞，運動のための（　ウ　）がある。一方，多細胞生物は，さまざまな形や働きの細胞から構成されている。そして同じような特徴をもった細胞が集まって（　エ　）となり，さらにいくつかの（　エ　）が集まって（　オ　）がつくられる。また(a)生物の細胞には，核をもたない原核細胞と核をもつ真核細胞がある。

(1) 文章中の空欄（　ア　）～（　ウ　）に入る語句の組み合わせとして最も適切なものを，次の①～⑧のうちから一つ選べ。 1

	（ア）	（イ）	（ウ）
①	細胞口	食胞	繊毛
②	細胞口	食胞	べん毛
③	食胞	細胞口	繊毛
④	食胞	細胞口	べん毛
⑤	大核	食胞	繊毛
⑥	大核	食胞	べん毛
⑦	大核	細胞口	繊毛
⑧	大核	細胞口	べん毛

(2) 文章中の空欄（　エ　）・（　オ　）に入る語句の組み合わせとして最も適切なものを，次の①～⑥のうちから一つ選べ。 2

	（　エ　）	（　オ　）
①	器官	階層構造
②	器官	組織
③	階層構造	器官
④	階層構造	組織
⑤	組織	階層構造
⑥	組織	器官

(3) 下線部（a）に関して，原核細胞と真核細胞の違いを説明した文章として最も適切なものを，次の①～⑤のうちから一つ選べ。 3

① 原核細胞の遺伝子の本体はRNAであるのに対して，真核細胞の遺伝子の本体はDNAである。

② 原核細胞にはミトコンドリアが存在しないのに対して，真核細胞にはミトコンドリアが存在する。

③ 原核細胞には細胞壁が存在するのに対して，真核細胞には細胞壁が存在しない。

④ 原核細胞には細胞膜が存在しないのに対して，真核細胞には細胞膜が存在する。

⑤ 原核細胞には細胞質基質が存在しないのに対して，真核細胞には細胞質基質が存在する。

(4) 原核細胞からなる生物と真核細胞からなる生物の組み合わせとして最も適切なものを，次の①～⑥のうちから一つ選べ。 4

	原核細胞からなる生物	真核細胞からなる生物
①	乳酸菌・シアノバクテリア	酵母・ゾウリムシ
②	乳酸菌・酵母	シアノバクテリア・ゾウリムシ
③	乳酸菌・ゾウリムシ	シアノバクテリア・酵母
④	シアノバクテリア・酵母	乳酸菌・ゾウリムシ
⑤	シアノバクテリア・ゾウリムシ	乳酸菌・酵母
⑥	酵母・ゾウリムシ	乳酸菌・シアノバクテリア

問2　次の手順にしたがって，タマネギの根の先端（根端）部分の細胞の観察を行った。

この実験に関する，以下の(1)～(4)に答えよ。

実験

a．タマネギを発根させる。

b．根の先端1cm程度を取り，(　ア　)に10分間浸す。

c．根の先端を(　イ　)の入ったビーカーに移し，60℃で3～5分間保つ。

d．先端2～3㎜を残して他を取り除き，先端部をスライドガラスの上におき，(　ウ　)を1滴落として1～2分待つ。

e．水を1滴落としてカバーガラスをのせ，その上からろ紙をかぶせて上から力をかける。

f．光学顕微鏡を用いて，プレパラートを観察する。

(1) 実験の手順中の空欄(　ア　)～(　ウ　)に入る語句の組み合わせとして最も適切なものを，次の①～⑥のうちから一つ選べ。 5

	ア	イ	ウ
①	3%塩酸	酢酸オルセイン	固定液
②	3%塩酸	固定液	酢酸オルセイン
③	酢酸オルセイン	3%塩酸	固定液
④	酢酸オルセイン	固定液	3%塩酸
⑤	固定液	3%塩酸	酢酸オルセイン
⑥	固定液	酢酸オルセイン	3%塩酸

(2) 光学顕微鏡での観察の結果，分裂期にある以下のg～jのような状態の細胞を観察することができた。このg～jを細胞分裂の前期から順に並べ替えたとき，最も適切なものを，以下の①～⑨のうちから一つ選べ。 6

g．各染色体が分離し，両極に移動している。

h．糸状の染色体が太く短くなり，核膜が消失している。

i．赤道面に細胞板ができて細胞質が二つに分かれている。

j．染色体が赤道面に並ぶ。

①　g→h→i→j　　②　g→j→h→i　　③　g→i→h→j

④　h→g→j→i　　⑤　h→g→i→j　　⑥　h→j→g→i

⑦　j→g→h→i　　⑧　j→g→i→h　　⑨　j→h→g→i

(3) (2) で観察された分裂期の各時期の細胞と間期の細胞の数は，以下の表1の通りであった。そして細胞分裂を終えたばかりの細胞が，次の細胞分裂を終えるまでの長さは15時間であった。このとき，表1から推測される分裂期の前期と後期の長さとして最も適切なものを，以下の①～⑧のうちから一つずつ選べ。なお，分裂を停止している細胞はなく，分裂の各時期に要する時間は細胞によって変わらず，かつ細胞分裂が始まる時間はばらばらで同調していないものとする。

前期 [7] 分　　後期 [8] 分

表1

細胞の状態	間期	g	h	i	j
細胞の数（個）	1350	30	60	45	15

①　6　　②　12　　③　18　　④　24　　⑤　30
⑥　36　　⑦　42　　⑧　48

(4) この実験をタマネギの根ではなく，動物の細胞を用いて行った場合，(2) で観察されたg～jの時期のうち細胞の状態が大きく異なって見えるのはどの時期か。最も適切なものを，次の①～④のうちから一つ選べ。[9]

①　g　　②　h　　③　i　　④　j

問3　図1は体細胞分裂中のある真核細胞の大きさ（体積），および核1個あたりのDNA量の時間経過にともなう変化を表している。縦軸は細胞の大きさ（相対値），あるいは核1個あたりのDNA量（相対値）を示し，横軸は時間経過を示している。ただし核1個あたりのDNA量は，核膜が観察されない期間は破線で示しており，その期間は染色体の集まりを核とみなしている。このとき，核膜が消失し糸状の染色体が観察され始める時期と細胞質分裂が終了する時期は，それぞれ図1のア～オのどれに対応するか。その組み合わせとして最も適切なものを，以下の①～⑥のうちから一つ選べ。[10]

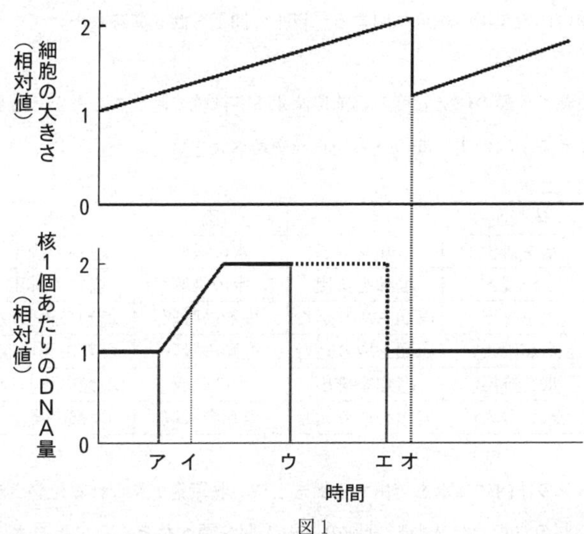

図1

	糸状の染色体が観察され始める時期	細胞質分裂が終了する時期
①	ア	エ
②	ア	オ
③	イ	エ
④	イ	オ
⑤	ウ	エ
⑥	ウ	オ

第2問　生物の体内環境の維持に関する，以下の問1～問5に答えよ。

問1　淡水性の硬骨魚類の体液濃度の調節に関する各部位で起こることとして最も適切な組み合わせを，次の①～⑥のうちから一つ選べ。 11

	体表面	えら	腸	腎臓
①	水を排出	塩類を排出	水の吸収	塩類の排出
②	水が浸入	塩類を排出	水の吸収	塩類の排出
③	水を排出	塩類を取り込む	塩類の吸収	塩類の再吸収
④	水が浸入	塩類を取り込む	塩類の吸収	塩類の再吸収
⑤	水を排出	塩類を排出	水の吸収	塩類の再吸収
⑥	水が浸入	塩類を取り込む	塩類の吸収	塩類の排出

問2　ゾウリムシの体内には水を排出する働きを持つ収縮胞が見られる。ゾウリムシを0，0.4，0.8%の食塩水に入れ収縮胞の収縮周期を調べたところ，食塩水の濃度が高くなると収縮胞の収縮周期も10，20，40秒と長くなった。この実験結果を参照して，ゾウリムシの体内の塩類濃度の調節に関する説明として最も適切なものを，次の①～④のうちから一つ選べ。 12

①　食塩水の濃度が高くなるとゾウリムシの体内に入ってくる水の量が減る。
②　水分子はゾウリムシの細胞膜を通過できない。
③　収縮胞の収縮周期が長くなるのは排出する水の量が増えるからである。
④　収縮胞の収縮周期が長くなるほど，ゾウリムシの体内の塩類濃度は低下する。

問3　血液凝固やそれに関わる血液成分に関する説明として最も適切なものを，次の①～⑥のうちから一つ選べ。 13

①　血小板は核を持つ血球である。
②　傷口には，血液中の有形成分の一つである血しょうが集合する。
③　フィブリンは血清に含まれる。
④　血液は体外では凝固しない。
⑤　赤血球は血ぺいに含まれる。
⑥　傷口が修復された後、線溶によって血清は溶解する。

問4　表2は，健康な人の血しょう，原尿，尿の成分の分析結果の一部である。イヌリンは人体には吸収されない物質であり，腎臓での物質の移動量を調べるための指標である。このことに関する以下の（1）～（4）に答えよ。なお，尿は1分間に1 mL生成するものとする。

表2

成分	血しょう（mg/mL）	原尿（mg/mL）	尿（mg/mL）
A	80	0	0
B	1	1	0
ナトリウムイオン	3	3	3.4
尿素	0.3	0.3	20
イヌリン	0.1	0.1	12

(1) 成分Aと成分Bとして最も適切なものを，次の①～⑥のうちから一つずつ選べ。

成分A [14] ・成分B [15]

①　水　　②　カルシウムイオン　　③　タンパク質
④　DNA　　⑤　グルコース　　⑥　ATP

(2) 1時間に生成する原尿の量（単位：L）を計算し，最も適切な数値を，次の①～⑨のうちから一つ選べ。[16]

①　0.96　　②　7.2　　③　9.6　　④　12　　⑤　19.6
⑥　21.4　　⑦　96　　⑧　720　　⑨　7200

(3) 1時間あたりのナトリウムイオンの再吸収量（単位：g）を計算し，最も適切な数値を，次の①～⑨のうちから一つ選べ。[17]

①　0.96　　②　7.2　　③　9.6　　④　12　　⑤　19.6
⑥　21.4　　⑦　96　　⑧　720　　⑨　7200

(4) 1時間あたりの尿素の再吸収量（単位：g）を計算し，最も適切な数値を，次の①～⑨のうちから一つ選べ。[18]

①　0.96　②　7.2　③　9.6　④　12　⑤　19.6
⑥　21.4　⑦　96　⑧　720　⑨　7200

問5　図2は肝臓が持つ機能の一部を表した模式図である。このことに関する以下の(1)～(6)に答えよ。

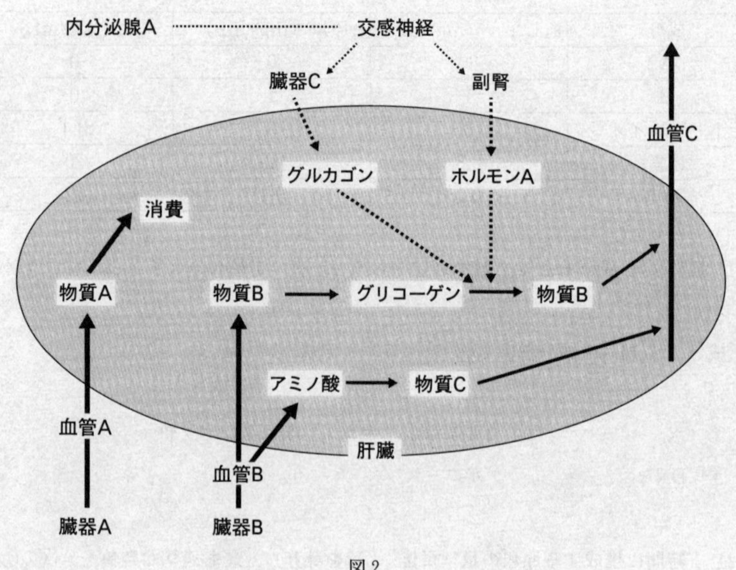

図2

(1) 肝臓に関する説明である次のア～オのうちから正しいものの組み合わせを，以下の①～⑥のうちから一つ選べ。 19

ア　体温の調節に関係している。
イ　アルコールを胆汁に変える解毒作用を備えている。
ウ　老化した白血球を分解している。
エ　肝臓から血液を送り出す血管は動脈である。
オ　毒性の弱い尿素を合成している。

①　アとウ　②　アとオ　③　イとウ　④　イとエ
⑤　ウとエ　⑥　エとオ

(2) 臓器A～臓器Cと内分泌腺Aにあてはまるものとして最も適切な組み合わせを，次の①～⑥のうちから一つ選べ。 20

	臓器A	臓器B	臓器C	内分泌腺A
①	心臓	胃	すい臓	視床下部
②	胃	腎臓	甲状腺	脳下垂体
③	心臓	小腸	すい臓	視床下部
④	胆のう	胃	甲状腺	脳下垂体
⑤	胃	小腸	すい臓	視床下部
⑥	胆のう	腎臓	甲状腺	脳下垂体

(3) 臓器Cと副腎に関する説明である次のア～オのうちから正しいものの組み合わせを，以下の①～⑥のうちから一つ選べ。 21

ア　臓器Cはチロキシンを分泌する。
イ　グルカゴンは臓器Cのランゲルハンス島B細胞から分泌される。
ウ　グルカゴンは低血糖に対処するホルモンである。
エ　ホルモンAは副腎皮質から分泌される糖質コルチコイドである。
オ　副腎はアドレナリンを分泌する。

①　アとイ　　②　アとウ　　③　イとウ　　④　イとエ
⑤　ウとオ　　⑥　エとオ

(4) 血管A～血管Cを流れる血液として最も適切な組み合わせを，次の①～⑥のうちから一つ選べ。 22

	血管A	血管B	血管C
①	静脈血	動脈血	動脈血
②	静脈血	静脈血	動脈血
③	静脈血	動脈血	静脈血
④	動脈血	静脈血	静脈血
⑤	動脈血	動脈血	動脈血
⑥	動脈血	静脈血	動脈血

(5) 物質A～物質Cにあてはまるものとして最も適切な組み合わせを，次の①～⑥の

うちから一つ選べ。 23

	物質A	物質B	物質C
①	酸素	タンパク質	アンモニア
②	酸素	グルコース	タンパク質
③	酸素	グルコース	アンモニア
④	二酸化炭素	タンパク質	グルコース
⑤	二酸化炭素	グルコース	タンパク質
⑥	二酸化炭素	タンパク質	アンモニア

(6) 物質Cに関する説明である次のア～ウのうちから正しいものを，以下の①～⑦のうちから一つ選べ。 24

ア　アミノ酸が分解された物質である。
イ　低血糖になると分解される。
ウ　糖質コルチコイドに影響を受ける。

①　ア　　②　イ　　③　ウ　　④　アとイ
⑤　アとウ　　⑥　イとウ　　⑦　アとイとウ

第3問　免疫に関する，以下の問1～問3に答えよ。

問1　免疫は，自然免疫と獲得免疫からなり，自然免疫はさらに二つの過程に分けられる。自然免疫の第1の生体防御機構は，皮膚による物理的な防御と酸性の体液による化学的な防御である。第2の生体防御機構は，食作用や炎症である。この第2の防御機構を担う白血球についての最も適切な組み合わせを，次の①～⑥のうちから一つ選べ。なお，表中の○はそれぞれの白血球が食作用や炎症を担うこと，×は担っていないことを示す。 25

	マクロファージ	ヘルパーT細胞	キラーT細胞	好中球
①	×	○	○	×
②	○	○	○	×
③	○	×	×	○
④	○	○	×	○
⑤	×	×	×	○
⑥	○	×	○	×

問2　図3は獲得免疫の仕組みを表した模式図である。このことに関する次の(1)～(4)に答えよ。なお，各矢印で表される作用は，矢印の根元側の細胞の機能のみを表す。

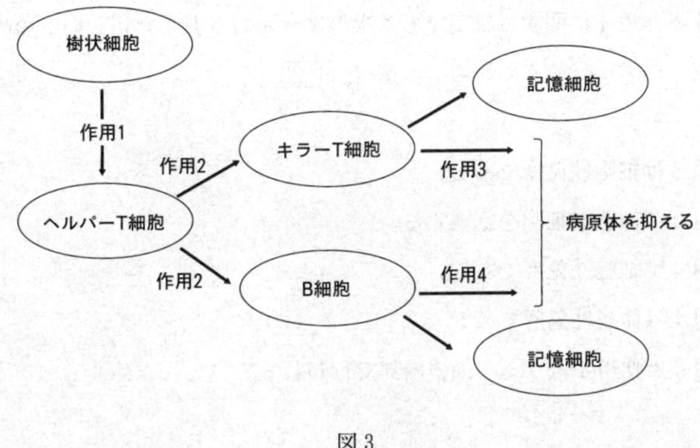

図3

(1) 作用1～作用4の名称として最も適切な組み合わせを，次の①～⑥のうちから一つ選べ。 26

	作用1	作用2	作用3	作用4
①	炎症	活性化	攻撃	免疫記憶
②	炎症	免疫記憶	炎症	免疫記憶
③	食作用	活性化	炎症	免疫記憶
④	食作用	免疫記憶	炎症	抗体産生
⑤	抗原提示	活性化	攻撃	抗体産生
⑥	抗原提示	免疫記憶	攻撃	抗体産生

(2) 樹状細胞と作用1に関する説明である次のア～オのうちから正しいものの組み合わせを，以下の①～⑥のうちから一つ選べ。 27

ア　樹状細胞は炎症を起こした毛細血管から組織内に移動する。

イ　樹状細胞は食作用を行う。

ウ　樹状細胞はリンパ球である。

エ　作用1は毛細血管の中で行われる。

オ　作用1はリンパ節で行われる。

① アとウ　② アとエ　③ イとウ　④ イとオ
⑤ ウとオ　⑥ エとオ

(3) 作用3と作用4に関する説明である次のア～オのうちから正しいものの組み合わせを，以下の①～⑨のうちから一つ選べ。 28

ア　作用3は細胞性免疫である。

イ　作用3では感染細胞を認識する。

ウ　作用4は細胞性免疫である。

エ　作用4は体液性免疫である。

オ　作用3と作用4はリンパ節の内部で行われる。

① アとイ　② アとエ　③ イとエ
④ イとオ　⑤ アとイとウ　⑥ アとウとエ
⑦ アとイとエ　⑧ イとウとオ　⑨ イとエとオ

(4) ヒト免疫不全ウイルス（HIV）によって直接阻害される作用を，次の①～⑥のうちから一つ選べ。 29

① 作用1　　② 作用2　　③ 作用3
④ 作用4　　⑤ 作用1と作用2　　⑥ 作用3と作用4

問3　次の文章a～eは，血清療法の手順や特徴を示したものである。この文章中の空欄（　ア　）～（　オ　）に入る語句の組み合わせとして最も適切なものを，以下の①～⑥のうちから一つ選べ。なお，この文章中の同じ記号のところには，同じ語句が入るものとする。 30

a　対象とする（　ア　）をウサギに注射する。（　イ　）を誘導するために2～3週間の間をおいて再び（　ア　）を注射する。
b　ウサギの体内では，（　ウ　）が（　エ　）を生産する。
c　2～3週間後に血液を回収する。血液を，血ぺいと血清に分離させる。
d　血清には（　エ　）が多く含まれ抗血清と呼ばれる。
e　血清療法は毒ヘビに噛まれた場合，（　オ　）やジフテリアなど毒性が強い感染症に有効である。

	ア	イ	ウ	エ	オ
①	抗体	二次応答	B細胞	抗原	インフルエンザ
②	抗体	二次応答	T細胞	抗原	インフルエンザ
③	抗原	物理防御	B細胞	抗体	破傷風
④	抗原	二次応答	B細胞	抗体	インフルエンザ
⑤	抗体	物理防御	T細胞	抗原	破傷風
⑥	抗原	二次応答	B細胞	抗体	破傷風

第4問　植生の遷移や生態系内における物質循環に関する，以下の問1～問4に答えよ。

問1　植生の遷移に関する次の文章を読み，以下の(1)～(6)に答えよ。なお，この文章中の同じ記号のところには，同じ語句が入るものとする。

植生は年月とともに移りかわっていくが，この変化を遷移と呼ぶ。遷移には，火山噴火後の溶岩上など植生の形成されていない裸地から始まる（　ア　）と，以前にあった植生がなくなったのちに土壌中に残った種子などが発芽して始まる（　イ　）がある。そして（　ア　）には，陸地から始まる（　ウ　）と湖沼などから始まる（　エ　）がある。(a)<u>（　ウ　）では，裸地を出発点とし，植生が次第に変化していく</u>。そして(b)<u>遷移のそれぞれの段階では，その地域の環境条件に合わせて，それぞれ代表的な植物が現れる</u>。最後は，(c)<u>遷移がそれ以上は進まず相観が変化しないようにみえる極相という段階に達することが多い</u>。

(1) 文章中の空欄（　ア　）～（　エ　）に入る語句の組み合わせとして最も適切なものを，次の①～⑧のうちから一つ選べ。［31］

	ア	イ	ウ	エ
①	乾性遷移	湿性遷移	一次遷移	二次遷移
②	乾性遷移	湿性遷移	二次遷移	一次遷移
③	湿性遷移	乾性遷移	一次遷移	二次遷移
④	湿性遷移	乾性遷移	二次遷移	一次遷移
⑤	一次遷移	二次遷移	乾性遷移	湿性遷移
⑥	一次遷移	二次遷移	湿性遷移	乾性遷移
⑦	二次遷移	一次遷移	乾性遷移	湿性遷移
⑧	二次遷移	一次遷移	湿性遷移	乾性遷移

(2) 文章中の下線部(a)に関して，本州中部の低地における（　ウ　）の順序として最も適切なものを，次の①～⑧のうちから一つ選べ。［32］

①　裸地→荒原→草原→低木林→陽樹林→混交林→陰樹林

②　裸地→荒原→草原→低木林→陰樹林→混交林→陽樹林

③　裸地→荒原→草原→混交林→低木林→陽樹林→陰樹林

④　裸地→荒原→草原→混交林→低木林→陰樹林→陽樹林

⑤　裸地→草原→荒原→低木林→陽樹林→混交林→陰樹林

⑥　裸地→草原→荒原→低木林→陰樹林→混交林→陽樹林

⑦　裸地→草原→荒原→混交林→低木林→陽樹林→陰樹林

⑧　裸地→草原→荒原→混交林→低木林→陰樹林→陽樹林

(3) 文章中の下線部 (b) に関して，本州中部の低地における（　ウ　）のそれぞれの段階で現れる代表的な植物の組み合わせとして最も適切なものを，次の①～⑧のうちから一つ選べ。なお，選択肢の遷移の各段階の並びは，遷移の順序とは必ずしも一致していない。 33

	草原	陰樹林	陽樹林	低木林
①	地衣類	ヤシャブシ	コナラ	カシ類
②	地衣類	ヤシャブシ	カシ類	コナラ
③	地衣類	コナラ	ヤシャブシ	カシ類
④	地衣類	カシ類	コナラ	ヤシャブシ
⑤	チガヤ	ヤシャブシ	コナラ	カシ類
⑥	チガヤ	ヤシャブシ	カシ類	コナラ
⑦	チガヤ	コナラ	ヤシャブシ	カシ類
⑧	チガヤ	カシ類	コナラ	ヤシャブシ

(4) 種子植物の種子や成体などの特徴について，遷移の初期に出現する種と後期に出現する種のそれぞれの項目の特徴の組み合わせとして最も適切なものを，次の①～⑤のうちから一つ選べ。 34

	項目	初期に出現する種	後期に出現する種
①	個体の寿命	長い	短い
②	種子の大きさ	大きい	小さい
③	初期の成長速度	遅い	速い
④	種子生産数	多い	少ない
⑤	成体の大きさ	大きい	小さい

(5) 文章中の下線部 (c) に関して，極相に達した森林にみられる低木層は，おもにどのような植物で構成されているか。最も適切なものを，次の①～⑥のうちから一つ選べ。 35

① 陰樹の幼木とその他の陰生植物
② 陰樹の幼木と陽生植物
③ 陰樹の高木および幼木とその他の陰生植物
④ 陰樹の高木および幼木と陽生植物
⑤ 陽樹の幼木と陰生植物
⑥ 陽樹の幼木とその他の陽生植物

(6) 低木層の植物のように，弱い光を受けている植物の成長が遅い理由として最も適切なものを，次の①～④のうちから一つ選べ。 36

① 光が弱いと光が強いときに比べ，総生産量は少なくなるが，純生産量は少なくならないから。
② 光が弱いと光が強いときに比べ，総生産量は変わらないが，純生産量は少なくなるから。
③ 光が弱いと光が強いときに比べ，総生産量は変わらないが，呼吸量は少なくなるから。
④ 光が弱いと光が強いときに比べ，総生産量が少なくなるが，呼吸量は少なくならないから。

問2　生態系内における炭素の循環と生態系のバランスに関する次の文章を読み，以下の (1)・(2) に答えよ。なお，この文章中の同じ記号のところには，同じ語句が入るものとする。

生物を構成する重要な元素の一つである炭素は，生態系内を循環している。この循環には，捕食―被食による生物の直線的なつながりである（　ア　）が重要な役割を果たしている。ただし実際の生態系においては，（　ア　）は直線的なつながりにとどまらず複雑にからみあった（　イ　）となっていることが多い。このような生物間の相互作用により，生態系のバランスは維持されている。一方で，(a)ある種の生物種が激減することによって生態系のバランスが崩れることがある。

(1) 文章中の空欄（　ア　）・（　イ　）に入る語句の組み合わせとして最も適切なものを，次の①～⑥のうちから一つ選べ。 37

	ア	イ
①	食物網	生物濃縮
②	食物網	食物連鎖
③	生物濃縮	食物網
④	生物濃縮	食物連鎖
⑤	食物連鎖	生物濃縮
⑥	食物連鎖	食物網

(2) 文章中の下線部（a）に関して，個体数が少なくても生態系のバランスを保つのに重要な役割を果たす上位の捕食者の名称と，その代表的な生物種の組み合わせとして最も適切なものを，次の①～⑥のうちから一つ選べ。 38

	名称	生物種
①	絶滅危惧種	ラッコ
②	絶滅危惧種	ジャイアントケルプ
③	キーストーン種	ラッコ
④	キーストーン種	ジャイアントケルプ
⑤	優占種	ラッコ
⑥	優占種	ジャイアントケルプ

問3　図4は，森林生態系における炭素の循環を模式的に示したものである。矢印は炭素の流れの方向，a～iはその流れの速度を表している。図4中の土壌有機物には，植物，動物および土壌中の生物の遺体と排出物が含まれる。このとき，次のア・イは図4のa～iで示すとどのようになるか。最も適切なものを，以下の①～⑨のうちから一つずつ選べ。

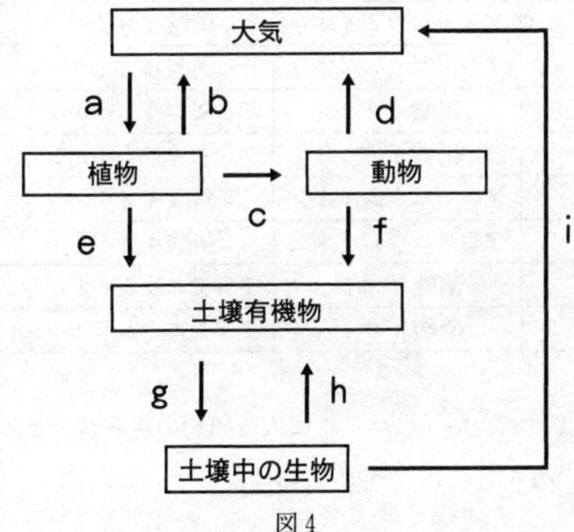

図4

ア　植物の純生産の速度 39

イ　動物の現存量が増加する速度 40

① a　② a−b　③ a − c

④ a− (b+c)　⑤ a− (b+c+e)　⑥ c

⑦ c−d　⑧ c − f　⑨ c− (d+f)

問4　生態系内における窒素の循環に関する次の文章を読み，以下の (1) ～ (5) に答えよ。なお，この文章中の同じ記号のところには，同じ語句が入るものとする。

多くの植物は空気中の窒素を直接利用できないので，土壌に含まれる硝酸塩などを根から（　ア　）の形で吸収して窒素源としている。植物体中の（　イ　）は還元されて（　ウ　）になる。（　ウ　）はいろいろな有機酸と結合して（　エ　）になる。そして（　エ　）を原料として植物体を構成する有機窒素化合物が合成される。一方で，細菌である（　オ　）や(a)マメ科植物に共生する（　カ　）は，空気中の窒素から（　ウ　）を合成することができる。また(b)土壌中では，（　ウ　）が反応Aにより亜硝酸イオンに変化し，亜硝酸イオンはさらに反応Bによって（　イ　）になるという反応が生じている。

(1) 文章中の空欄（　ア　）～（　エ　）に入る語句の組み合わせとして最も適切なものを，次の①～⑧のうちから一つ選べ。 41

	ア	イ	ウ	エ
①	イオン	アンモニウムイオン	硝酸イオン	アミノ酸
②	イオン	アンモニウムイオン	硝酸イオン	糖
③	イオン	硝酸イオン	アンモニウムイオン	アミノ酸
④	イオン	硝酸イオン	アンモニウムイオン	糖
⑤	塩	アンモニウムイオン	硝酸イオン	アミノ酸
⑥	塩	アンモニウムイオン	硝酸イオン	糖
⑦	塩	硝酸イオン	アンモニウムイオン	アミノ酸
⑧	塩	硝酸イオン	アンモニウムイオン	糖

(2) 文章中の空欄（　オ　）・（　カ　）に入る語句の組み合わせとして最も適切なものを，次の①～⑥のうちから一つ選べ。 42

	オ	カ
①	クロストリジウム	乳酸菌
②	クロストリジウム	根粒菌
③	乳酸菌	クロストリジウム
④	乳酸菌	根粒菌
⑤	根粒菌	クロストリジウム
⑥	根粒菌	乳酸菌

(3) 文章中の下線部（a）に関して，マメ科植物の特徴を述べた文章として最も適切なものを，次の①～④のうちから一つ選べ。 43

① マメ科植物は，（　カ　）が共生していないと生育できない。

② マメ科植物は，土壌に含まれる硝酸塩などを根から（　ア　）の形で吸収することはできない。

③ マメ科植物は，自身が利用する有機窒素化合物のすべてを，（　カ　）に依存して生活している。

④ マメ科植物は，（　カ　）が共生することによって，他の植物が生育できないような無機窒素などの栄養が少ない土地でも生育できる。

(4) 文章中の下線部（b）に関して，反応Aと反応Bを行う微生物の組み合わせとして最も適切なものを，次の①～⑥のうちから一つ選べ。 44

	反応A	反応B
①	窒素固定細菌	硝酸菌
②	窒素固定細菌	亜硝酸菌
③	硝酸菌	窒素固定細菌
④	硝酸菌	亜硝酸菌
⑤	亜硝酸菌	窒素固定細菌
⑥	亜硝酸菌	硝酸菌

(5) 反応Aと反応Bを合わせてなんと呼ぶか。最も適切なものを，次の①～④のうちから一つ選べ。 45

① 脱窒　　② 窒素固定　　③ 硝化　　④ 窒素同化

の資本主義は崩壊しなかった。

③　工場法が誕生した背景の一つには、十八世紀の資本主義社会において、大量の労働力の調達を必要とする資本家たちのあいだで、労働者を酷使することは経済的合理性に反し、人道的にも許されないという認識の広がりがあった。しかし、政府や資本家側が労働者側にとってよかれと考えて作成した工場法には欠陥も多くあり、工場法が成立・施行されたからといって、劣悪だった雇用者の労働環境やその生活がすぐさま改善されたわけではなかった。

④　労働法の成立は、社会において保護を要する労働者がいたから実現した、といえるほど単純なものではない。歴史的には、奴隷として働かされる者など、保護を要する労働者はそれまでにも無数に存在していた。しかし産業革命の技術革新により大量の労働者を調達する必要があった資本家たちは、経済的合理性と人道主義を背景に、労働者保護を中心的な理念とした法律の成立に賛同した。さらに、資本家と労働者の立場の実質的対等性を実現するために、労働組合の活動を認めるかたちで労働法は発展してきた。

⑤　市民革命の主な目的の一つに、労働者を身分的隷属状態から解放し、工場主である資本家と、自由に自らの労働力について労働契約を結ぶことを可能にする、というものがあった。しかし、生産手段を持つ資本家と、自らの労働力しか提供するものがない労働者との間には、歴然とした格差があった。そこで、個では弱い立場の労働者が集まり、労働組合組織を作り、工場主側と団体交渉をすることで、その待遇改善を勝ち取ってきた。しかし、個人の自由を基本理念とする市民法の論理と、団体で交渉をすることを基本とする労働組合の論理とは相いれなかったので、政府による労働組合への弾圧が実施されたのは、イギリスの嘆かわしい歴史の一部分である。

④　今年は気候に恵まれたので作物が豊富に実り、テンケイだと感謝している。

問11　空欄 I に入るものとして最も適切なものを、次の①～⑤のうちから一つ選べ。解答番号は 27 。

①　経済的自由の保障と制約という相対立する要請が交錯する
②　身分的自由の保障と拡大という相対立する要請が交錯する
③　身分的隷属からの解放と保護という資本家からの要請が一致する
④　身分的隷属からの解放と制約という資本家からの要請が交錯する
⑤　経済的自由の保障と身分的隷属からの解放という労働者からの要請が拡大する

問12　問題文の内容に合致するものとして最も適切なものを、次の①～⑤のうちから一つ選べ。解答番号は 28 。

①　世界で最初に産業革命が起こったイギリスでは、労働力不足による長時間労働により、労働者が疲弊することが、その社会の経済的発展にとっていかに不合理であるか、経営者側も理解をしていた。また、労働契約において、強い立場の経営者が弱い立場の労働者に人道的な政策を施す必要があると理解されており、産業革命からほどなくして労働者保護を理念とした工場法が制定された。

②　工場法は、労働者保護を中心的な理念にすえながら、それをとおして経済の発展の基礎を構築するという性格をもつものであった。その証拠に、工場法の成立過程では、労働者福祉を、労働者階級出身者ではなく、ブルジョワジーが提唱していた。しかし、生産手段を持っている資本家の私有財産は守られたため、資本家と労働者との間には格差が拡大することとなった。こうした社会はいつか崩壊し、社会主義へと移行するとマルクスは考えていたが、市民法により、イギリス

④　自由な活動とはいうものの、実際には、ギルドのような職能団体に所属しているほうが有利な条件で労働契約を結べたから。

⑤　資本家が新たな事業を起こそうと労働者を募集したとしても、農村からの非熟練な労働者しか集めることができず、彼らへの教育訓練費用の負担が、市民法では救済されなかったから。

問9　傍線部（h）「ケイ」を漢字で書いたときに、その漢字と同じ漢字を含むものを、次の①〜⑤のうちから一つ選べ。解答番号は 25 。

①　キャンバスに四角いズケイを書いた。

②　上司から、ケイハクな口調を注意された。

③　自分の感想文が、雑誌にケイサイされた。

④　タイケイ維持のため、水泳教室に通っている。

⑤　定年退職後は、ケイレツの店舗に出向している。

問10　傍線部（i）「テンケイ」を漢字で書いたときに、その漢字と同じものを、次の①〜④のうちから一つ選べ。解答番号は 26 。

①　風景画にテンケイとして人物をそえた。

②　この仏像の特徴は、奈良時代の仏像のテンケイだといえる。

③　その昔、テンケイを受けたという予言者の書いた書を読んだことがある。

② ア　ハタン　イ　キョウジュ　ウ　ボッコウ
③ ア　ハジョウ　イ　キョウジュ　ウ　ボッキョウ
④ ア　ハタン　イ　キョジュ　ウ　ボッコウ
⑤ ア　ハジョウ　イ　キョジュ　ウ　ボッコウ

問7　空欄 A 、 B 、 C にあてはまる語句の組み合わせとして最も適切なものを、次の①～⑤のうちから一つ選べ。解答番号は 23 。

① A　実際　B　ところが　C　一方
② A　実際　B　ところが　C　また
③ A　なぜなら　B　こうして　C　一方
④ A　実際　B　こうして　C　一方
⑤ A　なぜなら　B　ところが　C　また

問8　傍線部（g）「市民の自由な活動の保障を基本理念とする市民法の限界」とあるが、この理由として最も適切なものを、次の①～⑤のうちから一つ選べ。解答番号は 24 。

① 労働者が自由な労働契約を結ぶためには、徒弟制度のような人的従属を必須としていたから。
② 生産手段をもつ資本家と、生活手段として自らの労働力を持つ労働者との力関係が拮抗（きっこう）していたから。
③ 労働者が自由に労働契約を結んだ結果、劣悪な労働条件で働かざるを得なくても、市民法では救済できないから。

問4　空欄 あ 、 い 、 う 、 え にそれぞれあてはまるものの組み合わせとして最も適切なものを、次の①～⑤のうちから一つ選べ。解答番号は 20 。

① あ　資本家　い　政府　う　資本家　え　政府
② あ　政府　い　資本家　う　政府　え　政府
③ あ　資本家　い　政府　う　資本家　え　資本家
④ あ　政府　い　資本家　う　資本家　え　政府
⑤ あ　資本家　い　資本家　う　政府　え　資本家

問5　傍線部（e）「夾雑物」の意味として最も適切なものを、次の①～⑤のうちから一つ選べ。解答番号は 21 。

① あるものに補充したもの。
② 空気中に浮遊しているもの。
③ あるものに後から継ぎたしたもの。
④ 不本意に強制的に押しつけられたもの。
⑤ あるものの中にまじりこんでいる余計なもの。

問6　波線部（ア）「破綻」、（イ）「享受」、（ウ）「勃興」の読みで、その組み合わせとして最も適切なものを、次の①～⑤のうちから一つ選べ。解答番号は 22 。

① ア　ハタン　イ　キョウジュウ　ウ　ボッキョウ

こと。

④ 農村から出稼ぎに来ていた労働者は、工場で働くうえでのルールを知らず、職場の風紀を乱す行動により工場に甚大な損害を与えていたこと。

⑤ 産業革命により次々と生み出された新しい産業は多くの雇用を創出したが、雇用されて働く工場労働者の暮らしは豊かにならなかったため、多くの労働者が農村へと帰ってしまったこと。

問3 傍線部（c）「工場法の制定」について四人の生徒が述べている感想のうち、本文の内容に合致するものとして最も適切なものを、次の①〜④のうちから一つ選べ。解答番号は 19 。

① ミサキさん 「第一次産業革命直後の社会問題を解決するために、経営者と労働者が個別に話し合って自社の労働時間の上限規制とかを決めて、職場の労働環境の改善を実現していったんだね。自分がこの時代の工場労働者だったら、働きやすい環境に変更した工場に転職したいな。」

② モエさん 「経営者が慈善事業だけをしていたら、会社は倒産するよね。資本家が利益を追求するのは当たり前だよ。だからこそ、労働者を長時間働かせるために、工場法という法律が必要だったんだよ。」

③ アオイさん 「労働者がより良い労働環境を求めて運動をして、経営者も労働環境を改善して労働者に働いてもらったほうが、自分たちの事業がうまくいくことに気が付きはじめたから、工場法が制定できたんだね。」

④ アヤノさん 「社会全体で考えると、自分の工場だけこっそり労働者に無茶な働かせ方をさせてもいいやって工場主が多くいたら、いずれ産業全体が成り立たなくなるよね。だからこそ、対等な権利や力をもっている労働者側と経営者側が話し合って、工場法を作ったんだよね。」

注（1）パターナリズム——強い立場の人がよかれと思い弱い立場の人に介入すること。
（2）マルクス——一八一八〜一八八三年。ドイツの経済学者・哲学者・革命家。
（3）エンゲルス——一八二〇〜一八九五年。ドイツの思想家・革命家。マルスクとともにマルクス主義の創始者。
（4）ギルド——中世ヨーロッパの同業者組合。同業の発達を目的として成立。十六世紀以降衰退。
（5）ル・シャプリエ法——一七九一年に制定された団結禁止法。

問1　傍線部（a）「カジョウ」、（d）「キバン」、（f）「ヒソウ」を漢字にしたときに、その組み合わせとして正しいものを、次の①〜⑤のうちから一つ選べ。解答番号は［17］。

① a 渦状　d 基板　f 悲壮
② a 過剰　d 基板　f 皮相
③ a 渦状　d 基盤　f 悲壮
④ a 過剰　d 基盤　f 皮相
⑤ a 過剰　d 基板　f 悲壮

問2　傍線部（b）「こうした社会問題」の説明として最も適切なものを、次の①〜⑤のうちから一つ選べ。解答番号は［18］。

① 機械制大工業の工場労働の現場では、仕事を機械によって奪われた職人たちが大量に失業し、暴動が頻発していること。
② 多くの労働者が、低い労働条件だとしても生きるために働かざるを得ず、苦しい生活を余儀なくされていること。
③ 産業革命により、新たな雇用が大量に創出されたため、経営者同士が農村からの求職者を強引な方法で奪い合っている

法（一七九一年）を(i)テンケイとして厳しく制限されていた（中間団体否認）。しかし、産業革命後の大きな社会変動のなかで、従属労働者の団結による労働組合運動が広がり、その存在を政府も無視できなくなった。［B］徐々に労働組合の活動が承認されていくようになる（政府による弾圧から、放任そして法認へ）。

労働組合の活動（とくに団体交渉、ストライキ）は、個人の自由を基本理念とする市民法の論理と緊張関係にあったため、これを承認するためには、市民法とは別の論理をもつ法が必要となった。こうして、従属労働者の保護を旗印とする労働法は、工場法による直接的な保護立法とは別に、労働者の自発的な団結である労働組合をとおした自助の権利を保障することも、その内部に取り込んでいくことになる。

このようにみると、労働法の誕生は、社会において保護を要する労働者がいたから実現したといえるほど単純なものではない。歴史的には、（第一次）産業革命以前から、奴隷として働かされる者など、保護を要する労働者は無数に存在していた。今日の労働法は、（第一次）産業革命後の資本主義社会において大量の労働力の調達を必要とする資本家たちのあいだで、労働者を酷使することが、経済的合理性に反し、人道的にも許されないという認識が広がり、市民革命により打倒された絶対王政に続いて誕生した国民国家が、この認識を受け入れたところで誕生したものなのだ。この点は、現在において、労働法の今後を考えていくうえでも留意されるべきポイントだ。

［C］、市民革命は、市民を共同体の軛（くびき）から解放し、労働者を身分的隷属から解放したが、新たな法分野である市民法の法原則（契約の自由、私有財産の保護など）は、労働者の従属性という問題に適切に対処することができなかった。そこで国民国家が必要としたのは、市民法を修正し、実質的平等という正義の要請に応える労働法だったのだ。労働法は、［I］なかで誕生したこともまた、労働法の今後を考えるうえでのポイントだ。

（大内伸哉『AI時代の働き方と法』による）

産業革命とならび、労働法の誕生に、別の観点から重要な役割をはたしたのが市民革命だ。市民革命は、イギリスの清教徒革命（一六四二年）、名誉革命（一六八八年）、アメリカの独立革命（一七七五年）、フランス革命（一七八九年）などを代表とするもので、市民が、絶対主義的な国家体制を打破して、自由を(イ)キョウジュできる社会の実現をめざして起こしたものだ。この市民革命により、市民は(注4)ギルドなどの共同体的な制約から解放され、その経済活動の自由が保障されることとなった。

市民革命の主たる目的は、資本主義の発達とともに新たに(ウ)勃興してきたブルジョワジーの私有財産を保障することにあったが、結果として労働者を身分的隷属状態から解放し、自由で対等な立場で労働力の取引ができるようにもした（身分から契約へ）。

ただ、同じ市民であっても、生産手段を所有し、経済活動の自由を享受して利益を追求していくことができる資本家と、そうした生産手段をもたず、自らの労働力を提供する以外に生活の手段をもたない労働者との間には、厳然たる格差があった。資本家と労働者との間の労働力の取引は、形式的には対等な個人間のものではあるが、実質的にみると、対等な取引とはいえなかった。［　A　］、こうした取引をとおして、前述のような産業革命後の悲惨な就労実態が生み出された。契約の自由は、この実態をオーソライズしこそすれ、制限する法理をもっていなかった。ここに、(g)市民の自由な活動の保障を基本理念とする市民法の限界があった。

こうした資本家と労働者との格差を階級的なものととらえ、その問題を「科学的」かつ根本的に解決しようとしたのがマルクス主義だが、日本をはじめ多くの先進国では、マルクスが考えていたような社会主義への移行は起きず、資本主義の枠内で、新たな法原理（実質的な対等性の実現）をもつ労働法により、この問題に対処していこうとした。

労働法の(h)ケイフとして、工場法などの労働者保護のための立法という流れとは別に、もう一つ別のケイフの立法もあった。それが、労働者が自発的に団結して結成した労働組合をとおして、労働条件の維持改善を図ることを保障するものだ。労働組合による活動は、市民革命以前のギルドなどの職能団体が自由抑圧的なものであったことの反省もあり、フランスのル・シャプリエ(注5)

(c)工場法の制定は、労働運動の成果という面もあったが、それと同時に、資本家の人道主義やパターナリズム(注1)が背景にあったことも無視できない（後にマルクス(注2)やエンゲルス(注3)から、空想的社会主義と批判された初期の社会主義思想者たちは労働者階級出身ではなく、たとえばイギリスの初期の工場法制定に尽力したオーウェンは工場経営者だった）。

　資本家たちが工場法を支持したのは、適正な労働力の利用による健康な労働力の確保は、継続的に事業を行うために必須であるという厳然たる経営者の論理（経済的合理性）があったからだ。労働力を確保し、規律ある労働を重視するという考え方は、労働法の前史ともいえるイギリスの初期の主従法などにすでにみられたが、これに長時間労働の規制などの労働者保護施策を取り込んで近代化するなかで、労働法誕生の(d)キバンが形成されていく。

　ここで労働者保護を、[あ]にゆだねてしまわずに、[い]が乗り出すことになったのは、開明的な[う]がどんなに労働者保護に配慮した経営を行っても、近視眼的に利益を追求するその他の資本家が労働力を摩耗させていく危険を除去できなかったからだ。個々の資本家の人道主義やパターナリズムに依存せず、健康に働くことを労働者の権利として保障することは、持続的な経済の発展を望む[え]にとっても必要なことだった。

　こうみると、労働法は、労働者保護を中心的な理念にすえながら、それをとおして経済の発展の基礎を構築するという性格をもつものであることがわかる。労働法のこのような性格は、現在でも変わっていないと考えられるが、労働者保護のみを強調する論者もいる。労働法が、労働者に種々の権利を与え、使用者に種々の義務を課すという内容をもって展開してきたために、労働者保護以外の要素は労働法にとって(e)夾雑物（きょうざつぶつ）にみえるからだろうが、それは(f)ヒソウ的な見方だ。労働法の誕生は、経済的合理性を考慮することなしでは実現しなかったのであり、労働法の存立を支える基底的な理念に、国家の経済発展にとっての有用性があることを否定するのは困難だ。

第二問【現代文】（前の【古文】とのどちらか一方を選択しなさい。）

次の文章を読んで、設問（問1〜問12）に答えよ。

今日の労働法の源流は、制定法レベルでいうと、一八三三年のイギリスの工場法に求めるのが一般的だ（年少労働者に対象が限定されていたが、同じイギリスの一八〇二年の「徒弟の健康および風紀に関する法律」に求める見解もある）。世界で最初に産業革命（第一次産業革命）を経験したイギリスでは、いち早く機械制大工業が広がり、工場労働の現場における社会問題も早くから生じていた。

（第一次）産業革命以前の家内制手工業では、比較的小規模な工場で、職人が分業して労務に従事するという働き方が行われていた。（第一次）産業革命は、そうした職人たちの仕事を機械で代替することになり、その結果、職人の多くが、機械のオペレーターとしての単純労務の従事者になった。

たしかに（第一次）産業革命は、次々と新たな産業を生み出し（機械製造、製鉄、エネルギー、交通など）、雇用を創出したことも事実だったが、農村から流入してきた労働力は豊富で、労働市場での労働力の供給は(a)カジョウだった。このため工場労働者の交渉力は低く、しかも労働環境は劣悪で、風紀は乱れ、健康に支障を来したり、生活が(ア)破綻してしまったりする者も多かった。まさに労働者には人的従属性と経済的従属性が折り重なり、それが深刻な社会問題を引き起こしていたのだ。

工場法は、(b)こうした社会問題に対処すべく、労働者（とくに年少者）の健康などをいかにして守るか、という問題関心から制定された。たとえば、前記のイギリスの工場法は、一八歳未満の者の深夜業の禁止と労働時間の上限規制、学業との両立保障、児童労働の禁止、工場監督官制度などが定められていた。

④　川端に大きな建物を建て、そこに釣り場を作って、娘を供えなさい。

問12　『たなばたのほんぢ』の成立期は室町時代末の頃とされているが、この時期以降に成立した作品として最も適切なものを、次の①～⑤のうちから一つ選べ。解答番号は 28 。

①　『風姿花伝』
②　『発心集』
③　『伊勢物語』
④　『宇治拾遺物語』
⑤　『雨月物語』

② 愛情の深い人を私に餌として貢ぎなさい。そうすれば、いつまでも家が繁栄するでしょう。
③ 愛情の深い人を餌としてください。美味しかったら、いつまでも家が繁栄するでしょう。
④ 愛情の深い姉妹たちをお嫁にください。そうすれば、いつまでも家が繁栄するでしょう。
⑤ 志を強く持って、一人の娘をお嫁にください。そうすれば、いつまでも家が繁栄するでしょう。

問10　傍線部Ｊ「おぼつかなくおもひ」とあるが、その解釈として最も適切ものを次の①～⑤のうちから一つ選べ。解答番号は 26 。

① 不安に思い
② 腹立たしく思い
③ とても怖く感じ
④ 悲しく感じ
⑤ 恨めしく思い

問11　傍線部Ｋ「川ばたに、十四間四面のつり殿をたて、姫一人そなへよ」の解釈として最も適切なものを、次の①～④のうちから一つ選べ。解答番号は 27 。

① 川端に釣り場を作って、娘を餌として、供えなさい。
② 川端に大きな建物を建て、使用人として娘を一人、差し出しなさい。
③ 川端に大きな建物を建て、そこに娘を一人置いておきなさい。

問7　傍線部G「みづから心におよぶ程のことにてはべらば、かなへてまゐらせむ」の解釈として最も適切なものを、次の①～⑤のうちから一つ選べ。解答番号は 23 。

① 私にできるようなことであれば、望みを叶えてあげましょう。
② あなた自身が望むことならば、叶えてあげましょう。
③ あなた自身が望むことならば、他の人に頼んで叶えてもらいましょう。
④ 私自身が気に入るようなことならば、望みを聞いてあげましょう。
⑤ 私は望まないことなので、おそらく叶えることは無理でしょう。

問8　傍線部H「文をまゐらせぬ」の解釈として最も適切なものを、次の①～⑤のうちから一つ選べ。解答番号は 24 。

① 召使いの女房は、手紙を長者に持っていかなかった。
② 召使いの女房は、手紙を長者に書かなかった。
③ 召使いの女房は、手紙を長者に手渡した。
④ 召使いの女房は、長者に献上するようにと、主人に仕える女房に手紙を手渡した。
⑤ 洗い物をしていた女房は、長者に手紙を書いた。

問9　傍線部I「心ざしふかからむを一人、われにえさせよ。しからば、いよいよ家さかえ、行くすゑ、めでたかるべし」の解釈として最も適切ものを、次の①～⑤のうちから一つ選べ。解答番号は 25 。

① 愛情の深い人をお嫁にください。そうすれば、いつまでも家が繁栄するでしょう。

と思っていた。

④　永遠に変わらない夫婦の契りにめぐりあいたいと朝と晩に天に祈っていた。しかし、現実にそんな不思議なことが起きても何も気づかないでいたのである。

問5　傍線部E「せしが」とあるが、その文法的説明として最も適切なものを、次の①〜④のうちから一つ選べ。解答番号は 21 。

①　形容詞「せし」＋助詞
②　サ変動詞「す」未然形＋カ変動詞「き」已然形
③　サ変動詞「す」連用形＋カ変動詞「き」連体形＋助詞
④　サ変動詞「す」未然形＋助動詞「き」連体形＋助詞

問6　傍線部F「けしきをへんじければ」とあるが、その解釈として最も適切なものを、次の①〜⑤のうちから一つ選べ。解答番号は 22 。

①　景色が変化したので
②　機嫌が悪くなったので
③　体調が悪くなったので
④　気分を害したと分かったので
⑤　機嫌が良くなったので

④　見た目の年齢が二十歳
⑤　とても二十歳という年齢には見えないようす

問3　傍線部C「妹は、としも、まだしければ、なほし、おもひこめたる方もなく」の説明として最も適切なものを、次の①～④のうちから一つ選べ。解答番号は 19 。
①　妹は年もいまだに若く、恋愛の相手とするにふさわしい男性もいない。
②　妹は年もいまだに若く、素直で、心中ひそかに思いを寄せる男性もいない。
③　妹は年もいまだに若く、誰かと夫婦になろうなどと考えたこともない。
④　妹は年もいまだに若く、思い込みがちな性格である。

問4　傍線部D「よろづ世までも、かはらぬ契りこそあらまほしと、あけくれ、ねがふといへども、そのかひなし。こころにまかせず、年月を送りける。その志、天にもや、かなひけん、不思議のことぞ、いできたり」の説明として最も適切なものを、次の①～④のうちから一つ選べ。解答番号は 20 。
①　永遠に変わらない夫婦の契りを日夜祈るが、その相手が見つからず、月日を過ごしていた。その願いが天に届いたのであろうか、不思議なことが起こったのである。
②　来世までも変わらない夫婦の契りを望むことなく、月日を過ごしていた。実際に不思議なことが起きても、そんなことはあり得ないと、信じられないでいた。
③　どんな世の中でも、永遠に変わらない夫婦の愛など存在しないし、また天に祈っても不思議なことなど起きないだろう

(6) くちなは —— 蛇。
(7) とかう —— とかく。
(8) 玉づさ —— 手紙。
(9) たちみやづかひ —— 屋敷の内で、主人のそば近く使える女房。
(10) すさみ —— 慰みごと。
(11) まのまへにて —— 眼の前で。

問1　傍線部Ａ「人間に生まれたまふといへども、また神と現じ、衆生を済度したまふこと」とあるが、その解釈として最も適切なものを、次の①～④のうちから一つ選べ。解答番号は 17 。

① 人間として生まれても、死んだ後に神となって、人々をお救いになることもあるということ。
② 人間界にお生まれになっても、神としての本来の姿を現し、人々をお救いにもなるということ。
③ 人間界にお生まれになったが、神として存在し、人々をお救いになるということ。
④ 人間としてお生まれになっても、神の化身として、人を罰し救済への道を示されることもあること。

問2　傍線部Ｂ「はたちをあらそふよはひ」の意味として最も適切なものを、次の①～⑤のうちから一つ選べ。解答番号は 18 。

① 二十歳よりずっと若い年齢
② 二十歳前後の年齢
③ 二十歳よりかなり上の年齢

思ひもよらぬことなれば、とかう返事[注7]にも、およばず、走りにげむとせしが、くちなは、色かはり、うろこ、さかさまにたて、まなこいららげ、たちまち、けしきをへんじければ、おそろしながら、のがれがたく、たちかへり、いとやすきことにてはべるぞや。みづから心におよぶ程のことにてはべらば、かなへてまゐらせむと、いひければ、くちなは、うれしげにて、口の中より、うつくしくしたためたる、玉づさ[注8]をいだし、この文、長者にみせよといふ。

女、いよいよおそろしく、心得ぬこととおもひながら、玉づさをうけとり、はしりかへり、しかじか物がたりし、文をまゐらせぬ。たちみやづかひ[注9]の女房うけとり、長者にまゐらせければ、長者夫婦、うちより、この文をみるに、まことは、人間のすさみ[注10]とも覚えず。おしひらき、よみてみれば、まことや、なんじ、ひめを三人ありときく。その中、心ざしふかからむを一人、われにえさせよ。しからば、いよいよ家さかえ、行くすゑ、めでたかるべし。もしまた、おぼつかなくおもひ、否とならば、たちまち家をほろぼし、まのまへ[注11]にて、うきめをみすべし。いそぎ川ばたに、十四間四面のつり殿をたて、姫一人そなへよと、さもありありと、かきたり。長者、これをみて、世にまこととも覚えず。かのをんな、よび、くはしくたづねければ、いつはりなきよし、こまごまとかたりければ、ただ、あきれかなしむばかりなり。

（『たなばたのほんぢ』による）

注（1）済度 ―― 迷い苦しんでいる人々を、仏が救い、悟りの境地に導くこと。
（2）いつき、かしづく ―― 大切に育てる。
（3）ようがんびれい ―― 容顔美麗。
（4）ほい ―― 本意。
（5）まだし ―― 年若い。

第二問【古文】（後の【現代文】とのどちらか一方を選択しなさい。）

次の文章は愛知県安城市歴史博物館所蔵の『たなばたのほんぢ』の一節である。これを読んで、設問（問1～問12）に答えよ。

それ我朝(わがてう)は、神代(じんだい)よりはじまり、神武(じんむ)天皇よりこのかた、国土の万民、みなこの末につづけり。されば、神国なれば、かりに、A人間に生まれたまふといへども、また神と現じ、衆生を済度(注1)したまふこと、ありがたき御ちかひなり。

さればとよ、つたへきく、年に一夜は、あまの河、逢ふ瀬かはらぬ七夕の、由来をくはしくたづぬるに、人王(にんのう)三代のみかどのころかとよ、長者一人あり、姫を三人もち、いつき(注2)、かしづくこと、かぎりなし。かのひめども、まことに、ようがんびれい(注3)にして、みる人、めをおどろかし、聞く人、耳をきよめり。あね二人は、年もはや、Bはたちをあらそふよはひなれども、高きは、おそれあり、下れるはほいなし(注4)とて、うけひくかたもなし。C妹は、としも、まだし(注5)ければ、なほし、おもひこめたる方もなく、三たりながら、ふかきまどのうちに、やしなひたて、いたづらに月日を送りけるが、いもうとは、色ふかくこのみ、つねのことぐさにも、いひたはぶれける。それ、人間の契りをきくに、おもふにわかれ、おもはぬにそふならひ、さらに心得がたし。たまたま、あひおもふなかは、いつしかさだめなき、世のならひ、盛者必滅の理(ことわり)をのがれず。されば、さきだつも心うし、また、おくれて、物おもはむも、なほかなしさありとて、ふたりのおつとに、まみえんことも、まことの人とは、いひがたし。ただ、Dよろづ世までも、かはらぬ契りこそあらまほしと、あけくれ、ねがふといへども、そのかひなし。こころにまかせず、年月を送りける。その志、天にもや、かなひけん、不思議のことぞ、いできたり。

あるとき、長者の前なる川にいで、めしつかひの女房、物あらひけるに、うつくしきくちなは(注6)、ひとついで、ほそきこゑをあげていふやう、わがおもふこと、かなへてんやといふ。女は、そもおそろしや、くちなはの身として、人のごとくものいふこと

問10　筆者の考えに合致するものはどれか。最も適切なものを、次の①～⑤のうちから一つ選べ。解答番号は 15 。

① ニュートンは、現在我々が考える「哲学者」に極めて近く、過去、現在いずれにおいても科学者と考えるべきではない。
② 西欧の知的活動がキリスト教的な自然解釈から離れたことが、現在我々が考える「科学」の誕生につながったと考えられる。
③ 西欧の知的な伝統が、知を愛することを主眼とする「哲学」から「科学」と呼ばれる内容に変質したのは非常に残念である。
④ 哲学者であろうと科学者であろうと、「知識」を生活費を得るための手段に用いることは、本来あってはならないことである。
⑤ 《scientist》という語を作ったヒューエル以上に、この語に強く反発したハクスリこそ、高く評価されるべきである。

問11　問題文の内容から推測されることとして、妥当なものはどれか。最も適切なものを、次の①～⑤のうちから一つ選べ。解答番号は 16 。

① 現代の多くの科学者は、ニュートン、ガリレオ、コペルニクスらとは大きく異なる自然観を持っている。
② 現代の科学者であれば、ニュートンやガリレオらが提唱した科学的な発見を受け入れることはあり得ない。
③ 現代の科学者も、ハクスリと同じく、ほんとうは《scientist》と呼ばれることを不快に感じている。
④ ヒューエルはハクスリと対立していたが、それを乗り越えて《scientist》という概念を提唱した。
⑤ ニュートンより前の時代である古代ギリシャの哲学者も、キリスト教的な世界観・関心にもとづいて研究していた。

② キリスト教による自然解釈が共有されていなければ、知識人であっても些細な知的活動すらできない。
③ キリスト教を信じる者によって明らかにされた事柄でなければ、知識としての価値がない。
④ キリスト教の教義をより深く理解することに役立たないなら、そのような知識には意味がない。
⑤ 神学的な立場にもとづいて知識を得ようとするのでなければ、ほんとうの科学とは言えない。

問7　空欄 D に該当する慣用句として最も適切なものを、次の①〜⑤のうちから一つ選べ。解答番号は 12 。
① 剣ヶ峰(けんがみね)に立たされる　② 語るに落ちる　③ 癇(かん)に障(さわ)る　④ 歯牙(しが)にもかけない　⑤ 慚愧(ざんき)に堪えない

問8　傍線部（4）「『専門的・職業的』に取り扱う」とあるが、傍線部（あ）〜（え）の中で、この行為と同等の意味を持つものはどれか。最も適切なものを、次の①〜④のうちから一つ選べ。解答番号は 13 。
① 傍線部（あ）　そのことを愛しているからこそやる
② 傍線部（い）　飯の種にする
③ 傍線部（う）　苦しんでいる人々に助けの手を差し伸べる
④ 傍線部（え）　かつての歴史的な「知識全般」を指す

問9　傍線部（5）「顰蹙を買い」とあるが、この慣用句（顰蹙を買う）と類似した意味を持つものとして最も適切なものを、次の①〜⑤のうちから一つ選べ。解答番号は 14 。
① 詭弁(きべん)を弄す　② 手のひらを返す　③ 踵(きびす)を返す　④ 柳眉(りゅうび)を逆立てる　⑤ 眉をひそめる

べ。解答番号は 9 。

① A 物理　B 神　C 歴史
② A 歴史　B 物理　C 考古
③ A 歴史　B 物理　C 神
④ A 神　B 考古　C 天文
⑤ A 物理　B 神　C 考古

問5　傍線部（2）「歴史的」とあるが、あえてカギ括弧をつけて「歴史的」と表記していることにはどのような示唆が含まれているか。最も適切なものを、次の①～⑤のうちから一つ選べ。解答番号は 10 。

① 旧約聖書の中には、歴史学の研究対象として非常に重要と思われる事実が多く含まれていること。
② 旧約聖書に記載されている事件の中でも、ノアの洪水などはとくに重要であること。
③ 旧約聖書に記載されていることが、必ずしもほんとうにあった出来事とは限らないこと。
④ 様々な学問に取り組んでいたニュートンが、とくに歴史学に関心を持っていたこと。
⑤ ニュートンが旧約聖書の中で、ノアの洪水をはじめとしたいくつかの出来事を重要視していたこと。

問6　傍線部（3）「それを除いては知識が成り立たない」とあるが、これに合致する内容として最も適切なものを、次の①～⑤のうちから一つ選べ。解答番号は 11 。

① 強い信仰を持って物事を知ろうとするのでなければ、人間はどんな知識も得られない。

問2　空欄 I 、 II 、 III に該当する語句の組み合わせとして最も適切なものを、次の①～⑤のうちから一つ選べ。解答番号は 7 。

①　I　したがって　II　だからこそ　III　ところで
②　I　したがって　II　それにもかかわらず　III　それにしても
③　I　ところが　II　だからこそ　III　いずれにしても
④　I　そして　II　それにもかかわらず　III　ところで
⑤　I　そして　II　したがって　III　それでは

問3　傍線部(1)「われわれが今日その名で呼ぶ存在」に該当するものとして、最も適切なものを、次の①～⑤のうちから一つ選べ。解答番号は 8 。

①　一般の社会から離れて生活し、独自の信念のみを追求する思想家
②　哲学史の中に登場する人物や、大学等で哲学を専門とする研究者
③　一つの学問分野だけでなく、多くの分野で様々なテーマを論じる思想家
④　キリスト教神学と哲学を融合させ、科学的に説明しようとしている研究者
⑤　キリスト教神学と科学とを区別して、それぞれについて哲学的説明を試みる思想家

問4　空欄 A 、 B 、 C に該当する語句の組み合わせとして最も適切なものを、次の①～⑤のうちから一つ選

（エ）ヨウゴ　4

①常に落ち着いて、チュウヨウを保つことが大事だ。
②体調が優れないのでしばらくヨウジョウしていた。
③先の大戦で使用されていたヨウサイが取り壊された。
④財務大臣が次の総理大臣候補としてヨウリツされた。
⑤この町はヨウギョウが盛んな地域として知られている。

（オ）シンコウ　5

①入学試験のボシュウヨウコウを受け取った。
②敵のコウミョウな作戦にまったく歯が立たなかった。
③明治時代中盤のショクサンコウギョウの特徴について学んだ。
④来年度の税制改正のタイコウが発表された。
⑤コウリョウとした風景に思わず立ち尽くした。

（カ）チュウゾウ　6

①「チュウシンよりお悔やみ申し上げます」と弔電を送った。
②改元に伴って銅貨がカイチュウされた。
③多く出された意見の中から、重要な内容をチュウシュツした。
④教育勅語ではチュウクンアイコクが重要な道徳として挙げられている。
⑤両者の対立が深刻になったのでチュウサイに入った。

（ア）ヒゾウブツ　1

① アヤメ科やイネ科はヒショクブツの仲間だ。
② 彼の久しぶりの作品がヒロウされた。
③ 取引先と話し合ったが、ヒガの差に驚いた。
④ あの会社には、有名企業にヒケンする将来性がある。
⑤ 自分自身をヒゲするような態度はとるべきではない。

（イ）キキョウ　2

① シキョウヒンを配付するアルバイトを始めた。
② 新しい支配者にキョウジュンの意を表した。
③ 今年の米はキョウサクになると予想されている。
④ 歯のキョウセイのため毎週のように通院している。
⑤ 感覚と運動のキョウオウのしくみについて研究する。

（ウ）エイイ　3

① お世話になったあの先生にはイフの念を抱いている。
② イリョクギョウムボウガイで逮捕された。
③ キュウタイイゼンとした制度がいまだに維持されている。
④ 上司に強く注意され、私はすっかりイシュクしてしまった。
⑤ ときのイセイシャにはその国の未来についても責任が求められる。

エルは、《scientist》という語を(カ)チュウゾウしたのだった。第一に、ヒューエルにとって、ということは、当時の敏感な知識人の一部にとっても、《science》という単語は、一八四〇年前後には、(え)かつての歴史的な「知識全般」を指すような、大きく広い用法からずれ始め、知識のなかでも極く特殊で特別な性格を持ったもの、すなわち、現在われわれが「科学」と呼び、英語で《science》と呼んでいるものに近い内容を備えるようになりつつあった。またそのことは、ヨーロッパにおける「知識」の内容が、伝統的なあの「哲学」から変質を遂げ、そこから新しい「科学」と呼ぶべき特殊な知識が、ようやく姿を現してきていたことをも同時に意味している。それはまた、そうした特殊・特別な「知識」だけを「専門的・職業的」に勉強する人々が出現し始めていること、そしてヒューエルがそのことにいち早く気付いていたことを意味している。

言い換えれば、一九世紀半ば近くの西欧では、一方で、一部の知識人たちの(5)顰蹙(ひんしゅく)を買いつつも、新しい知識の形態としての「科学」と、それを専門的に扱う「科学者」という人間とが、まさしく誕生しつつあったのである。

（村上陽一郎『科学者とは何か』による）

注（1）三位一体論 —— 神、キリスト、聖霊の三つは、その本質が同一であるとするキリスト教の教義。

問1　傍線部（ア）～（カ）を漢字で書いたときに、その漢字と同じ漢字を含むものを、①～⑤のうちからそれぞれ一つずつ選べ。解答番号は（ア）は[1]、（イ）は[2]、（ウ）は[3]、（エ）は[4]、（オ）は[5]、（カ）は[6]。

形に分解できるが、この二つの語の連結は、英語の語法に逆らうものという印象を生み勝ちであったと思われるからである。そもそも《ist》は、むろん「人」を表すが、そればかりではない。《dentist》、《pianist》などを、《physician》、《musician》と比べてみれば一目瞭然のように、《ist》の前に置かれる名詞は、非常に狭い概念であるのが通例である。言い換えれば、《ist》とは、「何かを専門的、職業的にやる人」である。ところが、《scientist》の場合、《ist》が受けている名詞の《scient》は、もともと「知識」を意味するラテン語であって、英語や仏語で用いられる《science》も永らく「知識」の意味であったことからも判るように、非常に大きな、広い意味を持っていた語と言える。そのことを知っていれば（そして当然、当時のイギリス知識人はハクスリも含めて、そのように理解していたはずである）、《scient + ist》という造語の方法が「もの知らず」に受け取られたろうし、言葉としても［ D ］ものであったことは容易に推測できる。

もう一つの問題は、その概念そのものにある。ヨーロッパ、とりわけイギリスでは、知識を(4)「専門的・職業的」に取り扱うことに対する反発は、極めて強かったし、その傾向は今でも一部に残っている。「アマチュア」つまりは(あ)「そのことを愛しているからこそやる人」こそ、「愛知者」であるとすれば、「知識」を(い)「飯の種にする」と受け取れるような語感と意味とを備えた《scientist》という語が、知識人一般から反発を買ったのも判らないわけではない。もちろん、「科学者」が出現する前にも、「知識」を「飯の種」にしているように見える人々はいた。法律家、あるいは医師、さらには聖職者などがそうである。しかし、彼らはいずれも、伝統的には、神に命じられて、(う)苦しんでいる人々に助けの手を差し伸べるという仕事を与えられた人々として理解されてきた。［ Ⅱ ］、一般の社会のなかでも、彼らは特別視されたのであった。しかし「科学者」と呼ばれる(オ)シンコウの人種はどうだ。これが、反発の裏に潜む感情であったろう。

［ Ⅲ ］、この語を造った人物、すなわちW・ヒューエル（一七九四―一八六六）は、こうした点を理解していなかったのだろうか。やはり当代きっての知識人だったヒューエルは、それらのことは百も承知だったと考えられる。それでなおヒュー

いだろう。しかし、現在の科学は、そのような前提から解放されることをむしろ薦めるのであり、少なくとも「科学」がそのような神学的な自然解釈を共有しなければならないと考えている人はいないはずである。しかし、ニュートンの時代には、ということは当然ガリレオやコペルニクスの時代においても、ということになるが、彼らの知的活動の本質が、まさにそのような「神学的」な立場からなされるところにこそあり、(3)それを除いては知識が成り立たないという確信が、知識人を束縛していた。[I]、彼らのやっていたことは「科学」ではなく、また彼らは「科学者」ではない、と言うことは、それほど(イ)キキョウなことではないのである。

言い換えれば、ガリレオやニュートンのやっていたような知的活動が、「科学」へと変化する過程では、少なくともキリスト教的な自然理解の枠組みから、知的(ウ)エイイが解放されることが不可欠であった。その解放過程があって初めて西欧の知は、「科学」という伝統を新たに創造するのである。私はこの解放過程をかつて「聖俗革命」と名付けたことがある。

次に留意すべきなのは、一九世紀の四〇年代に、では「科学者」(あるいは、彼らが行う知的エイイとしての「科学」そのもの)が誕生したとすれば、その当時「科学」や「科学者」は、社会からどのように扱われたか、という問題である。その点で面白いエピソードがある。トマス・ハクスリ(一八二五—九五)と言えば一九世紀後半のイギリスきっての知識人であり、またダーウィンの進化論の強力な(エ)ヨウゴ者であったことから考えれば、当然われわれの感覚では「科学者」の仲間と言ってよいように思われる人物であるが、そのハクスリは、英語としての《scientist》という言葉に我慢ならなかったという。彼は、この新造語を聞いたときに、このような言葉を造ったのはもの知らずのアメリカ人に違いないと毒づいたし、一八七〇年代に、今度はある会で自分が《scientist》と紹介されたときには、自分はそう呼ばれることを拒否すると抗議したという話も伝わっている。ハクスリはどうしてそれほどこの単語が気に入らなかったのであろうか。

その第一は、この語の造語法から来るものと想像できる。というのも、《scientist》は、言うまでもなく《scient + ist》という

学者」と呼ばれるべき実体はこの世に陰も形もなかったと言ってよいはずである。

この話はいろいろな方向に広がる可能性をもっている。先ず、それではニュートンは一体何者だったのであろうか、という問があるだろう。それにも比較的簡単に答えられる。彼は哲学者であった。もっとも、ここでは多少の注釈が必要になる。ここでいう「哲学者」と、(1)われわれが今日その名で呼ぶ存在との間には、かなりの距離がある。ニュートンが哲学者であったという時の「哲学者」とは、言葉本来の意味での《philosopher》である。言い換えれば「愛知者」である。ただここでの「知」すなわち《sophia》は、ギリシャでのそれとはずれをもっており、キリスト教的背景を強く持ったものであった。つまりニュートンの「愛する知」というのは、キリスト教的な神学に裏打ちされた「知」であった。

なるほどニュートンは、現在の概念系に照らせば「［A］学」に近いことも研究していた。しかし、彼はまた聖書についても、大変熱心な研究家であった。彼は、自分の［B］学的立場から見て、いわゆる三位一体論(注1)に強い疑問を抱いていた。アタナシウス（五世紀の神学者）が捏造した聖書の章句によって、後代の人々はだまされているのであって、キリストの立場からすれば三位一体論は誤りであるということの証明に、彼は情熱を傾けていた。また彼は、考古学的な研究にも多くの時間を注いだのだった。しかし大切なことは、そのようなニュートンの知的活動は、現在では稀にあるような、物理学者がホビーで考古学を勉強したり、あるいは聖書神学に手を染めるということとは全く違っていたということを理解しなければならない、という点である。［C］学を勉強するのも、旧約聖書のなかに現れる様々な(2)「歴史的」事件（例えばノアの洪水のような）が、正確に何時起こったのかを、地質の特徴から推定できると考えたからであり、また彼の「［A］学」的と見える仕事も、神がこの世界をどのように創ったのかを理解しようとする営みとして行われたものであった。

もちろん現在の科学者と呼ばれる人のなかにも、個人的にはキリスト教信仰を持っている人がいるだろう。その人が、自分の自然探求の目標は、神の(ア)ヒゾウブツであるこの世界をよりよく神の意志に沿って理解するためだ、と思うことはないとは言えな

■国語■

（二科目　一二〇分）

第一問　次の文章を読んで、設問（問1〜問11）に答えよ。

今日の社会のなかでは、科学者という存在はごくありふれている。むしろ、その存在がないということ自体が考えられない。しかし、今から一五〇年前には、科学者と呼ばれる人々の数は、数えるほどだったし、二〇〇年前には、皆無だったと言ってよい。というと、直ちに反論があるかもしれない。ニュートンは「科学者」ではなかったのか、ガリレオ（一五六四―一六四二）は、コペルニクス（一四七三―一五四三）はどうか。ニュートン（一六四二―一七二七）が死んだのは一七二七年のことである。今から二五〇年あまり前のことだ。しかしニュートンは「科学者」と呼んでよいのではないか。私は、その反論には「ノー」と答えたい。

何故ニュートンは科学者ではないのか。理由の一つは簡単である。ニュートンはイギリス人であるが、彼は英語で「科学者」を意味する《scientist》という言葉で呼ばれたことは、生涯一度もなかったことが判（わか）っている。《scientist》という単語が英語のなかに登場したのは、一八四〇年ころのことで、ニュートンが死んでから一〇〇年以上経っている。そういう呼び名がなかったということは、その名で呼ばれる実体も存在しなかったということを意味するし、そうだとすれば、ニュートンの時代には「科

解答編

英語

1 解答　1 —①　2 —③　3 —③　4 —③　5 —②

2 解答　6 —①　7 —④　8 —③　9 —④　10—③

3 解答　11—①　12—②　13—④　14—④　15—③

4 解答　≪クリスのデジタル・デトックスについて≫

16—③　17—④　18—①

≪ウィンドウズとアップルの比較≫

19—③　20—④

5 解答　≪ピザの始まりと世界各地のトッピング≫

21—①　22—②　23—③　24—①　25—④　26—④　27—①　28—①
29—③　30—②

6 解答　≪スーパーカミオカンデでの驚くべき研究≫

31—③　32—③　33—④　34—①　35—④　36—③　37—③　38—③
39—③　40—①

日本史

1　解答　≪古代～現代の災害・疾病≫

問1．③　問2．②　問3．④　問4．②　問5．④　問6．②

2　解答　≪原始～近世の総合問題≫

問1．①　問2．④　問3．②　問4．④　問5．②　問6．④
問7．③　問8．④　問9．②　問10．②

3　解答　≪原始～現代の総合問題≫

問1．①　問2．③　問3．⑤　問4．④　問5．⑤　問6．⑥
問7．①　問8．④　問9．②　問10．⑥　問11．⑤

4　解答　≪近現代の総合問題≫

問1．③　問2．②　問3．④　問4．③　問5．①　問6．③
問7．④　問8．①　問9．④　問10．②

世界史

1　解答　≪世界の宗教・思想にまつわる歴史≫

問1．②　問2．③　問3．②　問4．①　問5．④　問6．④
問7．③　問8．①　問9．①　問10．③　問11．④　問12．③
問13．①　問14．④　問15．④　問16．②　問17．②　問18．③
問19．①　問20．①　問21．③　問22．③　問23．①　問24．①
問25．①　問26．③

数学

1　解答　≪小問 4 問≫

(1) 1 ―③　2 ―⓪

(2) 3 ―②　4 ―③　5 ―③　6 ―②

(3) 7 ―①　8 ―②　9 ―①　10―③　11―①　12―①　13―③　14―③

(4) 15―②　16―③　17―④

2　解答　≪ 2 次関数の最大・最小≫

(1) 18―④　19―⑤　20―㊀　21―④

(2) 22―㊀　23―④　24―㊀　25―④　26―⑤

(3) 27―②　28―㊀　29―④　30―㊀　31―④

3　解答　≪正四面体に関する計量≫

(1) 32―③

(2) 33―①　34―③　35―④　36―⑥　37―③

(3) 38―③　39―⑦　40―①　41―②　42―⑦

(4) 43―④　44―③　45―③　46―⑥　47―⑥　48―③

4　【数学Ⅰ・数学A】

解答　≪いろいろな数の確率，三角形と線分の比≫

問 1．(1) 49―⑥　50―③　51―①　52―②　53―⑤

(2) 54―①　55―⑤　56―①　57―⑥

(3) 58―①　59―①　60―⑥　61―③　62―④　63―⑥　64―②　65―⑤

(4) 66―②　67―①　68―②　69―⑤　70―⓪　71―⓪

問2．72―① 73―④ 74・75―①・④（順不同） 76―② 77―①
78―⑤ 79―③

4 【数学Ⅱ・数学B】

解答 ≪小問2問，3次関数，極値，囲まれた部分の面積≫

問1．(1) 49―④ 50―⑧ 51―② 52―② 53―② 54―② 55―①
56―②

(2) 57―① 58―⑦ 59―④ 60―⑦

問2．(1) 61―③ 62―② 63―③ 64―㊀ 65―①

(2) 66―㊀ 67―① 68―⑨ 69―⑥ 70―③ 71―⑥ 72―③

(3) 73―② 74―⑦ 75―④ 76―⑨ 77―②

化学

1　解答　≪状態変化，原子の構造，分子の結合と極性≫

問1．1－⑥　2－①　問2．3－④　4－③　5－③
問3．6－⑦　7－⑥　8－①　9－①　10－③

2　解答　≪化学反応式を利用した計算問題，塩の名称と水溶液の液性≫

問1．11－④　12－③　13－③　14－⑥　15－⑦
問2．16－⑤　17－④　18－⑤　19－②　20－⑥

3　解答　≪シュウ酸による中和滴定と実験操作≫

21－③　22－③　23－①　24－③　25－⑦　26－④　27－⑧　28－⑧
29－⑥　30－⑦

4　解答　≪酸化数，酸化還元滴定，金属のイオン化傾向≫

問1．31－②　32－②　33－⑦　問2．34－①　35－③　36－⑨　37－⑤
問3．38－⑤　39－①　40－②

生物

1 解答 ≪細胞のつくり，体細胞分裂≫

問1．(1)―① (2)―⑥ (3)―② (4)―①

問2．(1)―⑤ (2)―⑥ (3)前期：⑥ 後期：③ (4)―③

問3．⑥

2 解答 ≪体内環境の維持≫

問1．④ 問2．① 問3．⑤

問4．(1)成分A：③ 成分B：⑤ (2)―② (3)―⑥ (4)―①

問5．(1)―② (2)―③ (3)―⑤ (4)―④ (5)―② (6)―⑥

3 解答 ≪免 疫≫

問1．③ 問2．(1)―⑤ (2)―④ (3)―⑦ (4)―② 問3．⑥

4 解答 ≪植生の遷移，生態系内における物質循環≫

問1．(1)―⑤ (2)―① (3)―⑧ (4)―④ (5)―① (6)―④

問2．(1)―⑥ (2)―③ 問3．ア―② イ―⑨

問4．(1)―③ (2)―② (3)―④ (4)―⑥ (5)―③

問3　③
問4　①
問5　⑤
問6　②
問7　④
問8　③
問9　⑤
問10　②
問11　①
問12　④

第二問（選択問題）

古　文　出典　『たなばたのほんぢ』

解答

問1　②
問2　②
問3　②
問4　①
問5　④
問6　②
問7　①
問8　④
問9　①
問10　①
問11　③
問12　⑤

現代文　出典　大内伸哉『ＡＩ時代の働き方と法―２０３５年の労働法を考える』〈第３章　労働法とは何か〉（弘文堂）

解答

問1　④
問2　②

国語

第一問

出典 村上陽一郎『科学者とは何か』〈科学者の共同体の形成〉（新潮選書）

解答

問1 （ア）―①　（イ）―④　（ウ）―⑤　（エ）―④　（オ）―③　（カ）―②

問2 ①

問3 ②

問4 ⑤

問5 ③

問6 ④

問7 ③

問8 ②

問9 ⑤

問10 ②

問11 ①

////////////////////// · memo · //////////////////////

////////////////////// · memo · //////////////////////

//////////////////// · memo · ////////////////////

////////////////////// · memo · //////////////////////

//////////////////// ·memo· ////////////////////

教学社 刊行一覧

2025年版 大学赤本シリーズ

374大学556点
全都道府県を網羅

国公立大学（都道府県順）

全国の書店で取り扱っています。店頭にない場合は，お取り寄せができます。

1 北海道大学（文系－前期日程）
2 北海道大学（理系－前期日程） 医
3 北海道大学（後期日程）
4 旭川医科大学（医学部〈医学科〉） 医
5 小樽商科大学
6 帯広畜産大学
7 北海道教育大学
8 室蘭工業大学／北見工業大学
9 釧路公立大学
10 公立千歳科学技術大学
11 公立はこだて未来大学 総推
12 札幌医科大学（医学部） 医
13 弘前大学 医
14 岩手大学
15 岩手県立大学・盛岡短期大学部・宮古短期大学部
16 東北大学（文系－前期日程）
17 東北大学（理系－前期日程） 医
18 東北大学（後期日程）
19 宮城教育大学
20 宮城大学
21 秋田大学 医
22 秋田県立大学
23 国際教養大学 総推
24 山形大学 医
25 福島大学
26 会津大学
27 福島県立医科大学（医・保健科学部） 医
28 茨城大学（文系）
29 茨城大学（理系）
30 筑波大学（推薦入試） 医 総推
31 筑波大学（文系－前期日程）
32 筑波大学（理系－前期日程） 医
33 筑波大学（後期日程）
34 宇都宮大学
35 群馬大学 医
36 群馬県立女子大学
37 高崎経済大学
38 前橋工科大学
39 埼玉大学（文系）
40 埼玉大学（理系）
41 千葉大学（文系－前期日程）
42 千葉大学（理系－前期日程） 医
43 千葉大学（後期日程） 医
44 東京大学（文科） DL
45 東京大学（理科） DL 医
46 お茶の水女子大学
47 電気通信大学
48 東京外国語大学 DL
49 東京海洋大学
50 東京科学大学（旧 東京工業大学）
51 東京科学大学（旧 東京医科歯科大学） 医
52 東京学芸大学
53 東京藝術大学
54 東京農工大学
55 一橋大学（前期日程）
56 一橋大学（後期日程）
57 東京都立大学（文系）
58 東京都立大学（理系）
59 横浜国立大学（文系）
60 横浜国立大学（理系）
61 横浜市立大学（国際教養・国際商・理・データサイエンス・医〈看護〉学部）
62 横浜市立大学（医学部〈医学科〉） 医
63 新潟大学（人文・教育〈文系〉・法・経済科・医〈看護〉・創生学部）
64 新潟大学（教育〈理系〉・理・医〈看護を除く〉・歯・工・農学部） 医
65 新潟県立大学
66 富山大学（文系）
67 富山大学（理系） 医
68 富山県立大学
69 金沢大学（文系）
70 金沢大学（理系） 医
71 福井大学（教育・医〈看護〉・工・国際地域学部）
72 福井大学（医学部〈医学科〉） 医
73 福井県立大学
74 山梨大学（教育・医〈看護〉・工・生命環境学部）
75 山梨大学（医学部〈医学科〉） 医
76 都留文科大学
77 信州大学（文系－前期日程）
78 信州大学（理系－前期日程） 医
79 信州大学（後期日程）
80 公立諏訪東京理科大学 総推
81 岐阜大学（前期日程） 医
82 岐阜大学（後期日程）
83 岐阜薬科大学
84 静岡大学（前期日程）
85 静岡大学（後期日程）
86 浜松医科大学（医学部〈医学科〉） 医
87 静岡県立大学
88 静岡文化芸術大学
89 名古屋大学（文系）
90 名古屋大学（理系） 医
91 愛知教育大学
92 名古屋工業大学
93 愛知県立大学
94 名古屋市立大学（経済・人文社会・芸術工・看護・総合生命理・データサイエンス学部）
95 名古屋市立大学（医学部〈医学科〉） 医
96 名古屋市立大学（薬学部）
97 三重大学（人文・教育・医〈看護〉学部）
98 三重大学（医〈医〉・工・生物資源学部） 医
99 滋賀大学
100 滋賀医科大学（医学部〈医学科〉） 医
101 滋賀県立大学
102 京都大学（文系）
103 京都大学（理系） 医
104 京都教育大学
105 京都工芸繊維大学
106 京都府立大学
107 京都府立医科大学（医学部〈医学科〉） 医
108 大阪大学（文系） DL
109 大阪大学（理系） 医
110 大阪教育大学
111 大阪公立大学（現代システム科学域〈文系〉・文・法・経済・商・看護・生活科〈居住環境・人間福祉〉学部－前期日程）
112 大阪公立大学（現代システム科学域〈理系〉・理・工・農・獣医・医・生活科〈食栄養〉学部－前期日程） 医
113 大阪公立大学（中期日程）
114 大阪公立大学（後期日程）
115 神戸大学（文系－前期日程）
116 神戸大学（理系－前期日程） 医
117 神戸大学（後期日程）
118 神戸市外国語大学 DL
119 兵庫県立大学（国際商経・社会情報科・看護学部）
120 兵庫県立大学（工・理・環境人間学部）
121 奈良教育大学／奈良県立大学
122 奈良女子大学
123 奈良県立医科大学（医学部〈医学科〉） 医
124 和歌山大学
125 和歌山県立医科大学（医・薬学部） 医
126 鳥取大学 医
127 公立鳥取環境大学
128 島根大学 医
129 岡山大学（文系）
130 岡山大学（理系） 医
131 岡山県立大学
132 広島大学（文系－前期日程）
133 広島大学（理系－前期日程） 医
134 広島大学（後期日程）
135 尾道市立大学 総推
136 県立広島大学
137 広島市立大学
138 福山市立大学 総推
139 山口大学（人文・教育〈文系〉・経済・医〈看護〉・国際総合科学部）
140 山口大学（教育〈理系〉・理・医〈看護を除く〉・工・農・共同獣医学部） 医
141 山陽小野田市立山口東京理科大学 総推
142 下関市立大学／山口県立大学
143 周南公立大学 新 総推
144 徳島大学 医
145 香川大学 医
146 愛媛大学 医
147 高知大学 医
148 高知工科大学
149 九州大学（文系－前期日程）
150 九州大学（理系－前期日程） 医
151 九州大学（後期日程）
152 九州工業大学
153 福岡教育大学
154 北九州市立大学
155 九州歯科大学
156 福岡県立大学／福岡女子大学
157 佐賀大学 医
158 長崎大学（多文化社会・教育〈文系〉・経済・医〈保健〉・環境科〈文系〉学部）
159 長崎大学（教育〈理系〉・医〈医〉・歯・薬・情報データ科・工・環境科〈理系〉・水産学部） 医
160 長崎県立大学 総推
161 熊本大学（文・教育・法・医〈看護〉学部・情報融合学環〈文系型〉）
162 熊本大学（理・医〈看護を除く〉・薬・工学部・情報融合学環〈理系型〉） 医
163 熊本県立大学
164 大分大学（教育・経済・医〈看護〉・理工・福祉健康科学部）
165 大分大学（医学部〈医・先進医療科学科〉） 医
166 宮崎大学（教育・医〈看護〉・工・農・地域資源創成学部）
167 宮崎大学（医学部〈医学科〉） 医
168 鹿児島大学（文系）
169 鹿児島大学（理系） 医
170 琉球大学 医

2025年版　大学赤本シリーズ

国公立大学 その他

171 〔国公立大〕医学部医学科 総合型選抜・学校推薦型選抜※ 医 総推
172 看護・医療系大学〈国公立 東日本〉※
173 看護・医療系大学〈国公立 中日本〉※
174 看護・医療系大学〈国公立 西日本〉※
175 海上保安大学校／気象大学校
176 航空保安大学校
177 国立看護大学校
178 防衛大学校 総推
179 防衛医科大学校(医学科) 医
180 防衛医科大学校(看護学科)

※No.171〜174の収載大学は赤本ウェブサイト(http://akahon.net/)でご確認ください。

私立大学①

北海道の大学(50音順)

201 札幌大学
202 札幌学院大学
203 北星学園大学
204 北海学園大学
205 北海道医療大学
206 北海道科学大学
207 北海道武蔵女子大学・短期大学
208 酪農学園大学(獣医学群〈獣医学類〉)

東北の大学(50音順)

209 岩手医科大学(医・歯・薬学部) 医
210 仙台大学 総推
211 東北医科薬科大学(医・薬学部) 医
212 東北学院大学
213 東北工業大学
214 東北福祉大学
215 宮城学院女子大学 総推

関東の大学(50音順)

あ行(関東の大学)

216 青山学院大学(法・国際政治経済学部−個別学部日程)
217 青山学院大学(経済学部−個別学部日程)
218 青山学院大学(経営学部−個別学部日程)
219 青山学院大学(文・教育人間科学部−個別学部日程)
220 青山学院大学(総合文化政策・社会情報・地球社会共生・コミュニティ人間科学部−個別学部日程)
221 青山学院大学(理工学部−個別学部日程)
222 青山学院大学(全学部日程)
223 麻布大学(獣医、生命・環境科学部)
224 亜細亜大学
226 桜美林大学
227 大妻女子大学・短期大学部

か行(関東の大学)

228 学習院大学(法学部−コア試験)
229 学習院大学(経済学部−コア試験)
230 学習院大学(文学部−コア試験)
231 学習院大学(国際社会科学部−コア試験)
232 学習院大学(理学部−コア試験)
233 学習院女子大学
234 神奈川大学(給費生試験)
235 神奈川大学(一般入試)
236 神奈川工科大学
237 鎌倉女子大学・短期大学部
238 川村学園女子大学
239 神田外語大学
240 関東学院大学
241 北里大学(理学部)
242 北里大学(医学部) 医
243 北里大学(薬学部)
244 北里大学(看護・医療衛生学部)
245 北里大学(未来工・獣医・海洋生命科学部)
246 共立女子大学・短期大学
247 杏林大学(医学部) 医
248 杏林大学(保健学部)
249 群馬医療福祉大学・短期大学部
250 群馬パース大学 総推
251 慶應義塾大学(法学部)
252 慶應義塾大学(経済学部)
253 慶應義塾大学(商学部)
254 慶應義塾大学(文学部) 総推
255 慶應義塾大学(総合政策学部)
256 慶應義塾大学(環境情報学部)
257 慶應義塾大学(理工学部)
258 慶應義塾大学(医学部) 医
259 慶應義塾大学(薬学部)
260 慶應義塾大学(看護医療学部)
261 工学院大学
262 國學院大學
263 国際医療福祉大学 医
264 国際基督教大学
265 国士舘大学
266 駒澤大学(一般選抜T方式・S方式)
267 駒澤大学(全学部統一日程選抜)

さ行(関東の大学)

268 埼玉医科大学(医学部) 医
269 相模女子大学・短期大学部
270 産業能率大学
271 自治医科大学(医学部) 医
272 自治医科大学(看護学部)／東京慈恵会医科大学(医学部〈看護学科〉)
273 実践女子大学 総推
274 芝浦工業大学(前期日程)
275 芝浦工業大学(全学統一日程・後期日程)
276 十文字学園女子大学
277 淑徳大学
278 順天堂大学(医学部) 医
279 順天堂大学(スポーツ健康科・医療看護・保健看護・国際教養・保健医療・医療科・健康データサイエンス・薬学部) 総推
280 上智大学(神・文・総合人間科学部)
281 上智大学(法・経済学部)
282 上智大学(外国語・総合グローバル学部)
283 上智大学(理工学部)
284 上智大学(TEAPスコア利用方式)
285 湘南工科大学
286 昭和大学(医学部) 医
287 昭和大学(歯・薬・保健医療学部)
288 昭和女子大学
289 昭和薬科大学
290 女子栄養大学・短期大学部 総推
291 白百合女子大学
292 成蹊大学(法学部−A方式)
293 成蹊大学(経済・経営学部−A方式)
294 成蹊大学(文学部−A方式)
295 成蹊大学(理工学部−A方式)
296 成蹊大学(E方式・G方式・P方式)
297 成城大学(経済・社会イノベーション学部−A方式)
298 成城大学(文芸・法学部−A方式)
299 成城大学(S方式〈全学部統一選抜〉)
300 聖心女子大学
301 清泉女子大学
303 聖マリアンナ医科大学 医
304 聖路加国際大学(看護学部)
305 専修大学(スカラシップ・全国入試)
306 専修大学(前期入試〈学部個別入試〉)
307 専修大学(前期入試〈全学部入試・スカラシップ入試〉)

た行(関東の大学)

308 大正大学
309 大東文化大学
310 高崎健康福祉大学
311 拓殖大学
312 玉川大学
313 多摩美術大学
314 千葉工業大学
315 中央大学(法学部−学部別選抜)
316 中央大学(経済学部−学部別選抜)
317 中央大学(商学部−学部別選抜)
318 中央大学(文学部−学部別選抜)
319 中央大学(総合政策学部−学部別選抜)
320 中央大学(国際経営・国際情報学部−学部別選抜)
321 中央大学(理工学部−学部別選抜)
322 中央大学(5学部共通選抜)
323 中央学院大学
324 津田塾大学
325 帝京大学(薬・経済・法・文・外国語・教育・理工・医療技術・福岡医療技術学部)
326 帝京大学(医学部) 医
327 帝京科学大学 総推
328 帝京平成大学 総推
329 東海大学(医〈医〉学部を除く−一般選抜)
330 東海大学(文系・理系学部統一選抜)
331 東海大学(医学部〈医学科〉) 医
332 東京医科大学(医学部〈医学科〉) 医
333 東京家政大学・短期大学部 総推
334 東京経済大学
335 東京工科大学
336 東京工芸大学
337 東京国際大学
338 東京歯科大学
339 東京慈恵会医科大学(医学部〈医学科〉) 医
340 東京情報大学
341 東京女子大学
342 東京女子医科大学(医学部) 医
343 東京電機大学
344 東京都市大学
345 東京農業大学
346 東京薬科大学(薬学部) 総推
347 東京薬科大学(生命科学部) 総推
348 東京理科大学(理学部〈第一部〉−B方式)
349 東京理科大学(創域理工学部−B方式・S方式)
350 東京理科大学(工学部−B方式)
351 東京理科大学(先進工学部−B方式)
352 東京理科大学(薬学部−B方式)
353 東京理科大学(経営学部−B方式)
354 東京理科大学(C方式、グローバル方式、理学部〈第二部〉−B方式)
355 東邦大学(医学部) 医
356 東邦大学(薬学部)

2025年版　大学赤本シリーズ

私立大学②

357 東邦大学（理・看護・健康科学部）
358 東洋大学（文・経済・経営・法・社会・国際・国際観光学部）
359 東洋大学（情報連携・福祉社会デザイン・健康スポーツ科・理工・総合情報・生命科・食環境科学部）
360 東洋大学（英語〈3日程×3カ年〉）
361 東洋大学（国語〈3日程×3カ年〉）
362 東洋大学（日本史・世界史〈2日程×3カ年〉）
363 東洋英和女学院大学
364 常磐大学・短期大学 総推
365 獨協大学
366 獨協医科大学（医学部） 医

な行（関東の大学）

367 二松学舎大学
368 日本大学（法学部）
369 日本大学（経済学部）
370 日本大学（商学部）
371 日本大学（文理学部〈文系〉）
372 日本大学（文理学部〈理系〉）
373 日本大学（芸術学部〈専門試験併用型〉）
374 日本大学（国際関係学部）
375 日本大学（危機管理・スポーツ科学部）
376 日本大学（理工学部）
377 日本大学（生産工・工学部）
378 日本大学（生物資源科学部）
379 日本大学（医学部） 医
380 日本大学（歯・松戸歯学部）
381 日本大学（薬学部）
382 日本大学（N全学統一方式－医・芸術〈専門試験併用型〉学部を除く）
383 日本医科大学 医
384 日本工業大学
385 日本歯科大学
386 日本社会事業大学 総推
387 日本獣医生命科学大学
388 日本女子大学
389 日本体育大学

は行（関東の大学）

390 白鷗大学（学業特待選抜・一般選抜）
391 フェリス女学院大学
392 文教大学
393 法政大学（法〈I日程〉・文〈II日程〉・経営〈II日程〉学部－A方式）
394 法政大学（法〈II日程〉・国際文化・キャリアデザイン学部－A方式）
395 法政大学（文〈I日程〉・経営〈I日程〉・人間環境・グローバル教養学部－A方式）
396 法政大学（経済〈I日程〉・社会〈I日程〉・現代福祉学部－A方式）
397 法政大学（経済〈II日程〉・社会〈II日程〉・スポーツ健康学部－A方式）
398 法政大学（情報科・デザイン工・理工・生命科学部－A方式）
399 法政大学（T日程〈統一日程〉・英語外部試験利用入試）
400 星薬科大学 総推

ま行（関東の大学）

401 武蔵大学
402 武蔵野大学
403 武蔵野美術大学
404 明海大学
405 明治大学（法学部－学部別入試）
406 明治大学（政治経済学部－学部別入試）
407 明治大学（商学部－学部別入試）
408 明治大学（経営学部－学部別入試）
409 明治大学（文学部－学部別入試）
410 明治大学（国際日本学部－学部別入試）
411 明治大学（情報コミュニケーション学部－学部別入試）
412 明治大学（理工学部－学部別入試）
413 明治大学（総合数理学部－学部別入試）
414 明治大学（農学部－学部別入試）
415 明治大学（全学部統一入試）
416 明治学院大学（A日程）
417 明治学院大学（全学部日程）
418 明治薬科大学 総推
419 明星大学
420 目白大学・短期大学部

ら・わ行（関東の大学）

421 立教大学（文系学部－一般入試〈大学独自の英語を課さない日程〉）
422 立教大学（国語〈3日程×3カ年〉）
423 立教大学（日本史・世界史〈2日程×3カ年〉）
424 立教大学（文学部－一般入試〈大学独自の英語を課す日程〉）
425 立教大学（理学部－一般入試）
426 立正大学
427 早稲田大学（法学部）
428 早稲田大学（政治経済学部）
429 早稲田大学（商学部）
430 早稲田大学（社会科学部）
431 早稲田大学（文学部）
432 早稲田大学（文化構想学部）
433 早稲田大学（教育学部〈文科系〉）
434 早稲田大学（教育学部〈理科系〉）
435 早稲田大学（人間科・スポーツ科学部）
436 早稲田大学（国際教養学部）
437 早稲田大学（基幹理工・創造理工・先進理工学部）
438 和洋女子大学 総推

中部の大学（50音順）

439 愛知大学
440 愛知医科大学（医学部） 医
441 愛知学院大学・短期大学部
442 愛知工業大学 総推
443 愛知淑徳大学
444 朝日大学 総推
445 金沢医科大学（医学部） 医
446 金沢工業大学
447 岐阜聖徳学園大学 総推
448 金城学院大学
449 至学館大学 総推
450 静岡理工科大学
451 椙山女学園大学
452 大同大学
453 中京大学
454 中部大学
455 名古屋外国語大学 総推
456 名古屋学院大学 総推
457 名古屋学芸大学 総推
458 名古屋女子大学 総推
459 南山大学（外国語〈英米〉・法・総合政策・国際教養学部）
460 南山大学（人文・外国語〈英米を除く〉・経済・経営・理工学部）
461 新潟国際情報大学
462 日本福祉大学
463 福井工業大学
464 藤田医科大学（医学部） 医
465 藤田医科大学（医療科・保健衛生学部）
466 名城大学（法・経営・経済・外国語・人間・都市情報学部）
467 名城大学（情報工・理工・農・薬学部）
468 山梨学院大学

近畿の大学（50音順）

469 追手門学院大学 総推
470 大阪医科薬科大学（医学部） 医
471 大阪医科薬科大学（薬学部） 総推
472 大阪学院大学 総推
473 大阪経済大学 総推
474 大阪経済法科大学 総推
475 大阪工業大学 総推
476 大阪国際大学・短期大学部 総推
477 大阪産業大学 総推
478 大阪歯科大学（歯学部）
479 大阪商業大学 総推
480 大阪成蹊大学・短期大学 総推
481 大谷大学 総推
482 大手前大学・短期大学 総推
483 関西大学（文系）
484 関西大学（理系）
485 関西大学（英語〈3日程×3カ年〉）
486 関西大学（国語〈3日程×3カ年〉）
487 関西大学（日本史・世界史・文系数学〈3日程×3カ年〉）
488 関西医科大学（医学部） 医
489 関西医療大学 総推
490 関西外国語大学・短期大学部 総推
491 関西学院大学（文・法・商・人間福祉・総合政策学部－学部個別日程）
492 関西学院大学（神・社会・経済・国際・教育学部－学部個別日程）
493 関西学院大学（全学部日程〈文系型〉）
494 関西学院大学（全学部日程〈理系型〉）
495 関西学院大学（共通テスト併用日程〈数学〉・英数日程）
496 関西学院大学（英語〈3日程×3カ年〉） 新
497 関西学院大学（国語〈3日程×3カ年〉） 新
498 関西学院大学（日本史・世界史・文系数学〈3日程×3カ年〉） 新
499 畿央大学 総推
500 京都外国語大学・短期大学 総推
502 京都産業大学（公募推薦入試） 総推
503 京都産業大学（一般選抜入試〈前期日程〉）
504 京都女子大学 総推
505 京都先端科学大学 総推
506 京都橘大学 総推
507 京都ノートルダム女子大学 総推
508 京都薬科大学 総推
509 近畿大学・短期大学部（医学部を除く－推薦入試） 総推
510 近畿大学・短期大学部（医学部を除く－一般入試前期）
511 近畿大学（英語〈医学部を除く3日程×3カ年〉）
512 近畿大学（理系数学〈医学部を除く3日程×3カ年〉）
513 近畿大学（国語〈医学部を除く3日程×3カ年〉）
514 近畿大学（医学部－推薦入試・一般入試前期） 医 総推
515 近畿大学・短期大学部（一般入試後期） 医
516 皇學館大学 総推
517 甲南大学 総推
518 甲南女子大学（学校推薦型選抜） 新 総推
519 神戸学院大学 総推
520 神戸国際大学 総推
521 神戸女学院大学 総推
522 神戸女子大学・短期大学 総推
523 神戸薬科大学 総推
524 四天王寺大学・短期大学部 総推
525 摂南大学（公募制推薦入試） 総推
526 摂南大学（一般選抜前期日程）
527 帝塚山学院大学 総推
528 同志社大学（法、グローバル・コミュニケーション学部－学部個別日程）

2025年版　大学赤本シリーズ

私立大学③

529 同志社大学(文・経済学部－学部個別日程)
530 同志社大学(神・商・心理・グローバル地域文化学部－学部個別日程)
531 同志社大学(社会学部－学部個別日程)
532 同志社大学(政策・文化情報〈文系型〉・スポーツ健康科〈文系型〉学部－学部個別日程)
533 同志社大学(理工・生命医科・文化情報〈理系型〉・スポーツ健康科〈理系型〉学部－学部個別日程)
534 同志社大学(全学部日程)
535 同志社女子大学 総推
536 奈良大学 総推
537 奈良学園大学 総推
538 阪南大学 総推
539 姫路獨協大学 総推
540 兵庫医科大学(医学部) 医
541 兵庫医科大学(薬・看護・リハビリテーション学部) 総推
542 佛教大学 総推
543 武庫川女子大学 総推
544 桃山学院大学 総推
545 大和大学・大和大学白鳳短期大学部 総推
546 立命館大学(文系－全学統一方式・学部個別配点方式)／立命館アジア太平洋大学(前期方式・英語重視方式)
547 立命館大学(理系－全学統一方式・学部個別配点方式・理系型3教科方式・薬学方式)
548 立命館大学(英語〈全学統一方式3日程×3カ年〉)
549 立命館大学(国語〈全学統一方式3日程×3カ年〉)
550 立命館大学(文系選択科目〈全学統一方式2日程×3カ年〉)
551 立命館大学(IR方式〈英語資格試験利用型〉・共通テスト併用方式)／立命館アジア太平洋大学(共通テスト併用方式)
552 立命館大学(後期分割方式・「経営学部で学ぶ感性+共通テスト」方式)／立命館アジア太平洋大学(後期方式)
553 龍谷大学(公募推薦入試) 総推
554 龍谷大学(一般選抜入試)

中国の大学(50音順)

555 岡山商科大学 総推
556 岡山理科大学 総推
557 川崎医科大学 医
558 吉備国際大学 総推
559 就実大学 総推
560 広島経済大学
561 広島国際大学 総推
562 広島修道大学
563 広島文教大学 総推
564 福山大学／福山平成大学
565 安田女子大学 総推

四国の大学(50音順)

567 松山大学

九州の大学(50音順)

568 九州医療科学大学
569 九州産業大学
570 熊本学園大学
571 久留米大学(文・人間健康・法・経済・商学部)
572 久留米大学(医学部〈医学科〉) 医
573 産業医科大学(医学部) 医
574 西南学院大学(商・経済・法・人間科学部－A日程)
575 西南学院大学(神・外国語・国際文化学部－A日程／全学部－F日程)
576 福岡大学(医学部医学科を除く－学校推薦型選抜・一般選抜系統別日程) 総推
577 福岡大学(医学部医学科を除く－一般選抜前期日程)
578 福岡大学(医学部〈医学科〉－学校推薦型選抜・一般選抜系統別日程) 医 総推
579 福岡工業大学
580 令和健康科学大学 総推

医 医学部医学科を含む
総推 総合型選抜または学校推薦型選抜を含む
DL リスニング音声配信　新 2024年 新刊・復刊

掲載している入試の種類や試験科目，収載年数などはそれぞれ異なります。詳細については，それぞれの本の目次や赤本ウェブサイトでご確認ください。

難関校過去問シリーズ

出題形式別・分野別に収録した
「入試問題事典」
20大学 73点
定価2,310～2,640円(本体2,100～2,400円)

先輩合格者はこう使った!
「難関校過去問シリーズの使い方」

61年，全部載せ!
要約演習で，総合力を鍛える

東大の英語 要約問題 UNLIMITED

国公立大学

東大の英語25カ年[第12版] 改
東大の英語リスニング20カ年[第9版] DL 改
東大の英語 要約問題 UNLIMITED
東大の文系数学25カ年[第12版] 改
東大の理系数学25カ年[第12版] 改
東大の現代文25カ年[第12版] 改
東大の古典25カ年[第12版] 改
東大の日本史25カ年[第9版] 改
東大の世界史25カ年[第9版] 改
東大の地理25カ年[第9版] 改
東大の物理25カ年[第9版] 改
東大の化学25カ年[第9版] 改
東大の生物25カ年[第9版] 改
東工大の英語20カ年[第8版] 改
東工大の数学20カ年[第9版] 改
東工大の物理20カ年[第5版] 改
東工大の化学20カ年[第5版] 改
一橋大の英語20カ年[第9版] 改
一橋大の数学20カ年[第9版] 改
一橋大の国語20カ年[第6版] 改
一橋大の日本史20カ年[第6版] 改
一橋大の世界史20カ年[第6版] 改
筑波大の英語15カ年 新
筑波大の数学15カ年 新
京大の英語25カ年[第12版]
京大の文系数学25カ年[第12版]
京大の理系数学25カ年[第12版]
京大の現代文25カ年[第2版]
京大の古典25カ年[第2版]
京大の日本史20カ年[第3版]
京大の世界史20カ年[第3版]
京大の物理25カ年[第9版]
京大の化学25カ年[第9版]
北大の英語15カ年[第8版]
北大の理系数学15カ年[第8版]
北大の物理15カ年[第2版]
北大の化学15カ年[第2版]
東北大の英語15カ年[第8版]
東北大の理系数学15カ年[第8版]
東北大の物理15カ年[第2版]
東北大の化学15カ年[第2版]
名古屋大の英語15カ年[第8版]
名古屋大の理系数学15カ年[第8版]
名古屋大の物理15カ年[第2版]
名古屋大の化学15カ年[第2版]
阪大の英語20カ年[第9版]
阪大の文系数学20カ年[第3版]
阪大の理系数学20カ年[第9版]
阪大の国語15カ年[第3版]
阪大の物理20カ年[第8版]
阪大の化学20カ年[第6版]
九大の英語15カ年[第8版]
九大の理系数学15カ年[第7版]
九大の物理15カ年[第2版]
九大の化学15カ年[第2版]
神戸大の英語15カ年[第9版]
神戸大の数学15カ年[第5版]
神戸大の国語15カ年[第3版]

私立大学

早稲田の英語[第11版] 改
早稲田の国語[第9版] 改
早稲田の日本史[第9版] 改
早稲田の世界史[第2版] 改
慶應の英語[第11版] 改
慶應の小論文[第3版] 改
明治大の英語[第9版] 改
明治大の国語[第2版] 改
明治大の日本史[第2版] 改
中央大の英語[第9版] 改
法政大の英語[第9版] 改
同志社大の英語[第10版]
立命館大の英語[第10版]
関西大の英語[第10版]
関西学院大の英語[第10版]

DL リスニング音声配信
新 2024年 新刊
改 2024年 改訂

いつも受験生のそばに―赤本

大学入試シリーズ＋α
入試対策も共通テスト対策も赤本で

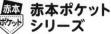

入試対策

赤本プラス

赤本プラスとは，**過去問演習の効果を最大にする**ためのシリーズです。「赤本」であぶり出された弱点を，赤本プラスで克服しましょう。

- 大学入試 すぐわかる英文法 DL
- 大学入試 ひと目でわかる英文読解
- 大学入試 絶対できる英語リスニング DL
- 大学入試 すぐ書ける自由英作文
- 大学入試 ぐんぐん読める 英語長文〔BASIC〕DL
- 大学入試 ぐんぐん読める 英語長文〔STANDARD〕DL
- 大学入試 ぐんぐん読める 英語長文〔ADVANCED〕DL
- 大学入試 正しく書ける英作文
- 大学入試 最短でマスターする 数学Ⅰ・Ⅱ・Ⅲ・A・B・C
- 大学入試 突破力を鍛える最難関の数学
- 大学入試 知らなきゃ解けない 古文常識・和歌
- 大学入試 ちゃんと身につく物理
- 大学入試 もっと身につく 物理問題集（①力学・波動）
- 大学入試 もっと身につく 物理問題集（②熱力学・電磁気・原子）

入試対策

英検®赤本シリーズ

英検®（実用英語技能検定）の対策書。
過去問集と参考書で万全の対策ができます。

▶過去問集（2024年度版）

- 英検®準1級過去問集 DL
- 英検®2級過去問集 DL
- 英検®準2級過去問集 DL
- 英検®3級過去問集 DL

▶参考書

- 竹岡の英検®準1級マスター DL
- 竹岡の英検®2級マスター CD DL
- 竹岡の英検®準2級マスター CD DL
- 竹岡の英検®3級マスター CD DL

CD リスニングCDつき　DL 音声無料配信
新 2024年新刊・改訂

入試対策

赤本プレミアム

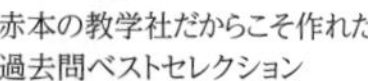

赤本の教学社だからこそ作れた、
過去問ベストセレクション

- 東大数学プレミアム
- 東大現代文プレミアム
- 京大数学プレミアム〔改訂版〕
- 京大古典プレミアム

入試対策

赤本メディカルシリーズ

過去問を徹底的に研究し，独自の出題傾向をもつメディカル系の入試に役立つ内容を精選した実戦的なシリーズ。

- 〔国公立大〕医学部の英語〔3訂版〕
- 私立医大の英語〔長文読解編〕〔3訂版〕
- 私立医大の英語〔文法・語法編〕〔改訂版〕
- 医学部の実戦小論文〔3訂版〕
- 医歯薬系の英単語〔4訂版〕
- 医系小論文 最頻出論点20〔4訂版〕
- 医学部の面接〔4訂版〕

入試対策

体系シリーズ

国公立大二次・難関私大突破へ，自学自習に適したハイレベル問題集。

- 体系英語長文
- 体系英作文
- 体系現代文
- 体系世界史
- 体系物理〔第7版〕

入試対策

単行本

▶英語

- Q&A即決英語勉強法
- TEAP攻略問題集 CD
- 東大の英単語〔新装版〕
- 早慶上智の英単語〔改訂版〕

▶国語・小論文

- 著者に注目! 現代文問題集
- ブレない小論文の書き方 樋口式ワークノート

▶レシピ集

- 奥薗壽子の赤本合格レシピ

入試対策　共通テスト対策

赤本手帳

- 赤本手帳（2025年度受験用）プラムレッド
- 赤本手帳（2025年度受験用）インディゴブルー
- 赤本手帳（2025年度受験用）ナチュラルホワイト

入試対策

風呂で覚えるシリーズ

水をはじく特殊な紙を使用。いつでもどこでも読めるから，ちょっとした時間を有効に使える！

- 風呂で覚える英単語〔4訂新装版〕
- 風呂で覚える英熟語〔改訂新装版〕
- 風呂で覚える古文単語〔改訂新装版〕
- 風呂で覚える古文文法〔改訂新装版〕
- 風呂で覚える漢文〔改訂新装版〕
- 風呂で覚える日本史〔年代〕〔改訂新装版〕
- 風呂で覚える世界史〔年代〕〔改訂新装版〕
- 風呂で覚える倫理〔改訂版〕
- 風呂で覚える百人一首〔改訂版〕

共通テスト対策

満点のコツシリーズ

共通テストで満点を狙うための実戦的参考書。
重要度の増したリスニング対策は
「カリスマ講師」竹岡広信が一回読みにも
対応できるコツを伝授！

- 共通テスト英語〔リスニング〕満点のコツ〔改訂版〕新 DL
- 共通テスト古文 満点のコツ〔改訂版〕新
- 共通テスト漢文 満点のコツ〔改訂版〕新

入試対策　共通テスト対策

赤本ポケットシリーズ

▶共通テスト対策

- 共通テスト日本史〔文化史〕

▶系統別進路ガイド

- デザイン系学科をめざすあなたへ

2025年版　大学赤本シリーズ　No. 451

椙山女学園大学

編　集　教学社編集部
発行者　上原 寿明
発行所　教学社
〒606-0031
京都市左京区岩倉南桑原町56
電話　075-721-6500
振替　01020-1-15695
印　刷　太洋社

2024年7月20日　第1刷発行
ISBN978-4-325-26510-8
定価は裏表紙に表示しています

- 乱丁・落丁等につきましてはお取替えいたします。
- 本書に関する最新の情報（訂正を含む）は，赤本ウェブサイトhttp://akahon.net/の書籍の詳細ページでご確認いただけます。
- 本書は当社編集部の責任のもと独自に作成したものです。本書の内容についてのお問い合わせは，赤本ウェブサイトの「お問い合わせ」より，必要事項をご記入の上ご連絡ください。電話でのお問い合わせは受け付けておりません。なお，受験指導など，本書掲載内容以外の事柄に関しては，お答えしかねます。また，ご質問の内容によってはお時間をいただく場合がありますので，あらかじめご了承ください。

- 本シリーズ掲載の入試問題等について，万一，掲載許可手続等に遺漏や不備があると思われるものがございましたら，当社編集部までお知らせください。